目　录

中央民族大学优秀博士论文文库

The Outstanding Doctoral Dissertation Library

《热河日记》研究

◎ 张丽娜 / 著

Rehe Riji Yanjiu

Zhang Lina

中央民族大学出版社
China Minzu University Press

图书在版编目（CIP）数据

《热河日记》研究/张丽娜著．—北京：中央民族大学出版社，2015.6

ISBN 978-7-5660-0995-1

Ⅰ．①热…　Ⅱ．①张…　Ⅲ．①游记—中国—清代②《热河日记》—研究　Ⅳ．①K928.9

中国版本图书馆 CIP 数据核字（2015）第 127697 号

《热河日记》研究

作　　者	张丽娜
责任编辑	黄修义
封面设计	布拉格
出 版 者	中央民族大学出版社 北京市海淀区中关村南大街 27 号　邮编:100081 电话:68472815(发行部)　传真:68932751(发行部) 68932218(总编室)　68932447(办公室)
发 行 者	全国各地新华书店
印 刷 厂	北京宏伟双华印刷有限公司
开　　本	880×1230（毫米）　1/32　印张：11.25
字　　数	281 千字
版　　次	2015 年 8 月第 1 版　2015 年 8 月第 1 次印刷
书　　号	ISBN 978-7-5660-0995-1
定　　价	34.00 元

总　序

中央民族大学是我们党为解决民族问题、培养少数民族干部和高级专门人才而创办的高等学府。建校六十多年来，中央民族大学认真贯彻党的教育方针和民族政策，坚持社会主义办学方向，坚持为少数民族和民族地区发展服务的办学宗旨，培养了成千上万的优秀人才，取得了许多具有开创性意义的科研成果，创建和发展了一批民族类的重点学科，走出了一条民族高等教育又好又快发展的成功之路。

今天，荟萃了56个民族英才的中央民族大学，学科门类齐全、民族学科特色突出，跻身于国家“211工程”和“985工程”重点建设大学的行列。中央民族大学已经成为我国民族工作的人才摇篮，民族问题研究的学术重镇，民族理论政策的创新基地，民族文化保护和传承的重要阵地。

教师是学校的核心和灵魂。办好中央民族大学，关键是要有一支高素质的教师队伍。为建设一支能够为实现几代民大人孜孜以求的建成国际知名的、高水平的研究型大学提供坚实支撑的教师队伍，2012年4月，学校做出决定，从“985工程”队伍建设专项经费中拨出专款，设立“中央民族大学青年学者文库”基金，持续、择优支持新近来校工作的博士、博士后出站人员以及新近取得博士学位或博士后出站资格的在职教职工出版高水平的博士学位论文和博士后出站报告。希望通过实施这一学术成果出版支持计划，不断打造学术精品，促进学术探究，助推中央民族大学年轻教师成长，形成长江后浪推前浪、一代更比一代强的教师队伍蓬勃壮大的良好局面。

青年教师正值学术的少年期。诚如梁启超先生脍炙人口的名言所祈愿：少年智则国智，少年富则国富，少年强则国强，少年独立则国独立，少年自由则国自由，少年进步则国进步，少年胜于欧洲，则国胜于欧洲，少年雄于地球，则国雄于地球。希望在各方面的共同努力下，在广大青年教师的积极参与下，《中央民族大学青年学者文库》能够展示出我校年青教师的学术实力，坚定青年教师的学术自信，激发青年教师的学术热忱，激励广大青年教师向更高远的学术目标攀登。唯有青年教师自强不息，中央民族大学的事业才能蒸蒸日上！

中央民族大学青年教师学术著作出版
编审委员会
2013 年 6 月 19 日

目　　录

导　论

中朝两国世代的友好交流留下了丰富的“燕行录”文学，朝鲜实学思想家朴趾源创作的《热河日记》可谓其中的压卷之作。1780年，朴趾源随堂兄朴明源率领的朝鲜赴清贺乾隆皇帝七十寿诞的使节团来到中国，回国后依见闻创作了日记体纪行文《热河日记》。《热河日记》记录了朴趾源燕行期间沿途所见所闻，以及由此而引发的思考，包括诸如风景名物、器物制度、社会习俗，以及文化艺术等均在记载之列。这部著作被称为“实学全书”，不仅缘于它百科全书般地记录了18世纪中国清朝的社会情况，更由于它深刻的思想蕴涵和高超的创作艺术堪称朝鲜纪行文学的代表：“《热河日记》为朝鲜五百年间有数文学，不但为韩中纪行文学之白眉，实为韩国实学史上利用厚生派之重要文献。”① 朴趾源燕行之旅的所见所闻，所思所感，诸如风景名胜、社会习俗、人情世故、历史古迹以及清朝政治、经济、军事、文学、宗教等状况，均在记载之列，又有与清朝士大夫讨论经义考据、诗文书画、天文历法等问题的内容，对今人研究明清社会历史具有重要的史料价值。同时，作为一个外国人，朴趾源以局外人的身份冷眼看中国，所以他观察中国社会的视角常常是中国人所容易忽略的，因而他的记述越显宝贵。自1900年《热

① 朴趾源著，朱瑞平校点：《热河日记》，上海书店出版社，1997年，第1页弁言。本文所引即此版本，后文不再赘述。

河日记》第一次公开刊行以来，中国大陆、中国台湾、韩国、英国等地陆续刊行了各种版本，受到了各国学者的广泛关注。《热河日记》是中朝文化交流的结晶，在中朝世代友好的历史上留下浓墨重彩的一笔，具有珍贵的文献价值，历来为研究热点。

朴趾源（1737—1805）是朝鲜后期伟大的思想家、文学巨匠。他所生活的“英正时期”是朝鲜封建社会开始走向瓦解的过渡性转折期。他敏感地把握了当时的深层现实矛盾和社会变化的新动向，并通过文学创作展现其改革理想。朴趾源作为朝鲜北学派“利用厚生”思想的集大成者，他的实学思想对朝鲜 19 世纪后半期的开化运动、启蒙运动产生了深远影响，他的思想通过其孙朴圭寿直接影响了朝鲜开化派的代表人物朴永孝、金玉均等人。所谓实学派思想，是指从 17 世纪到 19 世纪初，朝鲜李朝封建官僚制度出现严重危机，壬辰、丙子两次战争后民族自主思想迅速提高，农民运动不断高涨，在这样的社会条件下朝鲜部分两班贵族阶级的先进知识分子产生了社会改革思潮，其代表人物是 17 世纪的柳馨远，18 世纪的李瀷、洪大容、朴趾源、朴齐家，19 世纪初的丁若镛等人。17 世纪末至 19 世纪初，朝鲜封建社会制度及其意识形态面临空前深刻的危机：一方面，由于日本和满族的屡次入侵，社会经济被严重破坏，封建统治势力空前衰落，土地荒芜，耕地面积锐减，惨遭破产的农民到处流浪。可是，李朝封建统治者却不能励精图治，反而一心利用因战争陷入混乱的制度和秩序，中饱私囊，腐化堕落。统治阶级的腐朽，在日趋激化的党争中也表现出来。他们为各自派系的利益钩心斗角，相互倾轧，剪除异己。他们的统治思想——朱子学更加趋于反动和堕落，成为党争合法化的“理论”根据。另一方面，随着自然经济的逐步解体和社会阶级的分化，商业资本日益增长，市民阶级开始登上历史舞台。尤其是经过壬辰、丙子两次战争的洗礼，朝鲜民族自主思想迅速提高，爱国主义思想空前高涨，农民的反封建斗争更为激烈。这种形势使一些进步的知识分子对社会问题更为关心。他们呼吁必须采取切实的措施，整顿陷入紊乱的封建制度和秩序，实行一系列政治的、经济的和社会的改革，发展社会生产，安定人民生活，实现国富民强。于是，他们首先从程朱性理学的学风中摆脱出来，反对理学家的清谈空论，以“实事求是”的口号主张深入研究国家的现状，研究对实际生活有益的学问，所谓“实学派”便由此而来。韩国学术界对“实学派”思想价值的研究一直非常重视。朴趾源作为其代表人物之一，其思想的发现和研究也最早受到关注，20 世纪初便首先在韩国学术界引起了重视。可以说，从近代开始，关于朴趾源及《热河日记》研究的学术论文、纪念活动就从未中断过。

1907 年，《大韩自强会月报》发表《虎叱》一文，开启了对朴趾源小说的研究。在此后的 60 年间，关于朴趾源小说的现实性和讽刺性研究一直占据了学术界主流，如张庚鹤《从〈虎叱〉看近代的起点》（《思想界》，1955 年 1 月），金一根《燕岩小说的性格和近代新文学系谱》（庆北大学硕士学位论文，1956 年），白南洙《燕岩小说的实学思想》（《国语国文学研究第一号》，1958 年 9 月），尹柄鲁《〈许生传〉的讽刺精神》（《文学春秋》，1964 年 3 月）等。20 世纪 70 年代以后，关于朴趾源小说的研究继续深入的同时，对朴趾源文学成就的整体研究也逐渐形成，如李家源《燕岩朴趾源论》（探求堂，1969 年），李东欢《向中世的权威挑战——燕岩文学思想的基调》（文学思想社，1973 年），金泳镐《燕岩的内面肖像——燕岩传记〈过庭录〉解题》（文学思想社，1974 年）等。1980 年以后，对朴趾源思想与文学艺术的研究更加繁荣，研究方法更加多样化，研究内容更趋细化，可以说进入了全面、细致的崭新阶段，论文、论著、研究报告层出不穷。1988 年，韩国学者姜东烨撰写的第一部对《热河日记》的研究专著——《热河日记研究》出版。该书从文学角度对《热河日记》进行了全面系统的研究，剖析了朴趾源的文明意识、宗教观等多方面的认识，考察了朴趾源对18世纪清朝及朝鲜文艺思潮的影响。随后，研究《热河日记》的第二部专著——金明浩的《热河日记研究》（创作与批评社，1990年）出版。该书比较完整地解析了《热河日记》形成背景、燕岩对当时中国的认识、《热河日记》表现形式上的特征以及对当代文坛的影响等。姜东烨和金明浩的两部专著发表后，韩国对《热河日记》的研究得到了一次阶段性的总结。随后，对于朴趾源散文的研究进入更加细致化的阶段，如姜惠善的著作《朴趾源散文的古文变容式样》（太学社，1999年），该书论证了贯穿朴趾源文学的原理——法古创新精神，分析了当时朝鲜文人如何批判时政和维护人的尊严性问题；金芝容的《燕岩朴趾源的理想及其文学》（明文堂，2005年），该书选辑了部分朴趾源重要的诗、小说、日记、序、记、墓志铭等，重新审视了朴趾源的思想和著述，高度评价了朴趾源的自我觉醒及他在冲破社会对近代化的模糊意识、启蒙精神领域等方面所做的贡献；朴秀祢的《朴趾源的美意识与文艺理论》（太学社，2005年），该书以宏观视野关照了朴趾源的思维形成基础和思维方式，以此为基础探究其美学思想，阐明其文艺理论，探讨了朴趾源思维体系、审美意识和文艺理论及其文艺史上的地位；林亨泽等人所著的《燕岩朴趾源研究》（人之纹出版，2012年）一书为继承发展实学思想而设立的财团法人"实事学社"重点刊行的《实学研究丛书》第四集，由五篇论文组成，意在立体把握朴趾源的学问与思想、文学等，包括林亨泽《燕岩的经济思想与利用厚生学》、金明浩《西学对燕岩实学思想的影响》、廉正燮《关于燕岩〈课农小抄〉综合性探讨》、李学堂《从笔谈看〈热河日记〉》和金勇太《实学与士意识》等。日本、中国台湾的朴趾源研究也起步于20世纪五六十年代，台湾的朴趾源研究侧重于《热河日记》研究和比较文学的内容，如徐义永《朴趾源文学与中国之关系研究》(中国文化学院硕士学位论文，1973 年)，李龙范《朴趾源的热河旅行和西藏佛教》[《中韩关系史国际研讨会论文集》(690—1949)，“中华民国”韩国研究学会，1983 年] 等；日本的朴趾源研究更侧重于其思想价值，如渡部学《燕岩朴趾源的教育观》(《朝鲜学报 36》，日本天理大朝鲜学会，1965 年 10 月)，今村与志雄《文明开化与朴趾源的诞生，历史与文学的真相》(劲草书局，1976 年) 等。朴趾源好比蕴含丰富的宝藏，其作为实学文学家的成就及魅力随着历史的推进不断展现在世人面前。学界对朴趾源的探索持续增温，愈演愈烈，便是其丰厚价值的最好证明。

在中国大陆，学术界关于朴趾源的研究更集中于《热河日记》上。首先，对《热河日记》思想价值的研究。朴趾源在燕行期间怀抱强国理想和实学思想，有意识地关注清朝先进的政治经济制度和发达的文物。身为一位具有真知灼见，并与朝鲜广大民众同命运、共呼吸的伟大思想家、实学家，他借《热河日记》充分表达了他的“利用厚生”“经世济民”的可贵思想，并为两国间文化交流做出了杰出贡献，同时还为 18 世纪朝鲜“利用厚生”学说与清代中国的关系做了极好的说明。关于朴趾源的北学意识和实业方略，李岩教授指出：朴趾源在中国期间特别留意于“自耕蚕陶冶以至通工惠商”等一切可以“利于国、厚于民”的文物及其制度，对中国的窑制、车制、缀丝、制粉，甚至不起眼的火炕等，都给予了格外的关注。李岩教授还首次提出朴趾源关于改革朝鲜马政的思想，以及对养马、饲马的具体技术，朴趾源也进行了深入的考察研究。[①] 其次，是对《热河日记》的史学

① 李岩：《朴趾源〈热河日记〉的北学意识和实业方略》，《东疆学刊》2007 年第 1 期。

价值的研究。《热河日记》是朝鲜民族史、朝鲜实学史的重要文献，同时是研究清代中朝关系史的重要文献。《从〈热河日记〉管窥中朝士大夫交往中的思想状况》（韩国研究论丛，2005）、《〈热河日记〉中的康乾盛世》（《东疆学刊》，2009 年第 3 期）、《从〈热河日记〉看 18 世纪中朝文化交流》（“东亚汉文化圈与中国关系”国际学术会议暨中国中外关系史学会 2004 年年会）、《明清易代后朝鲜人“遗民”情怀探究——以〈热河日记〉为中心》（《郑州大学学报》，2008 年第 5 期）等论文，都是以《热河日记》为介入点研究当时的思想及社会。宁博尔指出：明清易代之后，朝鲜王国内各阶层人士中充满了“遗民”情怀，思念、效忠明王朝而排斥、鄙夷清王朝；朝鲜人的“遗民”情怀主要表现在尊明图报、攘清斥夷和黍离之悲三个方面；朝鲜人产生“遗民”情怀的原因，除了儒家尊攘观念之外，主要还在于明朝对朝鲜的“大造”“再造”“东援”“三大恩情”；朝鲜人尊明反清的“遗民”情怀直接导致了 17 世纪以后东亚文化共同体的瓦解。[①] 《热河日记》也为国内专门史研究打开了一扇窗户。如《〈热河日记〉与清代民族政策研究》[《北华大学学报》（社会科学版），2007 年第 1 期]，《18 世纪朝鲜学者对清代西藏的观察——读朴趾源〈热河日记〉》（中国藏学，2007 年第 3 期）等论文，均通过对《热河日记》的考察，探析清朝当时的民族政策。再次，对《热河日记》文学价值的研究。在《热河日记》中，朴趾源把朝鲜传统的古文文体与小品文、外传体等新的文体相结合，以非正统的叙事文学形式，向朝鲜民众如实地展示出当时最先进的清代社会文明，同时毫不留情地指出了朝鲜落后于时代的文明意识，在当时朝鲜的贵族阶层和民众中引起了巨大反

① 宁博尔：《明清易代后朝鲜人“遗民”情怀探究——以〈热河日记〉为中心》，《郑州大学学报》2008 年第 5 期。

响。《朴趾源〈热河日记〉的文化阐释》（延边大学学位论文，2009年）、《〈热河日记〉中的中国形象研究》（中央民族大学博士学位论文，2007年）、《无声却有情的对话——读〈热河日记〉》（《书城》，2003年第10期）、《朴趾源的中国情结》（《书城》，2005年第6期）、《朴趾源热河日记初探》（《广东社会科学》，2008年第5期）等论文均阐释了《热河日记》在文学方面的价值。《一位朝鲜学者眼中的中国戏曲》（《上海戏剧》，2004年Z1期），《〈热河日记〉与中国明清小说戏曲》（《明清小说研究》，1999年第2期），如陈大康提出："《热河日记》开篇伊始，朴趾源就提到中国通俗文学中的名著《水浒传》。若联系当时背景考察他们的议论，便可发现这可作为中国古代小说传播史上的重要史料"，[①] 充分说明了《热河日记》可以给中国文学研究更多的佐证和灵感。最后，是对《热河日记》民俗学价值的研究。作为一次观光之旅、文化之路，朴趾源的燕行见证了中国当时流行的各种民俗影像。《朝鲜学者朴趾源观承游记谈》（《社会科学论坛》，2007年第7期）、《朝鲜使臣眼中的清代幻术》（《杂技与魔术》，2011年第4期）、《〈热河日记〉与满族民俗》（《延边大学学报》，1984年第2期）等论文都是借朴趾源的行记来研究中国的清代民俗。吴绍（钒）指出："《热河日记》从作者的游历中，记下了我国辽宁、燕京、热河等地的民俗。特别是满族的居住、发饰、服饰、迎亲、见面礼仪、崇尚骑射等民俗予以了较为详细、真实的记录。"[②]

从国内对《热河日记》的研究情况看，还存在如下问题：

第一，研究内容相对简单、浅显，研究视野尚显局限。作为

---

① 陈大康、漆瑗：《〈热河日记〉与中国明清小说戏曲》，《明清小说研究》1999年第2期。

② 吴绍（钒）：《〈热河日记〉与满族民俗》，《延边大学学报》1984年第2期。

燕行录文学的“白眉”，《热河日记》具有深刻的思想和精辟的见解，需深入文本、仔细分析才能领悟。而国内的研究，往往将《热河日记》的研究简单化，点到为止，没能深入著作的本质层面。如有些文章或著作只对《热河日记》中的民族政策、满族民俗等单一方面进行研究，对《热河日记》做简单分析整理，而缺少系统化的理论阐述。宏观、概括性研究比较多，微观、细致的研究比较少。《热河日记》是非常丰富、深邃的精神世界，需要宏观地把握、掌握其总体特征和面貌，也需要微观审视和解读，以获得其精髓。

第二，学界对于《热河日记》的研究往往局限于思想领域和文献价值方面，而对其艺术成就的认识还远远不够。朴趾源的文章、李滉和李珥的道学和李舜臣的兵法，被称为李氏朝鲜三百年间的“三奇”。在今天的韩国，朴趾源的文章仍被认为可与中国的司马迁比肩，可与韩愈、苏东坡争名，其在朝鲜半岛的文学影响力之大由此可见。作为朴趾源文学殿堂的重要构成，《热河日记》以饱满的内容、深刻的见地、灵活的形式、细致的笔调彰显出夺目的艺术特色。《热河日记》归根结底是一部文学作品，而国内学界目前尚未充分重视其艺术性。

第三，朴趾源熟谙中国文化典籍，对《热河日记》中记录的他触目所见的中国历史古迹、景观器物，文化现象等，都进行了大量的阐释和考据，赋予文本丰厚的人文价值和学术价值。比如《热河日记》中的笔记文一类，绝少志怪和传奇，而多为杂录、琐闻、传记类的著作，内容广泛驳杂，举凡朝章典制、风俗民情、学术考证、笑话奇谈、逸事琐闻等内容无所不包，内容亦接近于专著，治史者可利用它增补辨证正史的阙失，治文者可从中考察某一时代的社会风气、文坛的源流嬗变，文艺创作者可从中寻找素材，具有较高的史料价值及文化价值，是一笔值得重视的文化遗产。而学界对《热河日记》中的中国文化元素，目前还未做出深入、准确、全面的分析。

本书运用实证的方法，爬梳资料，钩沉考订，寻源讨流，考论并重，力求融通文学、史学、哲学，在政治、文化和散文发展史的广阔背景下考察《热河日记》的创作，尽量准确地描述和阐释其发展的特点和轨迹。兼以比较文学影响研究、平行研究、阐释学、形象学等理论与方法，充分利用中韩文献资料，对《热河日记》给予全方位的评价与定性。本书从时代背景和社会环境出发，阐释朴趾源在李朝中后期的思想动态及《热河日记》出现的深层内因；打通文史哲，对《热河日记》的思想价值、文献学价值及创作艺术等进行较为全面、综合的研究，评价朴趾源及《热河日记》历史地位和深远影响。以影响研究为切入点，本书还结合文本探究朴趾源散文与中国文化、中国文学之关联。《热河日记》可视为燕行录文学的里程碑，同时是域外汉文学创作的又一成功典范。

全书共分为六章。第一章为朴趾源及其时代认识，这是《热河日记》产生的深层动因。朴趾源所生活的时代是朝鲜封建社会开始出现瓦解征兆的过渡性转折期：农业生产恢复，商品经济发展，社会生产关系悄然转型；社会问题严重，农民起义频发；通过中国传来的“西学”的自然科学思想和明清实学的传播促使了民族意识的觉醒。在这样的时代背景下，实学思想发生并发展，文学艺术的“去理学化”倾向也越发明显，各种崭新的思想因素在18世纪的李朝悄然萌发。朴趾源虽然出生于两班家庭，为门阀之后裔，但50岁（1786）出仕前一直处于贫穷困顿的境地，他对政治制度、身份等级、社会文化、经济措施等多方面怀有改革设想，有着深刻的现实批判能力和高超的文学创作水平。他敏感地把握了当时的深层现实矛盾和社会发展的新动向，并通过《热河日记》表达其改革思想。

第二章为《热河日记》的文献学考论。本章研究了朴趾源的燕行之旅、《热河日记》的成书时间和过程、体例安排、正文的文体类别。《热河日记》将编年和记事综合起来，对燕行旅程以日记形式按编年体记述，对不容易按日记形式记述的重要内容，则以专题的形式独立记述，整部作品结构合理，脉络明晰，重点突出。《热河日记》中记体散文大致可分为四类：台阁名胜记、山水游记、书画器物记和人事杂记；此外还有论说文、小说和笔记文。依四库分类，本章将《热河日记》中所引全部中国文献列表说明。朴趾源对中国文献的关注甄选，突出了其反理学立场；凭借深厚的汉学修养和对中国当时学术成就的全面了解，朴趾源在《热河日记》中辨伪勘误、驰辨逞才，并积极关注了与朝鲜有关的文献，彰显其民族情怀。

第三章为《热河日记》的“北学”思想探索。本章研究了《热河日记》中所描绘的中国人文地理、清朝的文物制度和朴趾源因此萌生的改革思想。《热河日记》描摹出从鸭绿江到北京这一旅途中的名山大川、田野河流，中国辽阔、丰富的地貌带给他崭新的地理感受，饱览群书、博古通今的朴趾源对行程中的名胜、遗址考据钩沉，展现出其民族情怀及学术修养；全面展示了清朝的先进文物制度，主要包括政治统治术、清代的经济社会和文化生活，在学习清朝、反思朝鲜社会的基础上，朴趾源提出了“利用厚生”的措施，包括限民名田，耕耘树艺，鼓励工商，贸易富国，发展实业等，以实现朝鲜的国富民强。

第四章为杂录的思想艺术成就。本章选取杂录中的代表性作品进行个案研究。《行在杂录》《审势编》的论述艺术在理势与语势映衬下表达出朴趾源的政治使命感；《山庄杂记》作为使行团的热河见闻录，内容涉及途中所经历的古北口遗址、白河、避暑山庄的景观和活动等，在景物描写中刻画了审美主体的心理感受，丰富了游记散文的内蕴；以《口外异闻》《谒圣退述》和《盎叶记》为代表的笔记文具有耳闻目睹的现实性、内容的丰富性和形式的灵活性，具有较高的史料价值及文化价值。《热河日记》的杂录即是名篇，杂而不散，内容丰富，形式灵活，语言简洁晓畅，文学意味浓厚。

第五章为《热河日记》的艺术特色。本章研究了五个方面的内容：《热河日记》中的中国形象，包括从王侯贵族到一般文士的人物群相、18 世纪清朝全景图式的鲜活社会场景；丰富而生动的艺术形象塑造，包括文学典型和文学意境两类；朴实而尖锐的论辩艺术主要通过烛察时弊，放言无忌的政论和广征博引、曲折尽情的议论风格体现；辛辣而深刻的讽刺艺术通过多样化的手法揭露批判了两班阶层的虚伪封建道德和礼教；语言朴实，深于取象，将多变的句式、生动的比喻、连环错综的排比和灵活精当的典故巧妙结合，形成了雅洁晓畅、追朴求真的语言艺术。

第六章为《热河日记》的地位和影响。《热河日记》是“燕行录”文学的集大成之作，堪称朝鲜游记文学史的里程碑；它以深刻的思想性和批判性震撼了李氏王朝的统治阶层，引发了著名的“文体风波”；后人对朴趾源著作的结集、出版和纪念活动持续不断，实学文学家的成就及魅力随着历史的前进不断展现在世人面前。

本书认为，朴趾源用实学思想家的眼光对清朝的政治、经济、制度、文化、民俗等方方面面进行描写记录，其中不乏对中国的文物制度、历史典籍的精辟见解；《热河日记》犹如一幅徐徐展开的画图，把 18 世纪的盛清社会风貌展现出来，并以高屋建瓴的批判意识对朝鲜的现实社会进行了深刻的反思，提出了切合朝鲜社会实际的具体改革措施；《热河日记》以开阔的视野、深刻的内容、灵活的形式、深远的影响展现出一位朝鲜改革家的思想高度和民族情怀，是游记文学及域外汉文学创作的杰出代表。

在收集、阅读了前人的研究成果基础上，本书有所创新：

第一，探讨了《热河日记》的文体种类、所引中国文献、杂录的人文意蕴，研究了其中的中国文化元素；

第二，在对《热河日记》文本进行微观审视和解读的同时，也对其思想价值与艺术成就进行了宏观把握，尽量描摹其总体面貌和特征，对其整体文学成就和价值做出评判。

第一章　朴趾源及其时代认识

第一节　18 世纪的朝鲜社会

朴趾源生活在 18 世纪的李朝社会，这一时期朝鲜封建社会由全盛而转向衰落。李氏朝鲜（1392—1910）是朝鲜半岛历史上最后一个封建王朝，开国君主为高丽王朝大将李成桂，因其姓李，所以这一时期也被称为“李氏朝鲜”，简称“李朝”，定国号为“朝鲜国”。李朝建都于汉阳（今首尔汉江以北地区），历经 27 代君主共 500 余年，大部分时间内先后作为中国明清两朝的朝贡国。1896 年，朝鲜宣布终止与清朝的册封关系，改国号为“大韩帝国”。1910 年日本侵吞朝鲜，李氏朝鲜灭亡。李朝在历史上屡遭外侮，1592 年遭到日本入侵，史称“壬辰倭乱”。1627 年和 1636 年，朝鲜又先后两次遭到女真人所建立的后金政权的入侵。第二次入侵后，后金（1636 年更名为“清朝”）确立了对朝鲜的宗主国地位。延续五百年之久的李朝是朝鲜历史上的重要时代，其间曾出现朝鲜历史文化的“黄金期”，传统的儒学价值观在这一时期形成，对朝鲜半岛的影响至为深远。在 100 多年后的朝鲜半岛上，李朝留下的踪迹仍处处可见，愈久弥坚。

一、社会生产的逐步恢复

壬辰战争的创伤和女真的数次入侵使朝鲜社会生产遭到严重破坏。直到17世纪后半叶至18世纪初，社会生产才逐渐得到恢复发展。这一时期，全国土地面积逐步扩大，据记载："至今年（1688），不仅人口增长为壬子年（1612）一倍，就连山区和沿海的寸土之地，亦全被开垦，没有一垄空闲土地。"[①] 随着水田面积的扩大和插秧法的广泛推广，李朝政府和民众把灌溉事业看作"民事之本"，出现了一批新农具，推广践行水田插秧方法，广大农民纷纷开荒，改旱田为水田，耕地面积和农业生产量逐步增加。英祖二年（1726，清雍正四年），全国的耕地面积为122万结，英祖四十三年（1767，清乾隆三十二年）猛增到145.6万结。政府出版各种农书，介绍先进的营农方法，农作物品种也从单一的粮食增加到棉花、人参、烟草等多种经济作物。农业产量的递增促进了社会人口的增长，全国人口肃宗元年（1675，清康熙十四年）为四百73505人，到肃宗四十三年（1717，清康熙五十六年）为689711人。[②] 尤其是政府实行"大同米"[③] 税制代替贡物以后，民间手工业、矿业以及其他特产物的生产都越发增长，商品流通更为活跃，商品货币经济加速发展。

大同法的实施增加了李朝政府的财政收入，缓解了长期以来的财政危机。据《李朝实录》记载，显宗四年（1663，清康熙

① 朴真奭：《朝鲜简史》，延边大学出版社，1998年，第289页。

② 同上书，第290页。

③ "大同米"是李朝政府由于财政枯竭而用以增加税收的一种税制改革，即取消农民向宫廷、中央和地方各官厅缴纳贡物，而一律代替以一结土地缴纳12~16斗的糙米。于是，原来征收土产的贡物制度一律改为征收大米或棉布的制度，故而称为"大同法"。这个措施不仅增加了李朝政府的税收，同时也改变农民的经济生活。

二年）全罗道缴纳大同米为 147134 石，其中上交宣惠厅 61280 石，留置本道 85916 石。宣惠厅作为中央各部经费支出 56889 石，地方作为正常经费只支出 37732 石，因此中央和地方都有一定的节余。[①] 大同法的实施加速了手工业和商品流通的发展，各级衙门把大部分大同米转交给贡人，于是大量的大同米流入商品流通市场，同时贡人用大同米到市场上购进宫房和政府大量需要的各种手工业品。这对商品经济的发展是一个很大的刺激。

二、商品生产关系日渐萌芽

农业发展、人口增加，加之大同法的实施，李朝的手工业和商业也日趋繁荣。17 世纪以后，私营的手工业场取代了官营工场，刺激了以出售为目的而生产货物的手工业的发展。朝鲜朝立朝以来，宫廷用度、百官俸禄都来自田税米谷，此外一切恒常及临时使用之物，如丝绸、衣料、药材、马匹、纸张、菜蔬等均责之于土贡。英祖之前的几代国王一直力图改革这种制度，采取切合实际的措施，尝试着允许边远地区将贡物折成米，然后用米纳税，交到附近的港口，称为“贡价米”，同时在山区允许缴纳土产来代替粮食。贡价米发到各个衙门手中，由其自行采办所需物资，或者交人承包采购。作为承包者的“贡人”，后来发展成朝鲜商人的主力。

17 世纪末，朝鲜的国内和国际商业活动迅速增加，许多商人集中在汉城。英祖鼓励钱币铸造，促进货币流通，但同时也导致物价不断上涨，汉城市民如果不以积极的方式参与商业活动的话，

① 《显宗改修实录》卷八，四年三月十二日（庚辰）。

他们的生活会受到威胁。“湾商”中的林尚沃[①]声名逐渐远播，使当时朝鲜人逐渐转变了鄙视经商的观念，许多两班[②]和平民不再顾及身份，也开始从事各种商业活动。18 世纪后半叶的汉城已经商贾云集，其中很多都是被卷入商业潮流的汉城平民：

都下之民，本无农作之务，故各司吏隶外率皆贸贱贩贵，兴利资生者十之八九。盖四方之物辐凑都下，故方其贱，人得以贸之，方其贵，人得次卖之。懋迁有无，朝夕食利者，此实都民生涯之本也。[③]

汉城作为朝鲜的经济中心，平民最先掌握了基本的商业运作知识，以保生计之需。朴趾源的著名小说《许生传》中的主人公许生苦读十年、放弃科举、借贷经商的故事，正是这种社会变化的体现。汉城当时不但是政治中心，也是全国的商业中心，除官员之外的绝大多数的居民都以商业为生。地方城市如开城、平壤、义州、安州、全州等地，商业也很发达。在社会商业化的潮流中，一些工厂厂主取得了销售自己产品的垄断特许权，政府也对某些新产品的经营权予以特许证，保证了垄断的合法性。富商和垄断集团对社会和朝廷的影响也在逐渐加大：

近闻都贾之法新出，一人兼并，他人莫敢私买。富民作为契房，歇价买取，转卖於契外人，而价则倍受。此所谓利归于一人，而害受乎万民也。以此都民失业，实无支保之望。此则都民之一大弊也。[④]

---

① 林尚沃，(1779—1855)，朝鲜王朝平安道义州人，是朝鲜正祖至宪宗时期的巨富，也是当时朝鲜唯一的“红顶商人”，带领旗下的“湾商”成为朝鲜第一商团。

② 两班，朝鲜仕臣贵族，被称为“两班”。因为朝士序行，有东西两班，东班为文，西班为武，故称“两班”，后来也泛指官僚权贵，下文不注。

③ 《正祖实录》卷十二，五年十一月一日（己亥）。

④ 同上。

有些活动在汉江流域的商人，承包政府税米的漕运，从中牟利，变成米商，甚至囤积居奇，操纵汉城米价；有些汉城商人还囤积绸缎、棉花等，使得汉城“棉贵如金”。义州地区所谓的“湾商”垄断了来自京畿道和忠清道的商品贸易，还有一些批发商在全国有着人参销售网。

商业的进一步发展使货币的作用逐渐提升，增加了金属货币的社会需要，因此李朝逐渐增加铸造货币的数量。18 世纪末至 19 世纪初，朝鲜已铸造出一千万两的常平通宝。① 由于货币的大量流通，财富越发集中在少数人手中，贫者所受的盘剥越发严重，整个社会“富者益富，贫者益贫”②。《玉匣夜话》中提到“朝鲜商贾熟主顾郑世泰之富，甲于皇城”，还记载卞承业患病后，“欲阅视货殖都数，聚诸伙计账簿，合筹之，共银五十余万。”③ 正反映出 18 世纪的平民商人开始拥有越来越多的财富。朴趾源短篇小说《两班传》中的平民富翁替破落两班偿还了官谷千石，从而买到这位两班的名位和权力，也反映出平民手中已经积累了一定的财富，这种财富转移冲击着朝鲜的封建身份制度。商业活动增加的同时也促进了农业商品化，引起农村生活的变化。首先，灵活的纳税政策释放了大量农村劳动力，很多掌握技术的匠人纷纷流入城市，或者经营私人工场，或者进入商人经营的手工工场做工；其次，某些富有商人通过买占土地，变成了庶民地主，他们进行投资性经营，雇用工人进行生产。拥有资本的商人和工人之间的关系，不是人身从属关系，而是自由合同关

① “常平通宝”是用黄铜铸成的钱币通称，一百枚为一两，用来代替米或麻布等具有交换价值的实物，在商品交换中起一般等价物的作用。

② “自从使用钱币以后，富者更富，贫者更贫，百害俱生，确为不可轻视之事”，《增补文献备考》，肃宗二十一年。转引自：金河明《燕岩朴趾源》，商务印书馆，1963 年，第 12 页。

③ 《热河日记·玉匣夜话》，第 308—309 页。

系。因此，货币变成了资本，一种新的财富观念随之产生，这种财富不再是由土地和奴婢组成，而是由可用于以货币形式进行大宗交易的商品组成。随着交易的频繁和货币的流通，朝鲜的商品经济关系如春风化雨，改变着李朝社会的方方面面。

三、国际贸易的蓬勃发展

17 世纪后半叶到 18 世纪初，朝鲜对外贸易迅速发展，尤其是私营外贸发展显著，压倒了官营外贸。在对外贸易中，朝鲜与中国的贸易最为活跃。中朝贸易主要分两种形式进行：一种是在两国边境定期开设的互市贸易；另一种是通过政府使臣进行的使行贸易。边疆贸易主要在鸭绿江沿岸和图们江沿岸边境城镇进行。鸭绿江沿岸的贸易称中江开市（因为贸易进行在鸭绿江中的岛屿上），图们江沿岸的贸易称北关开市。中江开市始于宣宗二十六年（1593，明万历二十一年），当时“因国内饥荒，相臣柳成龙建议，移咨辽东于鸭绿中江开市交易，此中江开市之始”。[①] 北关开市又有会宁开市和庆源开市。会宁开市始于仁祖十六年（1638，明崇祯十一年）：“宁古塔（现今黑龙江省宁安）、乌喇（现今吉林省吉林）两处人（指女真人）持户部票文，来贸农牛、农器、食盐，是为会宁开市，后以为例，逐年开市。”[②] 会宁开市，有时每年一次，谓之单开市，有时每年两次，谓之双开市。仁祖二十年（1646，清顺治三年），“岩丘赖达湖户人（亦指女真人）来易牛、犁、釜于庆源，是为庆源开市，

---

① 《万机要览·财用编五·中江开市》，（韩）民族文化社，1983 年，第 723 页。

② 同上书，第 729—730 页。

后以为例”。[①] 从此，北关开市定期在会宁、庆源等地进行，规模逐年扩大。当时朝鲜的进口货物以羊裘、鹿皮、小青布等皮类为主，出口有牛、马、铧、食盐、锅、白纸等。李朝政府为准备中江开市，托汉城府、开城、黄海道、平安道等地 223 名商人准备贸易物，一般参加中江集市的商人达三四百名左右，规模可观。随着对清贸易的发展，又出现栅门后市。义州和开城等地商人，每当使臣赴清时，带着人参和银子混入驿卒或奴仆中间，渡过鸭绿江，到凤凰城栅门进行私人贸易，称此为栅门后市。到 18 世纪，栅门后市几乎成为中朝两国商人私人贸易的唯一中心据点。栅门后市的主要交易品，清朝为绸缎、白布、药材、宝石、眼镜和文具；李朝为人参、银子、纸张、丝绸、夏布和毛皮类等，其中主要为私人贸易。开城、京畿、义州、平壤、安州等地商人在国际贸易中南通日本、北通燕都，地位举足轻重。正祖十一年，（1787，清乾隆五十二年），李朝政府废除栅门后市，禁止货物外流，但依旧未能阻止私商往来。《热河日记》中也有对贩燕私商的记载：

（胡人）又争问韩相公安相公来么？此数人者，俱义州人，岁岁贩燕，皆巨猾，习知燕中事。所谓相公者，商贾相尊之称也。[②]

朴趾源所在使团刚入中国，首先被询问的是名商巨贾，可见当时长期从事对燕贸易的朝鲜商人在中国的知名度。同时这些商贾在对燕贸易中也获得巨额利润。朴趾源在使燕途中目睹到贩燕商人：“湾商一队，自为一屯。临溪洗数十鸡，张网猎鱼，烹羹煮蔬，饭颗明润，最为丰腴”[③]，“湾商”为时人对朝鲜义州商人

---

① 《万机要览·财用编五·中江开市》，民族文化图书出版社，1983 年，第 730 页。

② 《热河日记卷一·渡江录》，第 9 页。

③ 同上书，第 6 页。

的称呼，《热河日记》有多处对“湾商”的记载。与“湾商”相对的还有开城商人——“松商”（开州商人），二者之间常产生激烈的商业竞争。外贸商人在对华贸易中动辄暴富，“湾商”的饮食水平比使团还要更好，可窥见其经济实力。朴趾源在《热河日记》中曾观察“湾商”的牟利手段：

然诸处燕商法不得身自入燕，将包交付湾人。贸易以来，如韩林诸贾连岁入燕，视燕如门庭，与燕市裨贩连肠互肚，兑发低仰，都在其手。燕货之日增厥价，亶由此辈，举国都不理会，专责译官。译官失权于湾贾，拱手而已。诸处燕商，虽知为湾贾之所操纵，而事非目睹，则敢怒而不敢言。其来已久。①

“湾商”在正祖后期逐渐取得了对华贸易的优势，其获利手段主要为垄断，同时与中国境内的商人勾结，低买高卖，肆意抬高物价，即使使团译官对此也无可奈何。除了中朝贸易之外，朝鲜商人还作为中日贸易的转口商，用从日本贸易得来的白银到中国购买丝绸等物，再将中国的丝绸出口到日本换取白银。在英祖时期，开城的商人（松商）在人参批发和出口贸易活动中与汉城、义州的同行（京商、湾商）展开激烈的竞争，在日本和中国之间进行三方国际贸易。他们从朝鲜寺庙里大量买进纸张（高丽纸），从朝鲜东部海岸买进海带、海参等干货，从中部和北部山区买进水獭、豹皮、虎皮等，从中国进口白丝、锡，从日本进口红铜、铁器，这些商品都是用来进行三方国际贸易。私商也在海上同日商贸易，在朝鲜一斤市价 70 两白银的人参，运到日本则为 300 两白银，其中暴利可想而知。尤其“湾商”到了林尚沃的时代，不仅如前文所说垄断了国内贸易，而且还代政府收税、经营银钱兑换、经纪整个海外贸易。商人集团在李朝社会发挥着越来越大的作用。

---

① 《热河日记卷一·渡江录》，第 9 页。

四、土地兼并与“流民”

18 世纪的李朝出现了土地商品化倾向，贵族、富商利用各种手段强占土地，积累财富。自 17 世纪后半叶至 18 世纪前半叶，伴随着宫房、衙门、官僚两班地主以及富商的土地兼并，土地私有化迅速发展；同时在土地兼并过程中，高利贷剥削等手段掠夺土地的现象日趋增加，失去土地的农民，四处流浪，导致了“英正时期”严重的流民问题。初期的土地买卖带有浓厚的强制性，两班官僚滥用职权，用各种欺骗手段把国家所有的土地据为私有，后来发展为两班地主和商人买占土地。汉城附近，京畿道江口以前及江华岛地区，很多土地被汉城官僚、商人和地主占据，土地迅速集中于两班和庶民地主手中。宫房田、衙门屯田也继续以土地买卖的形式扩大。

土地商品化带来深刻的社会变化。部分富裕农民上升为地主，同时很多农民丧失土地。少地和无地的农民急剧增加，其中一部分被迫成为佃农，向地主缴纳实物地租或货币地租。18 世纪末，中央官僚收租千石以上者很多。这种情形下的地主和农民，消解了身份上的隶属关系，而形成一种经济关系。大批失去土地的游民群只得靠出卖劳动力为生，18 世纪朝鲜社会雇佣劳动十分普遍。小说《兴夫传》[①] 里的兴夫从事过各式各样的雇佣劳动，不仅干过农活，甚至从事打扫庭院、扎扫帚和打水等活计。失去土地农民越来越多，他们背井离乡，形成流民团体，社会影响很大，英祖三年（1727，清雍正五年），政府不得不张贴榜文，劝说流民回乡：

---

① 朝鲜著名古典小说，在 18 世纪民间故事的基础上形成，主要是宣传“善有善报，恶有恶报”的观念。

湖南御史李匡德，自果川，以谚书挂榜，晓谕流民，使之还乡，则流民终不肯还乡曰："岂无怀土之思，而虽归何食？又闻徭役之退捧者，今将征索，虽欲还乡，不可得也。"仍相对痛哭云。①

朝鲜社会历来安土重迁，农民岂无怀乡之思？可是家乡的苛捐徭役，农民又如何负担？无家可归的流民为谋求生路，最终揭竿而起。同年，聚集在全罗道扶安郡边山半岛和月出山的湖南流民举行了反政府起义，议政李光佐在英祖前哭诉：

近闻湖南流民，啸聚为党，一在边山，一在月出山。官军不能捕，其势鸱张，诚非细忧。②

这一时期，各地流民都流入京城，传染病蔓延，尸体遍地，朝廷故命京外掩埋尸体。③ 朴趾源的短篇小说《许生传》正是反映这些"边山群盗"的。迫于这种形势，英祖九年（1733，清雍正十一年），在监赈使李匡德的建议下，英祖减免了大同税、军布税以缓解流民问题。④ 虽然朝廷在尽力减缓流民的压力，可是这个问题并未解决，并且延续到正祖时期：

司谏赵尚镇上疏应旨曰：昨年东北告歉，而近闻关东流民，散而之四者甚多，至于来聚京城者，亦为不少，此岂我圣上矜恤饥荒，使之安集之本意哉？实由于守令之臣，不能体圣上如伤之德，有以竭力而周赈也。⑤

正祖刚登基后就面临流民问题的压力，甚至京城之内也聚集了关东歉收所造成的大量流民，这引起了朝廷上下的重视。正祖六年（1782，清乾隆四十七年），流民的驱遣安置工作依然未全

---

① 《英祖实录》卷十三，三年九月二日（乙卯）。
② 《英祖实录》卷十三，三年十月二十二日（甲辰）。
③ 《英祖实录》卷五十五，十八年六月十九日（丙午）。
④ 《英祖实录》卷三十三，九年二月九日（辛酉）。
⑤ 《正祖实录》卷三，一年五月六日（庚午）。

部完成。领议政徐命善启言：

关东流民，皆是淮阳、金城民云。宜令道臣，一边安集，一边驰启。①

流民问题蔓延于正祖时期，多年不见缓解，正祖十七年（1793，清乾隆五十八年），咸镜道观察使金憙将永兴府山四社流民的聚集和驱遣人数上奏给正祖，正祖这样批示：

若能申饬邑倅，诚心招徕，则还土之类，岂如是零星？拔例蠲役之意，果安在哉？道臣推考，令庙堂严饬行会，俾勿让头於杆城。②

流民不愿还乡，主要有以下两种原因：一是家乡没有可以安身立命的土地，还要承担繁重的赋税；二是在外的流民通过出卖劳动力可以找到活路。虽然李朝政府一直在遣还流民，却收效不大。《李朝实录》中关于“流民”的记载英祖时期为 54 条，正祖时期为 48 条，远多于之前肃宗 24 条和之后纯祖的 10 条，这些都体现出“英正时期”流民问题的严重，以及朝廷对流民问题的重视。朴趾源的政论《限民名田议》提出了他关于土地问题的思考，剖析了造成农民生活悲惨的深层制度原因，阐释了朴趾源的土地改革构思。

五、身份等级制度的瓦解

伴随着 18 世纪朝鲜社会商品货币关系的发展，金钱在社会关系中的影响力越发凸显，以至于动摇了封建等级制度的根基。身份关系作为阶级关系的法律表现，悄然间也发生变化，各种社会身份间的界限日趋模糊；阶层与身份间的不一致日益扩大，李

① 《正祖实录》卷十三，六年三月二十一日（戊午）。

② 《正祖实录》卷三十七，十七年四月十六日（戊寅）。

朝社会的身份制度出现裂痕。

就身份等级制度而言，身份反映着阶级关系，身份越高，占有土地和财富就越多；而身份越低，则越是无权无利的生产者。绝对的封建秩序，依靠严格的身份制度得以维持和巩固，从而保证了等级和盘剥关系的稳定。以国王为代表的两班官僚是李朝封建社会的统治者，土豪、胥吏群为其羽翼。农民、手工业者、商人以及所谓七般“公贱”（即妓女、内人、官奴婢、驿卒等隶属官厅的七种贱人）和八般“私贱”（即僧侣、才人、巫女、私奴婢、白丁等）都属于低层，两班官僚可以恣意地对其进行盘剥与掠夺。封建政权的文官武职都由两班士大夫来充任，他们可以免除缴纳国家的各种赋税，享受各种特权，与之相对的被称为“常民”或“下流”的直接生产者，无论在政治上还是在日常生活中都处于无权状态。他们不得骑马或乘轿，而且见两班则“匍匐拜庭，曳鼻膝行”①，甚至在两班面前也不得抽烟，个人的尊严难以保持。

由于国家机构的膨胀和卖官鬻爵的盛行，朝鲜以两班自居的人口日益泛滥，两班身份逐渐失去往日的特权色彩。部分平民上层和变为庶民、富商变为地主，假编家谱，同两班结亲，装成两班；而有些两班在商品经济冲击下则遭遇破产，陷入困境，沦入被剥削的境地。从17世纪90年代到19世纪50年代，两班数目的增加令人咂舌。在这些年头里，某些地区的两班数目从占人口的9.2%增加到70.3%，而平民（大多数是农民）从占人口53.7%下降到占28.2%，奴牌从占人口37.1%下降到占1.5%。② 伪造和购买家谱的情况在18世纪很是盛行。《热河日

① 《两班传》，《燕岩集》卷八，韩国景仁文化社，1977年，第118—119页。本文所引即此版本，后文不再赘述。

② 马靖妮：《〈热河日记〉中的中国形象》，中央民族大学2007年学位论文。

记》中的小说《两班传》就是以落魄两班出卖身份为题材，嘲讽和批判了朝鲜日暮途穷的身份等级制度。

在两班内部和庶孽知识分子之中，要求打破嫡庶差别的呼声越来越高。英祖二十一年（1745，清乾隆十年），吏曹判书李周镇上疏呼吁破除“庶孽防塞”：

至于庶孽防塞，未闻前规。我朝右代言徐选始倡，仍以成法，而此岂立贤无方立义也？先正臣李珥始发许通之议，文忠公金尚判吏部时，献议于仁庙曰：“禁锢庶孽，即古今天下所未有之弊法。我国人才眇然，天之所生，犹未尽用，有非圣王公大之政。”①

英祖四十八年（1772，清乾隆三十七年），以全圣天为首的庆尚道庶孽儒生三千余人“以庶类通清后，不许入乡案，陈疏仰请，上哀其志，特赐批许之”②。庶孽士人的斗争开始取得成效。正祖即位之初便有呼吁打破嫡庶界限的奏书呈上，可见18世纪身份制度持续受到的冲击：

庶孽枳塞，即我东独有之法也。始因一人之建议，终成百年之痼弊。虽有才学拔萃之士，率皆废弃不用，此岂上天生才之意，王者立贤之道哉？兹故先正臣赵光祖陈分庶孽之弊，先正臣李珥立通仕路之论，其他名硕之章奏筵白可按而征。若夫许要不许清，即仁祖朝启下节目，行之未久，仍复废阁，俗习之难变，积弊之难祛，诚末如之何矣。唯我殿下追列祖欲行之志，采名臣已定之论，诞降德音，纤悉恳恻，用人才、正国纲之道两行不悖，猗欤盛哉。③

这是《李朝实录》正祖一年（1777，清乾隆四十二年）的

① 《英祖实录》卷六十二，二十一年七月四日（甲戌）。

② 《英祖实录》卷一一九，四十八年十二月二十八日（戊子）。

③ 《正祖实录》卷三，一年三月二十一日（丁亥）。

一条记载，新即位的国王李算已经听到了“疏通庶孽”的强音：虽然“俗习难变”“积弊难祛”，但“用人才、正国纲”要笃行不殆。正祖喜文，后世称之为“贤君”。他在位 20 多年，一直重视文化建设。他即位后积极设立奎章阁，任用才学之士，以洪国荣和朴趾源的朋友俞彦镐为提学，同时破格提拔任用在野人才。奎章阁是专门的书籍出版机构，也是学者集中治学从事研究的地方。朝鲜王朝一直努力尝试通过奎章阁的建设实现文化大国的构想。奎章阁集中了朝鲜王朝后期社会几乎全部的精神产物，收藏有 27 万余件古图书、古文献、印版等，任命了很多具有革新思想的知识分子。正祖三年（1779，清乾隆四十四年）“初置内阁检书官，以庶类中有文艺者差出，置四员”①。这四位检书官中就包括朴趾源的学生李德懋、朴齐家，他们当时刚随向清朝皇太后进香的使节团出使返回。因为他们均出身庶孽，且是实学派的提倡者，所以他们的任命轰动当时。正祖九年（1785，清乾隆五十年）编纂的《大典通编》载有所谓“庶孽疏通”的条款，但这种条款在实际实施中却遇到很多阻碍，庶出的知识分子依旧很难得到与贵族均等的施展才华的机会，虽然此前正祖也一直为打破嫡庶而身体力行。纯祖即位，朝廷上同样立刻出现呼吁庶孽疏通的奏请：

庶类疏通，不但有先辈之所论，列圣朝屡勤提教。至于先朝别成节目，德意甚盛。今当初元，固宜遵而行之矣。②

这是纯祖即位初领议政沈焕之的奏书。打破嫡庶，任用下层士人，基本上是英祖、正祖、纯祖三朝的人才政策基调。这种倾向在 19 世纪中叶达到高潮，纯祖二十三年（1823，清道光三年），京畿、忠清、全罗、庆尚、江原道的儒生，号称万人署

---

① 《正祖实录》卷七，三年三月二十七日（辛亥）。

② 《纯祖实录》卷二，一年一月十日（丁亥）。

名，提出《万人庶孽疏通疏》，获得允准。至此，嫡庶差别已毁灭性解构。

在两班的名分、嫡庶差别之外，18 世纪的李朝还面临着释放公奴的迫切难题。公奴是李朝社会的最下层，他们是统治者的私有财产，本身没有任何土地和自由，处境悲惨。伴随着封建统治体制内的各种暗流，这种森严的等级制度逐渐难以为继。奴婢采用逃亡、暴力抗争等形式来对抗统治者，且斗争范围和力度越来越大。两班为了缓解这种矛盾，维护社会稳定，一直在采取各种措施：英祖三十一年（1755，清乾隆二十年）公私奴婢的身贡各减半匹，英祖五十年（1774，清乾隆三十九年）废婢贡。官府拥有的奴牌的数目在 17 世纪为 19 万人，到 18 世纪中叶下降到 2.7 万人。两班私人拥有的奴婢在 1623 年有 40 万人，但是在社会变动过程中数目大大减少，许多两班甚至连一个奴婢也养不起。[①] 在这种条件下，一些私家奴婢转变成为半佃农半自耕农。最终于纯祖元年（1801，清嘉庆六年）政府销毁了官府和宫廷的全部奴婢登记册，宣布公奴婢的“解放”，6.6 万多名公奴婢和官奴婢变成良人。朝廷称此为继承先王遗志，实施善政，实则这是李朝中央集权的衰弱和统治体系紊乱的体现，封建国家也认识到身份制度的关键——奴婢和良人的差别早已瓦解，无可挽回。

六、势道政治与吏治腐败

虽然社会经济恢复的英正时代在朝鲜历史上被视为“中兴期”，但由于统治阶级内部的矛盾和倾轧，封建集权的中央官僚体系愈发紊乱，最终导致了势道政治在这时形成。“势道”是朝

① 马靖妮：《〈热河日记〉中的中国形象》，中央民族大学 2007 年学位论文。

鲜的俗语，即指某个权贵或势力集团掌握大权之意。势道政治始于正祖李算即位后，初登基的正祖以铁腕手段处理了他作王储时的反对派，设立了宿卫所，任用亲信洪国荣为大将，掌管宿卫，从此洪氏干预政治。洪国荣虽然官位不高，名义上只是掌管宿卫，但却主宰施政大权，宰相以下都得唯其马首是瞻。在这种政治情形下，各种弊端日趋显露。正祖时期继续恢复的经济也无法掩盖统治体系的深层次问题，普通百姓依旧生活在重压之下，度日艰难，社会问题层出不穷。

经过壬辰卫国战争，农业遭到极大破坏，李朝虽然实施了诸如减低税率、改革贡物制度、废止缴纳现物等措施，但当时百姓还是不堪重负，“三手米”“大同米”“五结收布”等名目繁多的田税，一股脑压在广大的农民身上。李朝针对农民征收的地税、军布和“还上”三项政策并称“三政”。当时服役的适龄是15岁，退伍是61岁，但实际上对根本不适龄的小孩和70岁老人也都强行征收军布，甚至无理地对胎儿和死人也进行征收。“还上”是指归还以前的债务。春耕时政府把存粮借给贫困的农民，秋收时农民连本带利还给政府。可是政府却把掺杂沙土的最劣等稻谷借给农民，农民不仅要负担高利贷，还要用大斗还给政府。此外政府还扩大贷粮对象，强迫不需要借粮的农户接受。“还上”制度不但成为腐败贪婪的两班政权的重要财源，而且也成为地方小官吏的敛财手段。广大劳动人民遭受各种直接或变相的高利贷盘剥，这种现象在17世纪后半叶则更加加重。显宗六年（1665，清康熙四年）平安道某地，还谷米为352580石，但其耗谷仅为35178石。地方土豪地主，利用封建国家的还谷对农民进行高利贷剥削，从中牟利。英祖时期百姓常食不果腹，“全罗道康津县有饥饿民灸食人尸之变"[1]，"阙门守直军多饥死者"[2]，不仅百姓，甚至军队的守兵也被饿死，饥民甚至只能烤食人的尸体，其民情之惨淡，可以想见。

重税盘剥之下，民不聊生，这种情况遇到荒年更为严重。1670—1671 年，遭灾饿死者竟达 100 万。据肃宗二十二年（1696，清康熙三十五年）年的不完全统计，仅在庆尚道，饥民就达 56 万，死者达数万名。[3] 全国乡村普遍出现"十室九空"的严重情况。[4]

正祖十一年（1787，清乾隆五十二年）平安道的军丁之弊被称为"巨瘼"：

本道民户，为二十九万有奇，军总为三十六万有奇，军额加於户数，叠役、虚名，职由于此。里代定之外，又有邻代定、族代定之法，矫救之方，实无他策。[5]

有些地方官甚至把虚造的军布名额强迫其四邻或亲戚负担，进行所谓的"族征""邻征"。军布的负担给百姓生活带来巨大痛苦，一些穷人痛恨身为必须缴纳军布的男性，竟然挥刀自宫。英祖十年（1734，清雍正十二年），李广道上疏中说：

光阳民挈其二子，行乞于其族人，族人惧其签丁征布，不肯留。两儿相谓曰："吾不幸而生为男，将使父母饥死。"遂以刀自宫。命本道查闻，其事果然，而非光阳，乃乐安郡也。上闻之惨然曰："良役之毒，一至此哉?"命减该郡军额。[6]

为了躲税活命，穷苦者只好残害自身，两班集团敲骨吸髓的

---

① 《英祖实录》卷三十二，八年十二月十日（癸亥）。
② 《英祖实录》卷三十三，九年二月十三日（乙丑）。
③ 《肃宗实录》卷三十，二十二年二月（甲寅）。
④ 《肃宗实录》卷三十八，二十九年十二月十二日（癸未）。
⑤ 《正祖实录》卷二十三，十一年四月十六日（癸丑）。
⑥ 《英祖实录》卷三十八，十年六月十三日（丁巳）。

盘剥将百姓逼到了山穷水尽的地步。丁若镛的《哀绝阳》诗便是对这种社会现实的真实写照。势道政治、苛捐杂税、天灾饥馑，18 世纪的朝鲜人民心中充满对社会不公的愤懑，在著名小说《春香传》[①] 中，李梦龙的诗表达了千万朝鲜百姓的心声：

金樽美酒千人血，
玉盘佳肴万姓膏。
烛泪落时民泪落，
歌声高处怨声高。

民愤最终演变成暴力行动，18 世纪初朝鲜频繁暴发农民起义。肃宗二十九年（1703，清康熙四十二年）忠清道天安、黄海道端兴等地的农民起义。天安的囚犯砸开牢门，誓死进行斗争。这时，正好全州邑吏驮运税布，在赴京途中到达天安。起义群众打败护卫官兵，夺得税布。景宗元年（1721，清康熙六十年）朝鲜多处出现农民举行起义，英祖三年（1727，清雍正五年）爆发了以全罗道边山半岛和灵岩月出山为中心的流民武装起义，英祖十四年（1738，清乾隆三年）爆发了以平安道三登县为中心的流民起义，英祖十七年（1741，清乾隆六年）在平安道、江原道、黄海道等地先后出现农民起义，特别是平安道地区的起义军势如破竹，活动范围迅速扩大到咸镜道地区。综观 18 世纪的农民起义，规模一般较小，多数并未发展成大规模的、全国性的农民战争，但百姓持续不断的武力反抗，搅乱了李朝封建统治秩序，加速了封建末世的溃败。

18 世纪的李朝社会具有复杂性、特殊性的特征。农业生产

① 《春香传》，朝鲜最著名的长篇小说之一，地位等同于中国的《红楼梦》，主要讲述男女为真挚爱情而反抗强权的故事，展现了广阔的 18 世纪李朝社会。

的逐渐恢复，商品经济关系继续发展，私营的手工业工场取代了官营工场，刺激了为赢利而进行的货物生产，政府鼓励货币铸造，货币逐渐取代交换物而成为资本。富商阶层的扩大侵蚀了封建的两班等级体系，两班身份开始失去神圣性，而财政困难又促使政府进行赋税改革和卖官鬻爵，促使各种社会关系发生变化。嫡庶差别逐渐泯灭，公奴婢逐步获得自由。普通百姓所承受的盘剥依旧沉重，农民在抗争中求得生存。总之，18 世纪的朝鲜处于传统农耕社会向商品经济过渡的时期，这个时代的深层暗流涌动，为 18 世纪各种新型的社会关系和文学发展提供了肥沃的土壤和生长条件。

第二节　18 世纪朝鲜的思想与文化

一、性理学与“党争”

中国朱子性理学自 14 世纪传入朝鲜，到李滉（1501—1570）、李珥（1536—1584）时发展达到了高峰，成为官方的统治哲学。性理学成为朝鲜的立国之本，被尊为“圣学之根本”[①]：

我东性理之学，实自文忠公郑梦周，而梦周再传，而得故司艺金叔滋，又再传，而得文敬公金宏弼，文正公赵光祖，此非臣等臆说也……夫斯文统诸，先正之言，炳若丹青。[②]

性理学在朝鲜王朝代代传承，逐渐完善，成为朝鲜的正统统治思想。英祖二十六年（1750，清乾隆十五年），右议政郑羽良

① 《英祖实录》卷五十九，二十年三月五日（癸未）。
② 《正祖实录》卷二十二，十年十月二十八日（戊辰）。

的奏疏中给予了理学汇编《性理大全》极高的评价：

学问之工，自有先后。《性理大全》理气心性之说，风俗是非之辨，罔不备载，观是书，则智虑长而识见通，诚正治平皆从此中做出。①

《性理大全》又称《性理大全书》，由明代胡广等奉敕编辑，与《五经四书大全》同辑成于明永乐十三年（1415）九月，明成祖亲撰序言，冠于卷首，颁行于两京、六部、国子监及国门府县学。该书为宋代理学著作与理学家言论的汇编，所采宋儒之说共120家。李朝全面接受了明代性理学，并贯彻到了国家政治、日常民生之中。然而，到了李朝后期，由于两班贵族的故步自封，作为统治思想的性理学整日围绕“四端七性之辨”和“礼讼”等空洞问题展开无谓的激烈辩论，使性理学丧失活力而完全堕落成空疏之论。在朝鲜前期性理学尚存的合理性遭到冲击而逐渐失去存在依据。同时，性理学辩论中分裂出不同的政治派别，各个派别之间为了利益互相争斗，性理学于是沦为党争的工具。李朝统治阶级内部的各派政治势力的倾轧和斗争一直存在，继“勋旧派”和“士林派”暴发党争之后，士林派内部又发生了所谓“四色党争”②，随着党争的激化，性理学被滥用为理论武器，使得“主理”“主气”的分立越加尖锐。早期的哲学家退溪、高峰、栗谷、牛溪等先儒对性理学的质疑或论辩，无论何时均为纯粹的学术争鸣，其激烈的争论中饱含着追求真理的炽热之情。可是越是到后期越被卷入党争，最终滥用为对付政敌的武器和友军之间的联系纽带。退溪、高峰死后，党争已初露端倪，当

① 《英祖实录》卷七十一，二十六年五月二十五日（丙寅）。

② 16世纪开始，李朝开始陷入激烈残酷的党争之中，其中影响较大的党派有“东人”“西人”“北人”“南人”四派，后世称之为“四色党争”，党争之祸严重影响了李朝政局的稳定及社会发展。

时栗谷还在世。起初，栗谷自命居中调停者，殚精竭虑谋求平息党争，可惜并无实效，最后竟然被捧为一派之领袖。一开始分为东西的党派，随着岁月的流逝越加繁衍，经历了多次分裂，党争也多枝多蔓，越加升温。加上和政权有联系，竟到了不惜酿成杀戮惨剧的地步。党争的主谋均为胸有文墨的知识分子，且党人皆有师承关系的瓜葛。由于各种原因，以退溪为渊源的退溪学派（以地域划分为岭南学派），在党派上成为“东人”（后为“南人”），而继承栗谷学说的学脉（按地域划分则为畿湖学派）则被称为“西人”（后主要为“老论”）。初期两派看似并不看重性理学的名分，只是固守着学问的纯粹性或享受论辩自由，然而到了后期，两派都拿起了自己的武器，岭南学派是“主理”的理气观，畿湖学派则是“主气”的理气观。这可谓是党争激化及学问的论争深化的结果。

朝鲜朝的性理学严格信奉程朱学，整个社会弥漫着以程朱理学为中心的学风。纵然在理论上李朝的学术水平已大有长进，但两班依旧努力遵循程朱理学的轨道，不敢有丝毫僭越。尤其是陷入党争之后，两班以忠实于程朱路线作为博弈的关键环节，竭力捕捉对方脱离程朱的把柄，哪怕是一丝一毫，也会斥为“斯文乱贼”。这种情形下的李朝性理学论争沦为“党性”之展示，而根本无法评价学问。性理学固然是依靠程朱而得以建立，但把程朱之论奉为金科玉律，这无疑是为学问设置圣坛，其结果只能是作茧自缚。它最终导致学问的僵化和官学化，阻滞学问的健康发展。与此同时，作为理学的重要组成，李朝重视名分的思潮更加突出。名分观念包括两重内涵：一是对个人的视角；二是对国家的视角。个人作为家族及社会之成员，有着因上下亲疏而产生的名分，也有在修身齐家治国平天下的过程中，因义理而产生的名分。国家则有历史性、道德性的义理名分。理学禁锢下的名分观念对于个人而言，名分的重视可能导致模式化的价值观；对于国家而言，过分执着道德性的名分观念的结果，不是产生慕华思想，就是犯了不能正确认识时代形势的错误。

在利益的刺激下，两班集团以理念、政见的差异为掩饰，争权夺利，官位争夺战变成了不同集团之间的对抗战，党同伐异，一荣俱荣，一损俱损。党争动摇了国家政权的稳定，造成了社会纲纪的松弛和衰颓。朝鲜王朝处于风雨飘摇之中，出现了严重的社会政治危机。

二、性理学与“北伐论”

在性理学的浸淫下，李朝走上了文化孤立主义的道路，两班尊明排清，义理派甚至倡议“北伐”清朝，宣传胡无百年之运。一些使臣为了迎合“北伐论”，丑化清朝，夸大报告清朝的自然灾害、彗星等现象，并将其解释为清朝即将灭亡的征兆。清朝推行的“改正朔”“薙发易服”等扭转民族文化心理的主张，奉大明为宗主国的朝鲜在感情上根本无法接受。朝鲜知识分子认为自孔子以来代代相传的儒家文化已经灭亡，中华大地已经沦为“夷狄之邦”。朝鲜的一部分士大夫固守华夷之限，以中华正统自居，认为清朝立国只是一时，“胡儿无百年之运”，肯定要衰败。在这种情况下，朝鲜对两国的文化交流严加限制。正祖十一年（1787，清乾隆五十二年），朝鲜备边司规定：“挟带杂文书及我国书册者。杖一百，流三千里。”“凡系书籍，涉于左道不经、异端妖诞之说，及杂术方书，一切严防。无论译官及三使臣所属，如有潜贸之事，即其地摘发，烧火状闻。犯者置之重辟。”① 事实上禁书活动不止“杂术方书”，中国出版的音韵、诗文、天文、地理、小说等书籍也统统被拒在朝鲜国门之外。在闭

① 《正祖实录》卷二十四，十一年十一月十一日（甲辰）。

塞的朝鲜社会，清朝被视为满地腥秽、人文沦丧的野蛮国度。朝鲜自视为“小中华”，意欲反清复明，重建华夏秩序。

“北伐论”是建立在对明朝义理论的“小中华”意识上的，“小中华”思想来自于儒学的尊王攘夷理论。1649 年（清顺治六年），孝宗王即位后，即起用金尚宪、宋时烈等反清派人物，彻底解除了对清朝主和的势力。宋时烈、宋浚吉等向国王建议派人与南明政权联系，商议武装反清计划。孝宗王的北伐思想并不只是口头空论，他曾积极周密地筹划过反清，并期望在十年之内完成伐清之计。为此，孝宗王将驻守汉城的御营厅兵力从 7000 人增加到 21000 人，并将以前的亲兵全部改建为骑兵，还筹备组建了炮兵。这些行为给政府财政增加了负担。[①] 肃宗王 1670 年（清康熙九年）即位后，朴承后等人又上疏提出北伐，甚至有人还提出联合台湾的郑氏集团和日本共同反清复明，但都未能实现。[②] 北伐虽未能实现，但是朝鲜社会流行的“排清复明”倾向却一直未变。肃宗三十年（1704，清康熙四十三年）农历三月十九日，时值明朝灭亡 60 周年，肃宗“自宜春门，诣禁苑坛，以太牢祭崇皇帝”[③]，他又下令在汉城筑坛于后苑春塘台，定名为大报坛，用来祭祀明神宗。“‘大报’字出于《礼记·郊特牲》，亦示郊大之义，而兼有报德之意。”[④] 朴趾源在《驲汛随笔》中也描述过朝鲜人对明朝的感恩：

崇祯丙子清兵之来也，烈皇帝闻我东被兵，急命总兵陈洪范

---

① （韩）姜在彦：《姜在彦著作选》，日本明石书店，1996 年，第 23 页。转引自李英顺：《朝鲜北学派实学研究》，中国社会科学出版社，2011 年，第 65 页。

② 陈尚胜：《论朝鲜王朝对明朝的事大观》，《第三届韩国传统文化国际学术讨论会论文集》，山东大学出版社，1999 年，第 932、第 934 页。

③ 《肃宗实录》卷三十九，三十年三月十五日（戊午）。

④ 吴晗：《朝鲜王朝实录中的中国史料》第 10 册，中华书局，1980 年，第 4232 页。

调各镇舟师赴援。洪范奏官兵出海，而山东巡抚颜继祖奏属国失守，江华已破。帝以继祖不能协图匡救，下诏切责之。当是时，天子内不能救福，楚，襄，唐之急，而外切属国之忧，其救焚拯溺之意，有加于骨肉之邦也。①

朴趾源此处回顾了“丙子之役”时大明对朝鲜的援助。“丙子之役”“丙子虏乱”，指的是1636年至1637年清军入侵朝鲜的事件。这是后金第二次入侵朝鲜，在朝鲜史书中又被称为“丙子胡乱”。此后朝鲜沦为清朝的藩属国，接受清朝的册封，使用的年号由明朝年号改为清朝年号。朝鲜仁祖以其长子李溰、次子李淏赴清作人质，朝鲜向清朝朝贡。朴趾源称明朝在内忧深重之时，还出兵缓解“属国之忧”，这种“救焚拯溺”的恩德使朝鲜视明朝为血肉之邦。朝鲜虽然在武力的压迫下屈服于清朝的统治，但朝鲜人对清朝却非常反感，称清朝为“胡虏”。这种敌对的称呼和态度，在《李朝实录》中比比皆是。顽固的华夷观念长期主导着李朝社会，阻碍了李朝与清朝的文化交流，影响了清朝先进文化的传入，阻滞了朝鲜社会的发展进程。

三、实学思潮的萌生

虽然丰臣秀吉的入侵在官军和义军的联合下被击退，但表面取得胜利的李朝却早已千疮百孔，孱弱不堪。华而不实、思想僵化的性理学者们面对战乱后的社会危机束手无策，只是从“义理论”的视角加以分析，空洞地谈论如何属于“不义”，如何才能符合义理，主张以“义理论”抵抗外族侵略。这些行为是保守固执、盲目愚蠢的。战后朝鲜十室九空，流民遍野，农业、商业、手工业统统停滞，朝鲜社会进入反省期。

① 《热河日记卷二·驲汛随笔·秋七月十五日辛卯》，第61页。

面对这样的社会现实，两班营垒中分化出来一群改革派士人，他们把视线由空疏之论转向现实世界，由“内圣”转向“外王”，由“正德”转向“利用”“厚生”，在性理学的价值观之外去寻求解决现实问题的途径和方法。实学家作为改革派，虽不能从封建制度本身寻找社会危机的根源，但他们已经清醒地认识到危机是由性理学的“不实之病”造成的。16 世纪后半期，实学先驱者李睟光首先指出性理学“虽有志于学，不能实用”[①]，主张“以实心而行实政，以实功而致实效，使念念皆实，事事皆实，则以之为政，而政无不举，以之为治，而治无不成”[②]。这种“由虚返实”标志着朝鲜后期儒学价值观的重要转变。正是在“由虚返实”的时代精神的呼唤下，朝鲜儒学才逐步萌生了地主阶级改革派的自我反省、自我批判的实学思潮，为儒学的自我调整开创了一个新的方向，代表着历史发展的客观要求，具有进步意义。

社会变化转型期，迫切需要一套适应时代发展的新理论。而朝鲜性理学者们却依然陷入僵死的观念中难以自拔，没有应变能力，坐而论道，述而不作，只会在烦琐无用的空理空谈中喋喋不休，与时代和现实生活严重脱节。作为正统学派的两班阶层执着于论证“理”的至高无上。他们认为万物万象，千变万化，生生不灭，是因为有一种永恒不变的自然法则——“理”的存在运作的结果，而这永恒不变的自然法则“天理”被御用为王权政治存在的理论依据时，封建王朝的统治权力就具备了绝对的权威性，这正是所谓的“政教合一”。朝鲜朝初期政教合一所产生的“礼学”，对于大一统的封建王朝的迅速形成和发展起到了相当有效的作用。“礼”相当于当时人为的“法”的作用。但是，

① 李睟光：《秉烛杂记》，《芝峰集》卷二十八。

② 同上书，卷二十二。

限于人的认识能力的有限和社会发展条件的局限，这种人为的“法”只能在有限的时空内生效，当人为的“礼”被规定为“天理”时，就会偷梁换柱，强迫人们去做很多违反自然之理的事。许多亲自创立并履行这种理论的李朝两班，本身既是知识分子又是政治官僚，他们为了维持自身的名分和利益，努力去建构一套完整的理论体系，以防御别人的意见，去寻求一种在何时何地都能取胜的辩术。于是，学问变成了辩论术，失去了思想家追求真理的意义。当学术变成了游戏时，权威理论曾经博得的威信日益下降，流入虚伪浅薄的空理空论之中，使时代先驱精神失去了生命力。

回顾中国清朝自开国以来的思想文化界可以发现，从明末清初的黄宗羲、顾炎武、王船山等大儒开始，学界逐渐认识到晚明王阳明心学末流之弊的危害，开始力求摆脱空谈心性的心学牢笼，开始批判、清算宋明性理学。比如，清初阎若璩和毛奇龄两位学者都以考据见长，阎氏的《古文尚书疏证》更将《古文尚书》千年的疑案给予断定，但是他们两位学者的考据研究都有指向性。阎若璩的考证主要指向陆王心学的空虚，毛奇龄的考证主要针对程朱理学。至乾隆、嘉庆时期，标榜“实事求是”的乾嘉学派终将考据学推上了学术主流，汉学考证学派进入了鼎盛时期。随朝鲜的燕行使团来北京的李朝学者柳得恭、朴趾源、朴齐家、洪大容等人正是在这样的思想氛围中开始了对中国的游历和交际。他们跋山涉水，观察交际，通过自己亲身的观察体验，客观记录了中国清朝繁荣昌盛的面貌，打破了李朝的文化偏见，完善了他们本来在朝鲜国内已经形成的“北学中国”的理论。

引发朝鲜实学派运动的契机有“西学”和“北学”，即来自欧洲的科技文化和中国清代的文明成果。虽然作为李朝宗主国的明朝的覆亡引起了朝鲜知识阶层对清廷的愤恨和疏离，但康熙、雍正、乾隆三朝光辉灿烂的学术文化消解了李朝人崇明排清的正统主义立场，而渐渐被崇拜学习清朝成就的现实主义所取代。李朝时代朝鲜派出了大量的赴燕使者远赴中国朝贡，而随行的贵族士大夫们自然成为中朝学术交流的枢纽。伴随着中朝两国交往的持续加深，中国实学特别是明清实学思想也传播到朝鲜大地，为朝鲜学者所吸收借用。中国明清实学传入朝鲜后，主要有三大内容对朝鲜实学产生了影响：以顾炎武、魏源为代表的经世实学；以李贽为代表的王学启蒙实学；以阮元为代表的考据实学。同时对朝鲜实学发生影响的还有从中国传入“西学”，即从 17 世纪初开始通过燕行使团成员从中国传入朝鲜的“汉译本”的欧洲天主教义及科学技术知识。从现有的资料来看，中国“汉译本”的西学书籍几乎全部传到了朝鲜，其中最重要的有利玛窦的《天主实义》《几何学》、艾堡略的《职方外纪》等。“西学”分为“教”与“学”两部分，出于经世的需要，绝大多数实学思想家持信“学”而斥“教”的态度，排斥“西学”中的神学教义而容纳其中的科学技术，使这些异质文化成为建构朝鲜实学体系的重要思想来源。“西学”对朝鲜实学的影响主要有六个方面：数学、天文、地理、医学、实用科学和实验精神。[①] 在这样的大环境下，朝鲜出现了柳得恭、李德懋、朴趾源、朴齐家、洪大容等实学家，他们其中有很多是朝鲜的燕行使团成员，他们在中国游览交际，打破了李朝的偏见，客观地展示中国政治稳定、经济繁荣、文化昌盛的真相，主张朝鲜学习中国的先进文化思想和生产技术，故而被称作“北学派”。

17 世纪初，李晬光将 16 世纪末开始在中国传教的耶稣会传教士利玛窦写的《天主实义》介绍到了半岛，这是天主教第一次登陆朝鲜半岛。到 18 世纪末，天主教在朝鲜逐渐传播。在中国的天主教传教士利用朝鲜政府对西洋天文历法和天文仪器等感

---

① 葛荣晋：《韩国实学思想史》，首都师范大学出版社，2002 年，第 18 页。

兴趣的机会，积极同来京的朝鲜使臣交往，传教士的博学多闻、教堂的崇高庄严、天主教教义所传达的新奇观点，也随之传给了朝鲜使臣。正祖八年（1784，清乾隆四十九年），朝鲜使臣李承薰在北京天主教南堂领洗为天主教徒，他回国之后便开始秘密传教活动；同年，李辟与丁茶山兄弟们积极研究天主教理，形成“信西派”，由朝鲜的天主教徒组织的地下教会信徒迅速增加。由于朝鲜严格禁止西洋人入境，所以北京教区主教决定派遣相貌与朝鲜人相同的中国传教士进入朝鲜。正祖十五年（1791，清乾隆五十六年）周文谟教士历尽艰辛，潜入朝鲜国境，随即开始了传教活动，入教信徒阶层广泛，既有两班显贵，又不乏卑贱的士卒。朝鲜政府将天主教视为邪教，不断逮捕处决教徒，纯祖元年（1801，清嘉庆六年）周文谟在汉城就义，此即朝鲜历史上著名的“辛酉邪狱”。众多教徒和进步思想家被牵连而受到迫害，李承薰、丁若镛等人被处刑和流放，朴趾源、朴齐家等与天主教无直接关联的北学论者也被降职或革职。周文谟在朝鲜的活动已不局限于单纯的宗教范畴，通过他的活动，18 世纪末的朝鲜社会在了解和吸收欧洲外来文化方面有了很大的进步。“辛酉邪狱”中丁若镛受到牵连，自 40 ~ 57 岁期间，他在全罗道南端的海边度过了 18 年强制流放生活，其间对朝鲜实学做了理论总结，成为朝鲜实学理论的集大成者。

朝鲜西学初传是西学入华后进一步东传的延伸。朝鲜的燕行士人是西学入朝的关键人物，北京则是西学入朝的一个中转站。在《燕行录》中朝鲜使者留下了很多在北京接触西人西学，以及其与中国士子讨论西学的记载。《热河日记》中也有这方面的宝贵资料。朴趾源在朝鲜时便对西人西学很有兴趣。来华之后，他对中国学者说道：

鄙人万里间关，观光上国。敝邦可在极东，欧罗乃是泰西。

以极东泰西之人愿一相见。①

朴趾源怀抱对西学的渴望，他在北京急迫地探访游览了与西方有关的文物景观。他参观了利玛窦墓，并进行如下记载：

出阜成门行数里，道左列石柱四五十，上架葡萄，方烂熟，有石牌楼三间，左右对蹲石狮，内有高阁，问守者，乃知为利玛窦冢，而诸西士东西继葬者总为七十余冢。冢域筑墙正方如基局，几三里，其内皆西士冢也……树碣为表曰："耶稣会士利公之墓。"左旁小记曰："利先生讳玛窦，西泰大西洋意大里亚国人，自幼真修，明万历辛巳航海首入中华衍教，万历庚子来都，万历庚戌卒，在世五十九年，在会四十二年。"右旁又以西洋字刻之。碑左右树华表，阳起云龙。碑前又有砖屋，上平如台，列树云龙石柱为象。设有享阁，阁前又有石牌楼、石狮子、汤若望纪念碑。②

朴趾源对北京的观象台和其上陈列的传教士制作的天文仪器印象深刻：

附城有高台，出堞丈余，曰观象台。台上诸仪器，远望有似大纺车，以考中星辰夜昏明之候。凡日月星辰风云气色之变异，登此台占焉。其下为府，曰钦天监。正堂扁书"观察惟勤"，庭中杂置仪器，皆铜造。非但不识其名，形制诡奇，骇人心目。上台则可以俯瞰一城，而守者牢拒，不得上而归。盖台上诸器似是浑天仪、璇玑玉衡之类。③

朴趾源还寻访过北京的天主教堂。在《热河日记》中，他这样写道："自热河还入燕京即寻天主堂。宣武门内，东面而望，有屋头圆如铁钟，耸出闾阎者乃天主堂也。城内四方皆有一

① 《热河日记卷四·鹄汀笔谈》，第224页。

② 《热河日记卷五·盎叶记·利玛窦冢》，第349页。

③ 《热和日记卷五·谒圣退述·观象台》，第340页。

堂，此堂乃西天主也。天主者犹言天皇氏、盘古氏之称也。但其人善治历，以其国之制造屋以居。其术绝浮伪，贵诚信，昭事上帝为宗地，忠孝慈爱为工务，迁善改过为入门生死大事。”① 朴趾源对教堂内的西洋画印象深刻，他写道：“今天主堂中墙壁、藻井之间，所画云气人物，有非心智思虑所可测度，亦非语言文字所可形容……有妇人膝置五六岁孺子。孺子病羸，白眼直视。则妇人侧首不忍见者。旁侧侍御五六人，俯视病儿，有惨然回首者。鬼车鸟翅，如蝙蝠坠地宛转。有一神将，脚踏鸟腹，手举铁杵，撞鸟首者。有人首人身而鸟翼飞者，百种惊奇，不可方物。左右壁上，云气堆积如盛夏午天，如海上新霁，如洞壑将曙，蓬滃勃郁，千葩万朵，映日生晕，远而望之，则绵邈深邃，杳无穷际。而群神出没，百鬼呈露，披襟拂袂，挨肩叠迹，而忽令近者远，而浅者深，隐者显，而蔽者露，各各离立，皆有凭空御风之势。”② 又《风琴》一篇中写道：“今吾入中国，每思风琴之制，日常憧憧于中也。”“余虽耳审其声，目察其制，然又文不能尽其妙，是为大恨也。”③《热河日记》中有关这方面的记载还有很多，它们可再次佐证北京在西学入朝史中的地位。朝鲜同西欧文明的初期接触并非借助于西洋人，而是通过留京朝鲜使者和北京四座天主堂以及耶稣会圣徒所辖天文历法机关——钦天监才得以实现。明清时期移植于北京并已汉化的欧洲文化，通过赴京朝鲜使者源源不绝地流入汉字文化圈中的政治封锁世界——朝鲜王国。政治使者发挥了将汉化的西欧文明导入朝鲜的中介任务，《热河日记》就是这样一部具有文化传导作用的实学著作。

产生于朝鲜后期的实学思潮，是由当时地主阶级改革派的自

---

① 《热和日记卷五·黄图纪略·风琴》，第325页。

② 《热河日记卷五·黄图纪略·洋画》，第326页。

③ 《热河日记卷五·黄图纪略·风琴》，第325页。

我反省、自我批判的革新思想和新兴市民阶层的近代启蒙意识汇合而成的。在18世纪波谲云诡、危机重重的李朝社会，清朝经世致用的实学、阳明心学、西学、考据学的传入，激发了朝鲜士人对令人窒息的理学的反思。很多人更加关注社会现实的具体问题，努力去解决这些问题，并试图摆脱正统主义的威严和封闭，追求新知识和客观意识，这种态度逐渐成长为一种学术倾向。知识分子开始离开书斋，去研究社会现实问题，逐渐形成经世致用、利用厚生、实事求是的实学学派。尽管朝鲜实学家们高举经世济民、利用厚生、实事求是的大旗，但是其主张的理论根据并未脱离经学思想，而是在试图弥补当时理学极度空疏的弊端。实学期可大致分为三个阶段：第一期从17世纪到18世纪前半期，是朝鲜实学兴起时期，主张“经世致用”的一派，他们针对时弊，振兴农业，进行土地改革，以李晬光、柳馨远、安鼎福等人为代表；第二期为18世纪后半期的实学发展期，主张“利用厚生”的一派，他们为了富国富民而发展商业、改良技术，提出更为具体的北学举措，以洪大容、朴趾源、朴齐家等人为代表；第三期为19世纪前半期的实学完结期，主张“实事求是”的一派，以丁若镛、金正喜、李圭景、崔汉绮等人为代表。他们吸收了中国的考据学方法运用于金石学、文学的研究，使朝鲜实学又被拉回到书本的考证学之中，而对具体现实问题的探求不得不暂告一段落。

四、《热河日记》与“北学”

《热河日记》是朴趾源北学思想的宣言，他接纳了来自中国清朝的实学精神，认真总结了前人的思想成果，结合自己的见闻，深入研究，不懈探索，对由传统通向近代的社会改革进行了积极的思考。朴趾源在《热河日记》中通过亲身见闻而充分意识到，一直被朝鲜鄙之为夷的清朝“夺而据”中原后，依旧沿袭“三代以降圣帝明王、汉唐宋明之良法美制”，诚具有“中华可尊之实”，实在不可“攘”之。他强烈批评朝鲜保守的“攘清夷”论，指出若要“攘”之，应取其“利于民而厚于国”之法，学习它，如此才能超过它，再谓之“无可观可也”①。朴趾源的思想适应于地主阶级改革派和新兴市民需要、代表社会发展前进方向的社会思潮。他们重新评价了各种传统价值观念，试图冲破一成不变的理学禁锢，主张博闻广见、联系实际的学风。他强调主体意识和学问的实用化，致力于解决国计民生的实际问题，提倡科学性、合理性，强调人的主体价值，承认情欲的自然性，注重理性、现实性、经验论，尊重人权。简言之，朴趾源倡导实用精神，倡导实学胜于虚学，这一主张的根本目在于改革旧弊，追求人的自由平等，实现朝鲜的富强。

实学思潮是李朝知识分子反省的产物，他们反思了壬辰倭乱，反思了程朱理学。如果说文艺复兴和启蒙运动是西方历史文化的转折点，那么18世纪的朝鲜实学就是走向近代的哲学反思期。在文艺复兴之前，西方在经院式宗教统治下，同东方一样，学者的兴趣仅为有限的几样，比如神学，而其他的东西都是以神学的要求为标准的，评价事物的优劣皆以圣经为唯一标准。文艺复兴改变了这一局面。与此意义相当，朝鲜实学思潮冲破了理学的权威禁锢，为农耕文化转向工商业文化提供了方法论，即学问的多样化、专业化，理论与实践相联系的经世致用化。朝鲜实学推崇传统哲学方法和近代科学技术的融合，同时倡导儒学人本精神的回归中包含了近代人性解放的内容。朝鲜实学所蕴含的精神火种，点燃了其后的文化启蒙开化运动，从而具备了时代意义。

---

① 《热河日记·驲汛随笔·秋七月十五日辛卯》，第61页。

第三节　中朝关系的调适与转型

朴趾源所处的18世纪，可说是中朝关系的蜜月期，之前的两国关系已经历了150多年的风雨曲折。

一、"事大至诚"，以清为"夷"

朝鲜对清朝的认识有一个变化的过程。对于朝鲜而言，明清交替所带来的冲击是巨大的。一直以来，李朝政府自建立以来非常尊崇明朝，不仅在政治上对明"事大至诚"，每年定期或不定期地派遣使臣入京朝贡；同时在文化上朝鲜更是刻意追循明朝，如普及汉文、推行汉文学创作、改从明代衣冠并将程朱理学奉为官学，自豪地以"小中华"自居。不仅如此，历时七年的"壬辰倭乱"因为明朝军队的援助而取得胜利，更令朝鲜上下对大明怀有"再造之恩"的感激。因此，明朝灭亡后，朝鲜虽然转而"事大"于清，但这只是屈于武力不得已而为之，并非心服口服。清军入关前曾两次大规模征伐朝鲜，在清朝强大的武力威胁下，朝鲜于仁祖十五年（1637，清崇德二年）终于屈服签下合约。仁祖在给顺治帝的《降书》中开篇便写道：

> 小邦以海外弱国，与中土绝远，唯强且大者是臣是服，丽朝之于辽、金、元是也。①

此言可见其降清实出于无奈，但内心并不视清为华夏。清朝政府也深知其胜利只是以武服人，因而对朝鲜处处防范。清军要求朝鲜派出世子赴清作为人质，并多次追查朝鲜国内的明朝拥趸

① 《仁祖实录》卷三十四，五年一月二十三日（癸亥）。

者，试图以强迫的手段瓦解朝鲜内部的反清势力，减少清军入关南下的后顾之忧。而在朝鲜人心目中，其所事之大，其实依旧是当年不识礼仪的“蛮夷”女真而已。朝鲜实际上在对清“事大”后依旧奉明为正朔，在朝鲜国内仍以“清国”“北国”来称呼清朝，有时甚至用“清虏”“胡皇”来蔑称清朝君臣。作为清朝的藩属国，李朝除在与清朝的往来公文中使用清朝皇帝的年号外，其内外公文则不使用清朝皇帝年号，而仍然沿用明朝崇祯年号。[①] 李朝社会对于清朝的年号如避洪水猛兽一般，试看肃宗元年（1675，清康熙十四年）的一条记载：

其贻宋烈论礼书头，书康熙四年，凡官文书外，虽下贱，无书清国年号者，寿弘独书之。又于祭其祖尚容祝文，欲书康熙，一门惊骇，谓之家贼。[②]

对清的鄙视在降服清朝四十年后还如此强烈，拒绝清朝国号、年号，若使用清朝年号，依旧引起社会的恐慌和抵制；如果认可清朝就是“家贼”，那么“家”自然就是暗指明朝，对清的抵制暗含着对明朝深深的思念和痛惜。在这种“排清尊明”思想的作用下，朝鲜原来的“小中华”意识实际上突变而成“朝鲜中华主义”观念，自视为中华文化的正统。出使清朝被称为“燕行”，而不再延续明朝“朝天”的说法，亦可见其民族心理上的转变。肃宗二十五年（1699，康熙三十八年），谢恩兼三年年贡副使姜铣途经永平府，见此明朝一大都会今已“城楼倾废”，不禁慨叹道：“皇明文物只有废城颓楼，只令人感怆。”[③] 燕行使者对明朝的黍离之悲，直到19世纪初依旧可见。朴趾源

① 陈尚胜：《论朝鲜王朝对明朝的事大观》，《第三届韩国传统文化国际学术讨论会论文集》，山东大学出版社，1999年，第931页。

② 《肃宗实录》卷三，一年四月九日（丁酉）。

③ （韩）林基中：《燕行录全集》第28册，东国大学出版社，2001年，第521页。

在《热河日记》开篇《渡江录》中亦写道：

清人入住中国，而先王之制度变而为胡。环东土数千里画江而为国，独守先王之制度，是明明室尤存于鸭水以东也。①

《热河日记》本意在于宣示"北学"思想，但开篇先言朝鲜犹存有明室，恪守制度，其缘由或是由于作者不得不考虑当时主流社会的"朝鲜中华主义"意识，同时也是一种欲扬先抑的行文安排。这也从一个侧面反映出当时朝鲜社会根本上"视清为夷"的观念。

二、回归"礼治"，正视清朝

自17世纪后半叶开始，燕行使臣对清朝的贬斥越来越少，而褒扬的文字则逐渐增多。尤其是进入18世纪，燕行使臣对清朝繁盛景象的记载越来越多。徐浩修于正祖十四年（1790，清乾隆五十五年）出使清朝，其《燕行纪》记录了沿途的所见所感。尽管途经当年的明清战场也曾勾起他对明的怀念之情，但是看到当年兵家必争之地如今"田畴相连，鸡犬相闻……悉变为乐土"，看到当年的"口外之荒漠"如今"商旅幅凑，市里栉比，水草丰饶"，他以为这是清人"以中华之利与外夷共之"②。朝鲜使者不得不为清统治下人民生活日渐繁盛所感触，心中对清的敌对情绪也随之缓解。朴趾源虽然在《热河日记》开篇称清为"胡"，但随后的全书都着力于客观地展现清朝的先进与文明，同时深刻反思了"华夷观"。这些都展现出燕行使臣清朝观的嬗变过程，而朝鲜北学思想也正在这一过程中萌芽生根。

为了拉拢朝鲜，维护边境稳定，清朝做出了持久的努力。仁

① 《热河日记卷一·渡江录序》，第1页。

② （韩）林基中：《燕行录全集》第51册，东国大学出版社，2001年，第387页。

宗二十二年（1644，清顺治元年），清军进入北京。考虑到社稷未稳，清朝对朝鲜采用怀柔政策，不仅遣世子永返本国，赦免崔鸣吉、金尚宪等“反和派”人物，准其随世子一起回国，同时还多次减免朝鲜的岁币和贡物。仁祖二十三年（1645，清顺治二年），清廷更考虑到朝鲜朝贡路途遥远，“其元朝、冬至、圣节贺仪如旧，因途道遥远，三节表仪态，俱准於元朝并贡，以彰柔远之意”①。清朝采取多种眷顾措施，试图以此缓和中朝双方的矛盾，并用一种“字小以仁”之姿态树立起“德治”和“礼治”的形象：

朕惟，荷宠荷休，惕君师之任重，丕承丕显，念谟烈之贻长。大赉已颁，国中覃恩，宜及海外。眷尔朝鲜，藩镇于东，拱极乎北，王事大以礼，每抒上尽之忠，朕字小以仁，亦出中心之况。特赐貂马、文锦，以示遐迩均添。王其职守时修，攸赖汉江之砥柱，忠勤日茂，永峙箕甸之长城。②

顺治皇帝奠定了之后清朝对朝鲜的外交姿态。从康熙到乾隆时期，清政府对朝鲜表现出更为特殊的礼遇，尤其是在对待朝鲜使臣上，使臣班行、座次都“于各国使臣班而首”③。康熙初期，边境未稳，内患频仍，清对朝鲜兼有怀柔和胁迫、软硬兼施的政策。到了康熙中期，随着“三藩”的平定，台湾郑氏集团势力被扫除，与沙俄北方边界问题的解决，以及蒙古噶尔丹势力的清剿，清朝大一统的局面终于呈现。于是清政府转向文治，着力发展经济，对内提倡“满汉一体”，对外推行“礼治”，注重“拯救生民疾苦”。对朝鲜，清政府尤其以礼相待，不断施恩。如肃宗二十四年（1698，清康熙三十七年），朝鲜全境发生天灾，饿

① 《仁祖实录》卷四十六，二十三年二月十八日（辛未）。
② 《仁祖实录》卷四十四，二十一年十月八日（戊辰）。
③ （韩）林基中：《燕行录全集》第51册，东国大学出版社，2001年，第17页。

殍遍野。清廷得知，立即予以救助，派遣吏部侍郎陶岱“运米三万石往朝鲜，以一万石赈济，二万石平粜”[①]，同年的八月二十九日，由于“皇帝”（这时朝鲜已经不再称康熙为“胡皇”）巡幸沈阳，朝鲜已派出大臣“问安使”到辽东。当康熙从问安使那里获悉陶岱在朝鲜主持“平粜、赐赍”活动，“称积物货，以一并放卖”时，曾对朝鲜深表歉意，“吾欲救东民，而陶岱乃敢私市，殊极未安!”而朝鲜人在谢表中，则有“八道生灵，赖以全活”的字眼。肃宗四十三年（1717，清康熙五十六年），朝鲜国王李渊罹患眼疾，康熙帝得知后，专门派侍读学士阿克敦等人送去中药空青，专程赴朝鲜进行慰问。肃宗用空青“试点眼部，只得微润睫毛。是日，诸臣莫不缺望矣”[②]。康熙身为上国天子，对肃宗如此关怀细致，尽显其怀柔之意。这种政策倾向到乾隆时期更加明显：

（六月）二十七日亲行夏至大祀於方泽坛，自礼部题奏，只令朝鲜正副使，率首译接驾。同日晓头，臣等诣方泽内门外，跪迎路左，则皇帝祭罢出来，至臣等祇迎处，问侍臣曰：“彼为朝鲜使臣乎?”侍臣来问于礼部侍郎之祇迎者，还以跪对，则皇帝于步轿中，转身见之，行至十余步，犹谛视，颜色和悦，若有所语，而轿行甚疾，已出门外，直还圆明园。[③]

这是乾隆皇帝给予朝鲜贡使一种相当于接见的礼遇，对于年轻新即位的正祖李算来说，政权的稳固急需来自清朝的支持和认可，乾隆的垂青可谓雪中送炭。就在这一年之内（正祖二年，清乾隆四十三年），朝鲜的贡使前后五次受到乾隆的接见；乾隆

---

① 刘子敏、姜孟山主编：《中国正史中的朝鲜史料》，延边大学出版社，1996年，第525页。

② 《肃宗实录》卷六十，四十三年十月二十七日（丁未）。

③ 《正祖实录》卷五，二年六月一日（己丑）。

甚至亲自同使臣家常般对话，问询正祖的年纪、国内粮食收成等等，对于朝鲜人来说，能与天朝上国的皇帝如此近距离接触，不免感佩涕零。乾隆皇帝熟谙政治心理学，身为天子，他的一举一动，都会代表清朝的态度而被带回朝鲜。北京礼部和鸿胪寺的官员，显然是投乾隆所好，刻意安排了这样的聚会，除了八月二十五日的朝参是在大殿之外，其他四次不是在“皇途道右”，便是在城门外和御路旁边，乾隆见到他们时，不是乘舆便是骑马。① 此时，清政府对朝鲜施“德治”已很明显，中朝两国的外交关系也进入了一个自清朝建立以来的最好时期。

同样，身在朝鲜的国王也通过燕行使者不断地了解清朝，判断外交形势：

右议政宋寅明曰：“清主之法简易，民似无怨，不必促亡矣。”判尹金始炯曰：“西鞑所居之地，距燕京几万余里。康熙时或侵边，伐之则辙退。雍正时尽发辽左兵往征矣。”上曰：“西鞑强于蒙古乎?”始炯曰：“蒙古、西鞑皆与清人十年相持，西鞑先有归顺之意，雍正撤兵而还，只屯一万五千兵於边上，以备不虞。又送阿克敦往来云矣。”光佐曰：“吕后容受冒顿慢书，而汉祚绵远矣。”户曹判书朴师洙曰：“此实强盛之种类，康熙辛未年间，出征万余里。此必作乱于天下者也，我国不可不留意於自强也。”②

宋寅明如实汇报了康乾盛世的社会情况，内政清明，民心安定，以前在朝鲜流传的“胡无百年之运”的谣传已经不攻自破，一个繁盛强大的清朝已经屹立在东亚大陆，朝鲜须谋求自强以图未来。十年后，李朝又有类似关于清朝的君臣对话，英祖二十四

① 黄枝连：《天朝礼治体系研究》（下），中国人民大学出版社，1994 年，第 459—460 页。

② 《英祖实录》卷四十七，十四年二月十四日（丙申）。

年（1748，清乾隆十三年），燕行使回国后对英祖报告清朝情形：

清皇荒淫，喜巡游，然上无苛政，下无怨言，姑未见有危亡之形。上曰："玉泉、畅春等处，皆见之乎？"书状官赵明鼎对曰："臣往见之，而玉泉山，如我国三角山，畅春苑在于玉泉山下，引水为池，列植花树，甚为景致矣。"上曰："纪纲何如？"副使李喆辅对曰："一政一令，皆遵皇上之令，莫敢违逆，不可谓无纪纲矣。"①

虽然皇帝爱巡游，苑囿优美，但是"上无苛政，下无怨言"，更关键的令行禁止，纲纪有常。通过使臣的描述，今人也可看到一个已经构建完成、安定繁荣的封建专制王朝。这些亲身游历过清朝的燕行使臣，目睹了清朝社会的兴盛以及文化上对明制的承袭，再加上感激于清廷对其特别礼遇的殊荣，其清朝观尽管仍受"春秋名分"的束缚，但实际上内心已有很大的变化。他们依旧视清为夷，但对比朝鲜国内的落后状况，却深感此夷不再可鄙，而更多的是可效仿之处，无法可攘。18 世纪，以洪大容、朴趾源和朴齐家为代表的燕行使臣就是基于这种体验，逐渐克服阻碍着清朝文化东传朝鲜的传统"尊华攘夷"观，并在西学和清文化的影响下，不断反省"华夷之别"思想，提出"华夷一也""师夷制夷"的新华夷观，发出了"北学中国"的呼声。英祖四十一年，（1765，清乾隆三十年），朝鲜北学派先驱洪大容在《湛轩燕记》中写道：

清主中国，尽有明朝旧地，西北至甘肃，西南至缅甸，东有瓦喇。船厂又其发迹之地。而在明朝一统之外，则幅员之广甲于历朝。藩夷之服贡者，琉球间岁一至，安南六岁再至，暹罗三岁，苏禄五岁，南掌十岁一至。西洋、缅甸贡献无常期。蒙古三

① 《英祖实录》卷六十七，二十四年四月二十九日（壬午）。

十八部不服者二，其三十六部选士入学，选兵入卫，通关市、婚姻，商胡贸迁无限域，驰马交于关东，则与一统无甚异也。[①]

在儒学影响下的亚洲，“大一统”是传统中国华夷秩序的重要理念，“一统华夷”是指统一于中华的儒家文化之内。而洪大容看到的“大一统”竟然实现于清朝，且其规模远胜过当年之明朝，此夷又何以“攘”？他怀疑“中国多灾异，民心多动”的传闻，便特别向至交、钱塘文人严诚和潘庭筠[②]问及时下清朝社会“实状如何”。潘庭筠回答：“并无此事。数年前回部抗逆，三年而灭。”严诚则说：“此时太平极盛之世。即有小丑，无聊窃发，皆即时剿灭。如有所谓马朝柱者，叛迹虽著，然大索天下，十年不获。今闻其人已毙伏天诛矣。至于民心，则普天之下，无不感戴，并无骚动之说，江浙尤甚。屡蒙蠲租赐复之恩故也。”他一方面感叹：“自康熙以来，待之迥异他藩，有请曲徇。前明时则太监用事，钦差一出，国内震挠。虽然，岂敢以此怨父母之国哉。”洪大容也颇领清朝顾恤朝鲜之情，较之明朝，清朝丝毫无愧于堪称“父母之国”。另一方面他也深深体会到清对朝鲜的“厚往薄来”，并由此认为他与中国友人的往来会像在明朝一样，“当无邦禁也”[③]。不仅如此，他在与“钱塘三士”[④]的交往中，深感中华文化并未因满族入侵而有太大的变化，他评价三位中国友人“虽断发胡服，与满洲无别，乃中华故家之裔也”，

① 洪大容：《湛轩燕记》，《燕行录选集》，成均馆大学大东文化研究院，1960—1962 年，第 268 页。

② 严诚（1732—1767），字立庵，号铁桥，著有《小清凉室遗稿》；潘庭筠（1742—?）字兰公，号德园园，著有《稼书堂集》。

③ 洪大容：《湛轩燕记》，《燕行录选集》，成均馆大学大东文化研究院，1960—1962 年，第 285、第 391 页。

④ “钱塘三士”又称“古杭三才”，指清代乾隆时期杭州的文人、诗人、画家严诚、潘庭筠、陆飞。

"非吾辈所及也"。清朝国力繁荣，外扰平定，民心安稳，文化先进，这样一个大国的文士，也引起了洪大容的钦佩、赞扬。

作为洪大荣的密友，北学派思想的又一重要人物朴趾源，在燕行期间虽然带有浓烈的"朝鲜中华主义"意识，但也不得不承认清朝社会之安定、人民生活之富庶以及文化之先进，于是大谈"利用厚生"之说：

中华之城郭、宫室、人民固自在也，正德、利用、厚生之具固自如也，崔、卢、王、谢之氏族固不废也，周、张、程、朱之学问固未泯也，三代以降圣帝明王、汉唐宋明之良法美制固不变也。①

虽江山易主，可是中华依然自在，传统依然自在，学术未变，制度文明。朴趾源以此为出发点，对朝鲜"鄙夷"和"攘斥"清朝的态度进行了犀利而深刻的批判。在《热河日记》中，他将朝鲜"游中国者"鄙夷中国的行为概括为"地阀相高"，"顾无寸长可与颉伉中土，独以一撮之鬓自贤于天下"，"以亢简为政、恭谦为辱"，"以功令之余习，强作无致之诗文，忽谓中土不见文章"，"夸张休泽，则辄谓一部《春秋》无地可读，每叹燕赵之市未见悲歌之士"，此五种行为被燕岩称为"五妄"②。《热河日记》提出"北学"，这是对禁锢朝鲜已久的"华夷观"的反弹，朝鲜闭目塞听的理学者提出的"攘夷""北伐"等论调在清朝繁荣发展的背景下逐渐失去了立足之基。

虽然"北学"思想打破了朝鲜传统华夷观的"尊华攘夷"，但是本质上它没有摆脱"朝鲜中华主义"意识，其实质在于改革时弊，消除"华夷之辨"的思想障碍，北学中国，强国富民。"北学"思想实质上以朝鲜国富民强为旨归的思想潮流，是朝鲜

---

① 《热河日记卷二·驲汛随笔·秋七月十五日辛卯》，第 61 页。

② 《热河日记卷四·审势编》，第 217—218 页。

在明清大变革后对中华文化认同的一种回归。伴随这种回归，中朝交流日趋密切，越来越多的使者、文人和有识之士，努力寻找机会，踏上了清朝的土壤。

第四节　朴趾源的生平

朴趾源所处的“英正时期”，农业生产逐渐恢复，商品经济有了一定发展，社会生产关系在悄然转型；两班统治阶层对百姓的盘剥日益加重，农民起义频发；通过中国传来的“西学”的自然科学思想和明清实学的传播促使了民族意识的觉醒。在这样的时代背景下，实学思想发生并发展，文学艺术的“去理学化”倾向也越发明显，各种崭新的思想因素在18世纪的李朝悄然萌发。伟大的思想家、文学巨匠朴趾源就在这样特殊的社会变动时期度过了他的一生。

一、求知探索的青年时期

朴趾源于英祖十三年（1737，清乾隆二年）三月六日出生于在汉城潘南朴氏家族，字仲美，号燕岩；幼年时父母双亡，由祖父朴弼均扶养成人。潘南朴氏是世称“冠冕大族”的两班家族，燕岩的八世祖文康公绍，号冶川，是著名学者；六世祖忠翼公东亮是壬辰战争时的功臣，做过大司宪、判书等高官。燕岩的祖父朴弼均廉洁刚直，早年无志科举，至41岁才应试，考取了丙科。朴趾源曾著文表达对祖父品质的尊重：

府君（祖父弼均）姿性雅洁恬简，自少至老未尝以一毫世累……立朝三十年，田产无百金之资。城下弊庐直不过辐钱三十，而没世不易居。独一老仆糟糠不充，然至死无怨色……川当时士大夫工于进取者投间抵隙，罔非幸会，而独府君介然自守不移席，则观乎十九年居闲处散，有可以默征本末矣。宠辱之际，确乎不拔之，方寸之间，淡然无累。[①]

祖父秉直孤高的性格对朴趾源产生了深远的影响。朴趾源自幼孤寒："自我孤露，盆仰焘庇；路见斑白，我心怵惕。"[②] 他16岁与著名学者李辅天之女结婚，李辅天与朴弼均一样无意仕宦，在故乡躬耕。在朴趾源敏感的少年时代，祖父的耿直以及他所接触的妻族长辈孤高的品质给他的性格塑造以深远影响。朴趾源成婚时尚未正式读书，李辅天就让朴趾源跟从他自己的弟弟荣木堂[③]受学。朴趾源兴趣广泛，不但阅读经典、撰写文章，还喜好音乐和绘画，鉴赏兵器和各类古董。长期的乡间生活使朴趾源接触了底层农民生活的艰辛，接触过广泛社会问题，感受到社会风潮的变化。18岁时，朴趾源从仆人所说的趣闻那里找到灵感，拨动了他创作的心弦，写出了《广文传》，1757年创作了《闵翁传》，1765—1766年创作了《金神仙传》，1766—1767年著有《虞裳传》。到30岁时，他已经创作了9篇短篇小说。朴趾源之子朴宗侃在整理朴趾源遗稿时，提到《易学大盗传》和《凤山学者传》两篇小说失传的情况，并提到上述的9篇短篇都是燕岩青年时代的作品。[④] 朴趾源的作品里富有批判社会的现实主义精神，20多岁的朴趾源已经颇具实学修养，他和实学派诗人李虞裳的关系足以证明这一点。李虞裳是当时具有创新精神的诗

---

① 《大考资仙大夫知敦宁府事赠谥章简公府君家状》，《燕岩集》卷九，景仁文化社，2002年，第122页。本文所引，即此版本，后文不再赘述。

② 《蔡梧川处士李丈文》，《燕岩集》卷三，第82页。

③ 容木堂，本名失传，荣木堂为其号，是弘文馆校理。据朴趾源讲，荣木堂学问渊博，不慕虚荣，曾因直言上疏而被流放，1755年11月病故。参见金河明：《燕岩朴趾源》，商务印书馆，1963年，第45页。

④ 《放璚阁外传自序》，《燕岩集》卷八，第114页。

人，诗歌中传达出很多时代新风尚，他死于1766年，当时才27岁。他的创作在两班社会中并不受欢迎，但他相信朴趾源会理解他，常派人长途送自己的诗稿给朴趾源。李虞裳死时，朴趾源刚满30岁。①

二、实学精进的中年时期

在朴趾源30岁左右，当时文坛的“汉诗四大家”——李德懋（1741—1793）、柳得恭（1748—?）、朴齐家（1750—1805年）、李书九（1754—?）等在朴趾源门下受学，此外南公辙和朴南寿也受过朴趾源的引导。在“汉诗四大家”中，除李书九以外，李德懋等三人均为庶孽出身。朴趾源非但不歧视他们，反而一视同仁，悉心教授，将自己的理想传承给他们。朴趾源反对身份庶孽差别，他的行为方式也践行着个人的改革理想。朴趾源及其学生忧时伤世，积极关注民生疾苦，他们探讨实学思想以及各种社会问题的解决之道，为朝鲜的繁盛和未来奉献了青春。朴趾源和学生亦师亦友，他超脱而热情的性格、渊博而深刻的学识都影响了他的学生。朝鲜“北学派”富有的活力与创新品质也与此不无关系。英祖四十二年（1764年，清乾隆三十一年）的秋天，28岁的朴趾源到东海岸去旅行，创作了长诗《丛石亭观日出》。第二年，即1765年，朴趾源的前辈和学术密友洪大容从北京归国后写了《湛轩燕记》，以记录自己的燕行之旅的收获。洪大容日渐丰满的实学思想对朴趾源中年以后精神世界的壮大起了很大作用。

伴随着朴趾源文名的远播，他遗世独立的品格逐渐为世人所知。在两班眼中，他显然走了一条不同于当时两班子弟常走的寻

① 《放璚阁外传自序》，《燕岩集》卷八，第114页。

常之路。他不应科举而清居传道，很多思想先进的青年怀着敬慕之情聚集其门下。朴趾源逐渐引起了两班权贵的注意，他不与权贵合作的独立精神大概受到了权贵或明或暗的威胁，大概在1769年至1770年间，他移居到黄海道金川郡金川峡开垦火田务农。[①] 对于朴趾源迁居燕岩的原因，在他《致洪德保书第二》有如下表白："年少果慕复明，剽饰词华，借藉奖誉，所得名字，仅如锥末，而积谤如山"，暗示当时时议对他产生了一定的影响，因此他才归隐燕岩峡。他称隐居生涯中断绝了"名""利""势"，好比"不剃之比丘，有妻之头陀"：

才有石田数倾，茅屋三间，而其悬崖束峡，草树蒙茂，初无径路，既入洞门，则山脚皆藏，忽换面势，岗平麓嫩，土白沙明，夷衍开旷，向南结局，其结局至小而徜徉游息之所，能备其中，前左苍壁削立，如开画障，石罅自成厂厂，燕巢其中，是为燕岩。[②]

朴趾源归隐山林，一方面虽然是为了逃避两班的注意，而另一方面还有积极的意图——躬耕，探索先进的务农方法。朴趾源在燕行途中，目睹辽东广阔桑林，不禁感慨：

燕岩手所种桑才十二株，其长条才得及肩，尝不禁惋叹。今经辽野护田桑林，一望无际，则又茫然自失矣。[③]

燕岩峡的耕作生涯看来也是充满了艰辛。同时，在居山期间

---

① 关于朴趾源迁居燕岩的时间并无确切记载，他的嫂子去世后，他给洪大容的信中说自己在燕岩峡已经度过了9年时间。他的嫂子去世于1778年，当时朴趾源42岁，还没有来到中国。由此推算九年前为1769—1770年。他在《映带亭腾墨自序》的末尾，注明《放阁之东楼岁壬辰孟冬上瀚燕岩居士书》。壬辰年是1772年，当时朴趾源36岁。因此燕岩是在1770年即34岁以前搬去燕岩峡的。正祖即位元年时朴趾源41岁，故而认为正祖即位后重用洪国荣，朴趾源避洪国荣而隐居燕岩峡欠妥。

② 《答洪德保书》，《燕岩集》卷三，第75页。

③ 《热河日记卷五·铜兰涉笔》，第350页。

他阅读各种农业书籍，这些为其晚年为正祖进献著名的农政书《课农小抄》做了准备。

1777 年（清乾隆四十二年），朴趾源 41 岁，英祖逝世，年轻的正祖继位。正祖推行开明政治，支持实学派力量。正祖三年（1779，清乾隆四十四年），李德懋、柳德恭、李书九、朴齐家一起被任命为奎章阁的检书官，世称“四检书”。正祖四年（1780，清乾隆四十五年）春，把持朝政的洪国荣被流放到江原道横城县，后又被流配江陵，政治形势暂时缓解。同年六月，朴趾源的堂兄禁城尉朴明源为正使，赴北京贺乾隆七十寿诞，朴趾源受邀与使节团同行。这次北京之旅诞生了燕行录题材中的奇葩——《热河日记》，这部著作在朝鲜引起轰动，饱受热议。

三、民本仕宦的晚年时期

把持朝政的洪国荣死后，朴趾源受到正祖任用人才政策的鼓励而进入仕途。正祖十年（1786，清乾隆五十一年）秋，朴趾源以 50 岁年龄出仕，做缮工监监役。正祖十五年，（1791，清乾隆五十六年），朴趾源又出任汉城府判官。同年冬天，他离开汉城改任安义县监。朴趾源仕宦期间，不辞劳苦，体察民情，以爱子之心积极为百姓谋福求利。朴趾源毕生都不曾减退对现实社会的关注，正祖十六年（1792，清乾隆五十七年）年他向时任政丞的三从侄朴宗岳建议扫除寺奴之弊，著有《贺三从侄拜相因论寺奴书》，此外还上疏朝廷，建议改革货币、稳定物价，废除嫡庶差别，实施公正的刑法等。正祖二十二年，（1798，清嘉庆三年）冬，正祖下谕寻求农书，奖励农业。第二年，即 1799 年 3 月，朴趾源综合国内外农学的研究成果和自己的亲身观察体会，写出了系统化的农书——《课农小抄》。他把《课农小炒》和论述土地政策的《限民名田议》一文同时进献给正祖。朴齐家也在这一时期向正祖进献了《北学议》，第二年，即1800年正祖逝世。

正祖死后，两班中的保守派即刻大搞阴谋，排挤打压先进的改革派。纯祖元年（1801，清嘉庆六年），“辛酉邪狱”发生，借打击异端之名，保守派流放和杀害了大批先进的知识分子。李家焕被拷打致死，李承熏和丁若钟（丁若镛的三哥）被判死刑，丁若镛及其从兄丁若铨被流放，“北学派”受到打击。庆幸的是，朴趾源的北学主张及其他先进思想虽为世人周知，但因为这次事件是西人的“僻派”以禁压邪教为名对南人的“时派”进行的政治报复，朴趾源出身“西人”，因而幸免于难。自此，政治形势越发险恶。纯祖1801年即位时，朴趾源为襄阳府使，迫于政治局势，他任职5个月便借口年老体弱，辞官回家，以读书、著述度过晚年。纯祖六年（1801，清嘉庆六年）十二月十日朴趾源逝世，享年69岁。

四、著书求索的启蒙学者

朴趾源早在未满20岁的少年时代就开始创作，一直到69岁逝世时为止，留下了很多文学作品，其中广为流传的文学作品就有《丛石亭观日出》《田家》《一鹭》等42首诗和收集在《放璚阁外传》中的短篇小说9篇，另外还有《热河日记》（《许生传》《虎叱》收集在内）和《烈女咸阳朴氏传》等。朴趾源的创作过程，大抵可分为三个时期来考察：第一个时期，从1754年18岁开始创作《广文传》至1770年为止，这一时期的创作作品都收录在《放璚阁外传》里。第二个时期，是在朴趾源在燕岩峡种地时，主要为创作《热河日记》的时期。第三个时期，是1786年朴趾源出任安阳监役，开始走上仕路之后，主要是写政论的时期。之所以要这样划分为三个时期，是因为这三个时期的作品，反映出他的逐渐发展和日益成熟的思想倾向，同时也反映出他在不同时期的政治处境，三个时期界限相对明晰。《热河日记》是其代表作，也是在朝鲜文学史上占有重要地位的巨著。

朴趾源思想具有时代辨证色彩。一种思想、一个伟人在历史上的作用与在思想史上的地位，在很大程度上取决于该思想或人以何种世界观为前提。一旦世界观有所改变，其思想也会发生变化。朴趾源的“利用厚生”实学思想表面上是主张发展生产，尽其物用，丰富人民的物质生活，实质上是顺应历史和时代变化的一系列实学思想要素建构。① 在朴趾源的唯物论哲学思想中包含丰富的辩证思想。他认识到物质世界处于永恒的运动状态中。在并未读到西洋人的地转说理论之前，朴趾源就已经认识到地球是转动的，他认为地球是圆的，而圆就必然是转动的。② 天地万物不但永恒运动，而且在运动变化过程之中旧事物不断消灭，新事物不断产生。朴趾源指出：

天地虽久，不断生生；日月虽久，光辉日新；载籍虽博，旨意各殊。故飞潜走跃，或未著名，山川草木，必有秘灵，朽壤蒸芝，腐草化萤。礼有讼，乐有议，书不尽言，图不尽意。③

一切存在都在不停地发生变化，在历史发展中，万事万物都可能产生崭新的内涵。朴趾源提出了“运”的概念，即指事物运动变化的客观规律性：

盈亏消长者，天之运也，孤处旺相者，地之运也。久则思变，久则思新，穷则思通，此运之际也。④

朴趾源把客观事物变化发展的一般法则概括为“久则思变”

---

① 姜日天：《燕岩朴趾源》，《东方哲学家评传》（韩国卷），山东人民出版社，2000 年，第 482 页。

② 《热河日记卷四 · 鹄汀笔谈》，第 223 页。

③ 《楚亭集序》，《燕岩集》卷一，第 12 页。

④ 《热河日记卷三 · 忘羊录》，第 205 页。

“久则思新”“穷则思通”，事物随着时间的推移不断发生变化，新事物必然代替旧事物，事物发展到极限必然会引起新的变化，并认识到事物发展变化的动因是事物内部的“阴阳相荡”①。可见其辩证法思想是非常深刻的。朴趾源认为，与自然界的万事万物一样，人类社会也在不断地运动、发展和变化。其势是任何圣人也无可奈何的，“圣人之所未可能者，运也”②。他尖锐地批判了朱子学所宣扬的圣人根据天道创造人道的秩序：

君子创统，未尝不建万世不拔之基，如周公之治鲁，太公之治齐，然亦无奈乎末孙之不肖，则二公俱有所论。其世既坐致百世，则乐亦将不胜其变迁矣。③

朴趾源认为，人类历史的发展是不以圣人的意志为转移的，从而否定了理学将封建秩序绝对化、神圣化的僵化历史观。朴趾源在《北学议序》的开头阐明了他对学问的看法，他说：“学问之道无他，有不识执涂之人而问之可也，僮仆多识我一字，姑学汝耻己之，不若人而不问胜己，则是终身自锢于固陋无术之地也。”“苟使法良而制美，则固将近夷狄而师之。”④ 他认为学问应不耻下问。同洪大容重视学以致用一样，朴趾源也强调读书的目的是为实用，同时反对朱子学脱离实际的清谈空论。他说：“读书而不知实用者，非讲学也。所贵乎讲学者，为其实用也。若复高谈性命，极辨理气，各主己见……此讲学害之也。”⑤

朴趾源的进化发展思想也很精彩。他说：

彼月世则亦当有物积聚凝成，如今天地一点微尘之积地，尘尘相依，尘凝为土，尘粗为沙，尘坚为石，尘津为水，尘暖为

① 《答任亨五论道原书》，《燕岩集》卷二，第37页。

② 《热河日记卷三·忘羊录》，第205页。

③ 同上书，第204页。

④ 《北学议序》，《燕岩集》卷七，第105页。

⑤ 《原士》，《燕岩集》卷十，第139页。

火，尘结为金，尘荣为木，尘动为风，尘蒸气郁，乃化诸虫。今夫吾人者，乃诸虫之一种族也。①

丰富多彩的实存世界是由微尘通过相依、凝、粗、坚、津、暖、结、荣、动、蒸等变化活动产生出来的。而这个变化过程是按照尘、无机物、植物、动物、人，由低级到高级次第发展的。人不过是诸虫之一种族，是生物的一种，是从自然界发展而来的，朴趾源在这里引用了物、尘的概念，论述方法似引五行生克思想，却又引申出进化发展思想，可见其脱颖于传统的五行阴阳思想，而始见实证科学的色彩。

在朴趾源那里，主客体分辨亦见彰著。他说："冥心者，耳目不为之累。信耳目者，视听弥审，而弥为之病焉。"② 在认识论上，他承认认识来源于耳目之见，但他更多地侧重于强调主体的能动性、主动性、积极性。朴趾源强调心性主体，与洪大容讲实心实学不同。朴趾源以为人之所以为人，不只因有耳目之官，而是有能动之心性。他说："心直指则气之盛而有质者也，性专言则理之全而无形者也。故非心则性无所宇，非气则理无所活。"③ 这里的"气之盛而有质"既讲心的物质基础，也讲人的主体积极性，这种积极性与物质性又是性即人之所以为人的本质规定，是气表现为理的基础。朴趾源从实学视角讲论理气心性，强调了主体实心的重要。④

朴趾源反对一切宗教和封建迷信思想。他说："余性不喜观相推命，故平生未晓其法，且其所称六壬遁甲，言涉妄诞，故不

① 《热河日记卷四·鹄汀笔谈》，第222页。

② 《热河日记卷四·山庄杂记·一夜九渡河记》，第246页。

③ 《与任亨五论道原书》，《燕岩集》卷二，第36页。

④ 姜日天：《燕岩朴趾源》，《东方著名哲学家评传》（韩国卷），山东人民出版社2000年版，第485—486页。

言四柱。"[1] 在他看来，佛家理论只不过是来自中国的儒家和道家之学说。他说：

后世但知佛氏之出自夷狄，而殊不识中土先有此道也。孔子曰："吾道一以贯之"，老子曰："圣人抱一"，乃佛氏则曰："万法归一。"所谓万法归一，与吾儒理一万殊，其守约之旨未始不相似也。世间所有佛书都是《南华经》笺注，南华经乃《道德经》之传疏。[2]

朴趾源揭露和批判了宗教神秘论把五行说歪曲成为卜筮学、谶纬学、相克学。他认为所谓构成世界一切事物的基本元素的五行——金、木、水、火、土是"天之所赋，地之所蓄，而人得以资焉"。"大禹之所第次，武王箕子之所问答，其事则不过正德、利用、厚生之具，其用则不出乎中和、位育之功而已矣。汉儒笃信休咎，乃以某事必为某事之征。分排推演，乐其妄诞，流而为阴阳卜筮之学，遁而为星历谶纬之书，遂与三圣之旨大相乖谬，至于五行相生之说而极矣。"[3]

所谓五行相生说就是木生火、火生土、土生金、金生水、水生木，这不过是抽象而非科学的观念游戏而已。朴趾源对它进行了批判：

万物莫不出于土，何独母于金乎？金之坚也，待火而流，非金之性也。江海之浸，河汉之润，皆金之所滋乎？石乳而铁液，万物无津则枯，奚独于木，而水所孕乎？万物归土，地不增厚，乾坤配体，化育万物，曾谓一灶之薪能肥大壤乎？金石相薄，油水相荡，皆能生火，雷击而烧蝗瘗，而焰火之不专出于木亦明矣。故相生者，非相子母也，相资焉以生也。[4]

---

① 《热河日记卷二·驲汛随笔·二十一日丁酉》，第 78 页。

② 《热河日记卷四·口外异闻·佛书》，第 296 页。

③ 《洪范羽翼序》，《燕岩集》卷一，第 13 页。

④ 同上。

朴趾源的无神论思想，其批判矛头直指儒家的宿命论和封建迷信思想，有助于净化社会风气。这与他的“利用厚生”实学思想是一致的，反对一切迷信活动，还有助于集中人力、物力、财力来发展工农业生产和商品经济，因此，无论是在思想上还是在生产上都具有积极的意义。

少时求学、成年著书、晚年民本仕宦，为李朝的各种弊政奔走呼号，朴趾源的学术修养带有百科全书的性质。他具有 18 世纪封建朝鲜罕见的渊博知识，并有意识、有目的地将其发展为社会改革思想的根基。他继承和丰富了前人柳潘溪和李星湖的先进思想，并进一步加以深刻化和体系化。在朝鲜锁国政策的封锁下，他利用一切可能利用的条件，吸取了西欧先进的科学知识和来自中国的实学思潮。他具有政治、经济、历史、天文、地理，民俗等多方面的广博知识，但也并非汇集纯理论知识的经院式学者。朴趾源的知识系统，贯穿一个明确的志向——追求事物现象的本质，积极探讨有利于社会发展的科学，并将其运用到实践中以强国富民。

朴趾源的实学思想立足于唯物论的世界观，在一定程度上认识到了朝鲜应该在世界文化圈积极交往，取长补短，富国强民。同时，朴趾源的主张也反映出朝鲜正在壮大的平民阶层脱离农耕经济、向商品经济迈进的时代意识，其思想境界总体超出了前人和时代，具有指向近代的、具有启蒙意义的进步性。身为一名儒生，朴趾源意识到朱子性理学的空疏，并加以尖锐批判；他目睹两班的虚伪和日暮途穷，便通过创作揭露揶揄；他积极接受来自中国的西学，对天文、地理、物理等自然科学颇有研究；他认识当时社会流行的“华夷观”的固鄙狭隘，主张“北学中国”；他深刻思考，发现封建社会的根本性问题是土地问题，主张土地改革，限制土地兼并，安抚流民；此外，他还推崇各种实业技术，倡导教育，支持国内和国际贸易，认可平民商人的价值等。朴趾源的一生爱国忧民，不懈求索，激扬郁滞，匡正睽违，他的主张为当时尚属穷僻之壤的朝鲜开拓了新的认识层次，打开了面向世界的一扇窗牖，为朝鲜保守传统思维模式的转变带来了清新的气息。

第二章　《热河日记》的文献学考论

朴趾源博闻强识，汉文修养精深，留给后世各种体裁的汉文作品，其小说和散文最为人称道。作为一名实学思想家，朴趾源的文学作品渗透着他的改革精神和社会理想，因而在封建的李朝社会长期得不到认可，只能以抄本形式在民间流传。1900 年，出现过一部两卷本的朴趾源作品选集；1916 年，朝鲜诗人金泽荣在上海将朴趾源的部分著作编为三卷本的《燕岩集》出版，这是朴趾源的作品第一次现身中国；1931 年，朝鲜大东印刷所编纂了当时所能见到的朴趾源全部作品，合编为六卷本《燕岩集》；1946 年，李允宰翻译的《渡江录》由大成出版社出版；1948 年，金圣七翻译的《热河日记》由正音社出版；1956 年，李民树翻译，通文馆出版了《燕岩选集》；尹在瑛翻译的《热河日记》由博英社于 1982—1984 年间出版；1978 年，日本东京平凡社出版了《热河日记》的日文译本，并加有注释、标点和朴趾源中国之行的行程图。1956 年，台湾“国立编译馆”出版了两卷本的《热河日记》，1982 年再版；1981—1983 年，李离和编纂了《热河日记》，由民族文化促进会出版；1977 年，韩国景仁文化社出版了一卷本的《燕岩集》，并于 2002 年再版。《燕岩集》共十六卷，其中第十二至第十六卷为《热河日记》。1986 年，韩国启明文化社出版了《燕岩集》的影印本。直到 1996 年，北京图书出版社出版了《热河日记》，这是《热河日记》单行本在大陆地区首次发行。1997 年，上海书店出版社出版了朱瑞平的《热河日记》点校本。2010 年，第一部英文版《热河日记》由英国环球东方出版社（Global Oriental）出版。本书以1997年上海书店出版社的点校本为基础文献，参照景仁文化社1977年版的《燕岩集》，对《热河日记》进行研究。

第一节 《热河日记》的成书缘革

一、燕行之旅

《热河日记》是“燕行录”中的杰作。仁祖二十三年（1645，清顺治二年）以后，朝鲜每年派出人数在二百至三百名的使行团，其主要成员为正使、副使、书状官。他们被称为“正官”或“三使”。其他使团成员则有写字官、医员、军官等，另外有仆从、马夫、马头、军牢、轿夫、厨子、引路等。“燕行录”著作中经常出现“一行人马渡江”之语即为此意。“三使”是“燕行录”的主要作者，但论及“燕行录”中有影响的著作时，以随员等身份随行的一般士人作者往往更引人注目。一些在朝鲜当时以文名、才名而著称于世的，如洪大容、朴趾源、李德懋、柳得恭等人的“燕行录”著作胜过了很多“三使”。洪大容和朴趾源是密友，李德懋和柳得恭是朴趾源的学生，他们通过赴清考察，确立了“北学”观念，开创了朝鲜实学派的新阶段。

朝鲜正祖四年（1780，清乾隆四十五年）六月，朴趾源的堂兄禁城尉朴明源为正使率使节团赴北京祝贺乾隆皇帝七十寿诞：“以俞彦镐为刑曹判书，金熤为判尹，朴明源为进贺兼谢恩正使，郑元始为副使，韩光近为书状官，寻病递，以赵鼎镇代之。”① 朴明源邀请朴趾源同行。此前朴趾源一直接受着隔海传

① 《正祖实录》卷九，四年三月二十日（己亥）。

来的中国信息，而且他的好友洪大容、他的学生朴齐家、李德懋、柳德恭都已经去过中国，“所谓平生壮游，恒言曰不可不一观云者”[①]，面对这次中国之旅的机会，朴趾源欣然应允同行，“鞍挂双囊，左砚右镜，笔二墨一，小空册四卷，程里录一轴”[②]，这就是他的全部行装。使行团出发后遭遇淫雨，在义州驿馆停留十数日，于六月二十日才渡过鸭绿江前行。从鸭绿江到北京，至少有三十三站二千零三十里的路程。[③] 朴趾源一边感受着从友人和子弟那里“耳濡目染，实如足踏”[④] 的一切，一边开始自己的燕行之旅。

作为东亚文化的中心，18 世纪的封建清朝依旧处在一个相对发达的阶段，在物质文明、文化建设方面，有许多值得朝鲜学习接受的成就。但是，当时朝鲜士大夫却固执于“华夷之别”，无视朝鲜社会的落后，蔑视满族统治下的中国，妄言中国无任何可取之处，抵触来自中国的一切。事实上，此时的清朝可谓烈火烹油，鲜花着锦。处在康乾时期的中国清朝，物产丰富，政治稳定，商业繁荣，交通便利，贸易发达，这些都是长期实行锁国政策的朝鲜所无法比肩的。朴趾源长期接受实学思想，积极反思朝鲜社会现实，认为学问的最终目的是改造社会，造福百姓。朝鲜人遇见从中国返回的人，往往会问第一壮观的景色为何，各人会给以不同的回答，如辽东千里大野、辽东白塔壮观、沿路市铺、蓟门烟树、卢沟桥、山海关、琉璃厂、四天主堂、虎圈、象房等，而朝鲜的士大夫却往往面临这个问题而愀然变色，认为中国从皇帝到士人庶民均易服薙发，“一薙发则胡虏也，胡虏则犬羊

① 《热河日记卷一 · 渡江录 · 六月二十四日辛未》，第 2 页。

② 同上。

③ 金河明：《燕岩朴趾源》，商务印书馆，1963 年，第 53 页。

④ 《答洪德保书第三》，《燕岩集》卷三，第 74 页。

也，吾于犬羊也何观焉”①，保守的朝鲜两班用“春秋义理”闭目塞听，抵触来自中国的任何先进文化。关于这个问题，朴趾源有独立的思考和看法：

余下士也，曰壮观在瓦砾，曰壮观在粪壤。夫断瓦，天下之弃物也。然而民舍缭垣肩以上，更以断瓦，两两相配，为波涛之纹，四合而成连环之形，四背而成古鲁钱，嵌空玲珑，外内交映。不弃断瓦，而天下之文章斯在矣。民家门庭，贫不能铺砖，则聚诸色琉璃碎瓦及水边小砾之磨圆者，错成花树鸟兽之形，以御泥淖。不弃碎砾而天下之画图斯在矣。粪溷至秽之物也，为其粪田也，则惜之如金。道无遗灰拾马矢者，奉畚而尾随，积庤方正，或八角或六楞，或为楼台之形，观乎粪壤，而天下之制度斯立矣。②

朴趾源中国之行的目的主要是学习有利于朝鲜社会发展的各种先进文化制度，而且是真正“利于民、厚于国”的东西，即使瓦砾粪壤，只要建设得当，都可为天下壮观之景。“不弃断瓦”“不弃碎砾”正是朴趾源脚踏实地、积极学习的态度，这与盲目自守、空谈务虚的两班形成鲜明对比。

路过辽东平原，朴趾源根据史料仔细考证了古平壤城位于鸭绿江以北，体现了其民族主义情感。朴趾源有意识地观察清朝统治下的社会环境与黎民生活，他游览风景，记录民情，逛市集，交文友，跋涉两千多里抵达北京。随后，使节团在北京休憩四日，于八月五日起程赶赴热河。朴趾源对于自己是否与使节团同行，抑或留在北京，一时犹豫难决。因为一来他担心长途跋涉，体力难支；二来如果使行团由热河直接回国，他就失去了在北京停留的机会。正使朴明源劝说朴趾源，虽然来往中国的朝鲜人很

① 《热河日记卷二·驲汛随笔·秋七月十五日辛卯》，第60页。
② 同上书，第61页。

多，但还没有人到过热河，如果能把热河见闻带回朝鲜，也定会受到欢迎。面对这个难得的机会，朴趾源离开了北京。

为了早日到达热河，使行团日夜兼程，渡江涉水，克服艰险，八月九日到达热河，下榻太学。朴趾源寓居太学期间，结识了清朝学者尹嘉铨和王民皞，利用笔谈的方式，就天文、地理、哲学、政治、文化等畅所欲言。尹嘉铨和王民皞深为朴趾源的渊博和深邃叹服，称他为“海上异人”。朴趾源游览了热河三十六景，访问了当时朝鲜使团比较回避的班禅，还观看了幻戏表演。朴趾源将这些经历用尽可能详细的文字记录下来，为朝鲜展现了热河景观，同时也为中国留下了宝贵的清朝史料。热河祝寿结束后，使节团又折返回京，朴趾源不辞辛劳游览皇城，参观了诸如东岳庙、琉璃厂等。使节团于八月结束全部任务，起程返回朝鲜。

朴趾源所经之地是辽阳、沈阳、北京、热河等当时中国北方的盛京、直隶省的管辖区域，他的描述生动、翔实，其中不少内容在中国一般史书中也不易发现，故而《热河日记》对 18 世纪中国社会发展史的研究具有重要的史料价值。

二、成书时间

关于《热河日记》确切的成书时间，难以确知。在《热河日记》第一章的序文中，有“崇祯百 56 年癸卯，洌上外史题”，崇祯一百五十六年是 1783 年，这是朴趾源燕行之旅三年之后，但 1783 年究竟是《热河日记》的脱稿日期，还是《渡江录》的脱稿日期，书中并未注明。虽《热河日记》洋洋二十多万言，但以朴趾源的学术修养完成起来并不算短，所以把崇祯一百五十六年，即 1783 年看成是全书的完成日期更为妥当。

《热河日记》是一部日记体游记，是一部自渡鸭绿江开始，到中国旅行全部结束为止的巨幅特写。朴趾源用思想家的眼光对清朝的政治、经济、文化、民俗、制度等方方面面进行描写记录；这部游记犹如一幅徐徐展开的画图，把乾隆时期的清朝社会风貌展示出来，并以高屋建瓴的批判意识进行剖析，传达着一位朝鲜学者的思想高度和民族情怀。

《热河日记》在朝鲜受到了广泛的欢迎，不仅开明士人十分喜爱，而且连以国王为首的两班也都广为传阅。《热河日记》展现了清朝社会的繁荣，批判了李朝根深蒂固的“华夷观”，传达了对朝鲜社会的改革理想，给保守封闭的李朝带来了朝气蓬勃的新理念。不但如此，《热河日记》虽为游记体散文，但其中不乏“稗说”的运用，灵活多样，朝鲜社会出现了对《热河日记》的仿作，以至于朝廷认为《热河日记》导致了整个时代“文体”卑下，下令禁止。在朴趾源死后的百年间，他的著作一直被列为禁书。朴趾源的嫡孙朴圭寿虽做了右议丞，但也无法刊行自己祖父的作品集。不过，朝廷的封锁抵挡不了伟大著作的魅力，《热河日记》的手抄本在民间广泛流传。

第二节 《热河日记》的体例考析

朝鲜使臣对清朝的使行记录一般称为“燕行录”（对明朝的使行记录称为“朝天录”），是出使任务完成后向朝廷提交的内容简洁、形式较为固定的报告书，另一种是使节团成员个人的记录，这些记录形式灵活、风格多样，有刊本、写本，有单行本，还有收录在文集中的。《燕行录》的体裁可分为日记、诗歌、杂录、记事等。在韩国已经整理出版的《燕行录全集》100 卷中，单一为日记者，如《阳坡朝天日录》（郑太和）、《燕行日记》（金正中）、《老稼斋燕行日记》（金昌业）等。单一为诗歌者，如《滦阳录》（柳德恭）等。单一为杂录者，丙寅燕行杂录》

（李宜显）等。单一为记事者，如《湛轩燕记》（洪大容）、《燕台再游录》等。书中既有日记、也有诗歌的，如徐长辅《蓟山纪程》、李基宪《燕行录》等；既有诗歌也含杂录的，如李宜显《庚子燕行杂识》等；既有日记也有记事的，如未名《赴燕日记》、金景善《燕辕直指》等；既有诗歌也有日记、记事的，如朴思浩《心田稿》等。洪大容、朴趾源的作品尽管体裁有别，但有一个共同之处，即都有小标题，读之更加清晰。《热河日记》是收录在《燕岩集》中的燕行记录。《热河日记》开篇就表明："立言设教，通神明之故，穷事物之则者，莫尚乎易、春秋。易微，而春秋显。微主谈理，流而为寓言；显主记事，变而为外传。著书家，由此二途。"① 朴趾源立意以"外传"为外衣，阐发"利用厚生"之要旨。《热河日记》将编年和记事综合起来，对燕行旅程以日记形式按编年体记述，对不容易按日记形式记述的重要内容，则以专题的形式独立记述，整部作品结构合理，脉络明晰，重点突出。

一、日记部分

《热河日记》由序言和五卷正文组成，其中前三卷以日记为主体，记录了整个的使行过程。卷一由《渡江录》《盛京杂识》两部分组成，卷二由《驲汛随笔》《关内程史》《太学留馆录》《漠北行程录》四部分组成，卷三由《还燕道中录》和其余六篇专题记录构成。《渡江录》《盛京杂识》《驲汛随笔》《关内程史》，记录了朴趾源所在使行团从清乾隆四十五年（1780）六月二十四日从义州出发，渡过鸭绿江，途经辽阳、盛京（沈阳）、山海关，于八月四日抵达北京期间的旅行见闻。这一部分以日记体形式记录了朴趾源沿途目睹的名胜古迹、当时清朝的先进文

① 《热河日记·序》，第1页。

物、与商人们对话的内容、地志、历史考据等。《渡江录》是自鸭绿江至辽阳十五日间的见闻。朴趾源一入栅门，即迫切观察中国的物质文化，考察了城制和砖石建筑；《盛京杂识》是自十里河至小黑山五日间的记录，收录了《粟斋笔谈》《商楼笔谈》等纪事散文；《驲汛随笔》是自新广宁至山海关九日间的记录，包括了车制、戏台、市肆、店舍、桥梁等内容，还有关于沿途建筑的单篇散文，这一部分朴趾源关于“利用厚生”的议论，尤当重视。《关内程史》是自山海关到北京十一日间的记录，收录了趣味横生的伯夷叔齐庙中因谐音而发生的笑话。[①] 此外，这一部分还收录了朴趾源讽刺小说的代表作——《虎叱》。

《漠北行程录》《太学留馆录》《还燕道中录》，记录了抵达北京的使行团获悉乾隆皇帝已离京赴热河消暑，于是八月初五日从北京东直门出发，经过顺义、怀柔、密云，在古北口出长城外，渡河川到达热河，在太学馆寓居六日，然后八月十五日离开热河，再经由古北口、德胜门折回北京期间的经过和见闻。《漠北行程录》燕京至热河五日间记录，强调热河的重要性和乾隆避暑热河的用心。《太学留馆录》是寓居热河太学六日间的记录，与中国学者尹嘉铨、王民皞、奇丰额、郝诚等人坦诚交流。他们对中朝两国的文物制度展开讨论，同时还讨论诸如月亮世界、地转说等天文领域。当时西方学者提及地球说，但还未涉及地转说，而朴趾源却提出“三丸浮空”的地转说。《还燕道中录》是自热河返还燕京六日间的记录，主要评论了诸如桥梁、道路、防湖、橐驼、船制等方面。依朱瑞平的点校本，《热河日记》行程部分（前三卷）的基本结构如表 2－1 所示：

① 《热河日记卷二·关内程史·二十七日癸卯》，第 93 页。

表 2－1 （日记部分）

《渡江录》	《盛京杂识》	《驲汛随笔》	《关内程史》	《漠北行程录》	《太学留馆录》	《还燕道中录》
0624 辛未 *	0710 丙戌	驲汛随笔序	0724 庚子	漠北行程录序	0809 乙卯下午	0815 辛酉
0625 壬申	0711 丁亥	0715 辛卯	0725 辛丑	0805 辛亥	0810 丙辰	0816 壬戌
0626 癸酉	粟斋笔谈 0711a	北镇庙记 0715a	洌上画谱 0725a	0806 壬子	0811 丁巳	0817 癸亥
0627 甲戌	商楼笔谈 0711b	车制	0726 壬寅	0807 癸丑	0812 戊午	0818 甲子
0628 乙亥	0712 戊子	0715b	夷齐庙记 0726a	0808 甲寅	0813 己未	0819 乙丑
0629 丙子	古董录 0712a	戏台	滦河泛舟记 0726b	0809 乙卯上午	0814 庚申	0820 丙寅
0701 丁丑	0713 己丑	0715c	射虎石记 0726c			《倾盖录》
0702 戊寅	0714 庚寅	市肆	0727 癸卯			0820a
0703 己卯	盛京伽蓝记 0714a	0715d	0728 甲辰			黄教问答
0704 庚辰	山川记略 0714b	店舍	虎叱			0820b
0705 辛巳		0715e	0728a			班禅始末
0706 壬午		桥梁	0729 乙巳			0820c
0707 癸未		0715f	0730 丙午			扎什伦布
0708 甲申		0716 壬辰	0801 丁未			0820d
0709 乙酉		0717 癸巳	东岳庙记 0801a			行在杂录
旧辽东记		0718 甲午	0802 戊申			0820
0709a		0719 乙未	0803 己酉			忘羊录
关帝庙记		0720 丙申	0804 庚戌			0820f
0709b		0721 丁酉				
辽东白塔记		0722 戊戌				
0709c		0723 己亥				
广祐寺记		姜女庙记 0723a				
0709d		將台记 0723b				
		山海关记 0723c				

* 0624 指的六月二十四日。

卷三中还有记载热河见闻的六篇杂录：《倾盖录》是对热河期间认识的汉人王民皞（举人）、郝成（山东都司）、尹嘉铨（通奉大夫大理寺卿）、邹舍是（举人）、胡三多（民家小儿）、曹秀先（曾任礼部尚书）、王三宾（仆人）、满洲人奇丰额（贵州按察使）、蒙古人敬旬弥（讲官）、破老回回图（讲官）的介绍。《黄教问答》记录了蒙古人破老回回图、满人奇丰额、汉人郝成之间关于西藏黄教和班禅的谈话，并论述了当时天下形势，均为朴趾源北学说的阐发。篇末论及世界各民族，警醒世人注意蒙古族和俄罗斯种族之凶猛。《班禅始末》是关于班禅喇嘛的小传，以朴趾源从清朝翰林院庶吉士王晟和敬旬弥二人处听到的故事为主体内容，"庶吉士"是明清时期翰林院官员，为皇帝近臣，负责起草诏书、为皇帝讲解经籍等，为明清内阁辅臣的重要来源之一。朴趾源通过他们的讲述，思考了清朝皇帝对班禅的政策，阐明佛教与黄教截然之不同。《札什伦布》是在热河停留期间谒见班禅喇嘛的记录，"札什伦"为藏语，意思是"大僧居所"。西藏有札什伦布寺，历代班禅喇嘛成为其法主。乾隆帝在热河新建模仿西藏札什伦布的须弥福寿庙，以款待来庆贺乾隆七十寿辰的班禅喇嘛，由此得名札什伦布庙。《行在杂录》是清朝礼部与朝鲜使臣之间的往复文书的辑录，特别阐明了清朝对朝鲜怀柔之根源。《忘羊录》是朴趾源与中国文人尹嘉铨、王民皞交流对于音乐的见解之笔录，其中不乏艺术观念的阐发。尹嘉铨为朴趾源蒸了一只全羊，却因沉浸在交谈之中，忘掉了蒸羊之事。为纪念朋友间的默契交流，由此得名"忘羊录"。

二、杂录部分

卷四、卷五均为杂录，内容庞大博杂，朴趾源以细密周到的观察力，结合个人的学识修养，翔实地记录了燕行的所见所闻所思，诸如沿途所见、所闻、所思，诸如风景名胜、社会习俗、历史古迹、史料考证、地志、器物、典籍均有记述，为了简明，具体篇目列表如下，如表 2－2 所示。

表 2－2　杂录部分

卷四	审势编	
	鹄汀笔谈	
	山庄杂记	夜出古北口记、一夜九渡河记、乘龟仙人行雨记、万年春灯记、梅花炮记、蜡嘴鸟记、万国进贡记、戏本名目记、象记
	幻戏记	
	避暑录	
	避暑录补	
	杨梅诗话	
	口外异闻	盘羊彩鹞·虾蠊、高丽珠、崇祯相臣、伊桑阿·舒赫德、王振墓、曹操水葬、魏忠贤、杨贵妃祠、《樵史》、麈角解、荷兰鹿、砟答、入定僧别单、藤汁胶石、照罗赤、《元史》天子名、蛮语、丽音离·东头登切、丙午乙卯元朝日食、六厅、三学士成仁之日、当今名士、明琏子封王、古儿马红、《东医宝鉴》、深衣、罗约国书、佛书、皇明马牌、哈密王、徐花潭集、长兴镂板、周翰·朱昂、武列河、雍奴侯懋、顺济庙、海印寺、四月八日放灯、五弦琵琶、狮子、降仙楼、李荣贤、王越试券天顺七年会试贡院火、新罗户、证《高丽史》、朝鲜牡丹、艾虎、十可笑、子规、庆寿寺大藏经碑略、谎粮台、胡元理学之盛、拜荆、还乡河、《桂苑笔耕》、千佛寺

续表

卷五	黄图纪略	皇城九门、西馆、金鳌桥、琼华岛、兔园山、万寿山、太和殿、体仁阁文华殿、文渊阁、武英殿、擎天柱、御厩、午门、庙社、前星门、五凤楼、天坛、虎圈、风琴、洋画、象房、黄金台、黄金台记、雍和宫、大光明殿、狗房、孔雀圃、五龙亭、九龙壁、太液池、紫光阁、万佛楼极乐世界、瀛台、南海子、回子馆、琉璃厂、彩鸟铺、花草铺
	谒圣退述	顺天府学、太学、学舍、历代碑、明朝进士题名碑、石鼓、文丞相祠文丞相祠堂记、观象台、试院、朝鲜馆
	盎叶记	
	铜兰涉笔	
	金蓼小钞	

《审势编》论述了朝鲜士人对中国的“五妄”“三难”，以及乾隆帝的思想统制术，是朴趾源北学精神的精辟阐释。《鹄汀笔谈》是续谈《太学留馆录》未尽之语，谈论了月球、地转、历法和天主教等。《山庄杂记》是补充热河山庄的见闻，颇富文采。《幻戏记》是观赏魔术表演的全过程，笔法生动细腻。《杨梅诗话》是在杨梅书街同中国学者关于诗学的讨论，是一篇逸文，由后人补录，但依旧不完整。《避暑录》是关于避暑山庄的记录，兼论中朝诗文，表达了朴趾源的诗学观。《铜兰涉笔》是滞留铜兰斋的随笔，杂录了考据、歌词、乡试、书籍等。《口外异闻》是古北口外异闻的记录，自《盘羊》至《千佛寺》，共六十篇。《玉匣夜话》收录了有关洪纯彦、郑世泰的故事，而《许生传》更是朴趾源小说的代表作品。《黄图纪略》记录了皇城九门、桥梁、殿宇、御厩、文渊阁、天坛、虎圈等。《谒圣退述》和《盎叶记》是历览顺天府学、太学、弘仁寺、利玛窦冢等的记录。

杂录与日记既有分割，又有关联——或是对日记的补充，或是某些观点的深化，或是零散的考据与见闻。全书形散而神不散，不论是深度的挖掘还是广度的拓展，都贯穿着作者对清代中国无微不至的观察和对朝鲜社会的深沉反思。杂录如同精心铺排的棋子，镶嵌在作为经纬脉络的日记之上，整部作品堪称朴趾源胸中的改革弈楸。

三、文体分类

《热河日记》虽为旅行日记，但朴趾源却在其中穿插了不同类型的创作。将《热河日记》视为单一的游记体散文是欠妥的。《热河日记》中的文体主要有以下几类：

（一）《热河日记》中比重最大的文体为“记”体散文

古人将以“记”名篇的文章也称为杂记体。[①]“记”体散文的范围较大，广义地说，它包括了一切记事、记物之文，故《文心雕龙》称：“夫书记广大，衣被事体，笔札杂名，古今多品。”[②]《热河日记》中的“记”体散文不单包括以“记”为名的单篇，还包括“录”（如《古董录》《漠北行程录》）、“笔谈”《粟斋笔谈》《商楼笔谈》）等为名的单篇。根据《热河日记》中记体散文的内容和特点，大致可分为四类：台阁名胜记、山水游记、书画器物记和人事杂记。

台阁名胜记指朴趾源使行途中游览历史名胜古迹而撰写的散文。如《盛京伽蓝记》记载了盛京的圣慈寺、万寿寺、实胜寺，记录这些寺院的缘起变迁、庙宇的建制规、皇帝亲书的匾额、朴趾源的个人见闻等；又如《射虎石记》记载了永平府（河北省卢龙县）境内的射虎石，此处被认为是汉代名将“飞将军”李

① 褚斌杰：《中国古代文体概论》，北京大学出版社，1990 年，第 363 页。

② （梁）刘勰著，王运熙注：《文心雕龙》，上海古籍出版社，2010 年，第 127 页。

广当年射虎之地，《卢龙县志》记载：“虎头石在城南六里，状若虎踞，为汉李广射虎处，其下滦（滦河）、漆（青龙河）合流，向有渡口，曰虎头唤渡。”① 明清两代的官员、文人、路过永平府时，都会参观游览虎头石，留下不少射虎石的诗文。明代文坛“前七子”之一、甘肃庆阳进士、户部主事李梦阳就曾游览此地而留下《李广》一诗。

山水游记指模山范水的文章，以描写自然风物为题材。山水游记与台阁名胜记的区别在于，台阁名胜记事性较强，而山水游记则以描绘自然景物为主，以旅途的见闻和对大自然风光的感受为主。朴趾源的燕行之旅不是游山玩水，他的心思并未完全沉浸在对自然风物的观察中，因而《热河日记》中的景物描写往往镶嵌在具体的篇章之内。如《驲汛随笔》中关于七月十六日拂晓的描写：“落月去地数尺，苍凉完完，桂影扶疏，玉兔银蟾，如可抚弄，而姮娥冰纨，旖旎映肤。”②“完完”是指月亮形状充实饱满，如玉盘一般，唐代韩愈《月蚀诗效玉川子作》有“月形如白盘，完完上天东”的诗句。朴趾源描写了黎明时分落月饱满的形态、凝洁的色泽、细腻的质感。接下来，朴趾源写月落之后，朝霞初升，“霞光淡荡，横抹野树，忽化作千万奇峰，扶舆磅礴，龙盘凤舞，延袤千里”③，落月的寂静凝洁和霞光的万千变化前后形成鲜明对比。又如《关内程史》写七月二十六日暴雨时“山狂野颠，树怒木汹”，展现出朴趾源对自然景物敏锐的感受力。

书画器物记是专门记述书画和其他一些器物、物品的小文，一般是记述书画的内容、器物的形状，以及艺术特征，得失的缘由等。朴趾源自从踏进栅门，无时无刻不在观察记录，所以

① 彭勃主编：《卢龙县志》，天津人民出版社，1994 年，第 86 页。

② 《热河日记卷二 · 驲汛随笔 · 十六日壬辰》，第 69 页。

③ 同上。

《热河日记》中此类小文数量颇丰。如《黄图纪略》中的《洋画》，朴趾源细致地描写了天主教圣像的具体图画内容，惊叹“非言语文字所可形容”①。又如，《风琴》详细记述了风琴的状貌、弹奏方法、和发音原理。

人事杂记指的是《热河日记》中除了记台阁、山水、名胜、书画器物之外，专以记人叙事为内容的散文。如《粟斋笔谈》中记录了七月十一日，朴趾源与汉人田仕可、李龟蒙、穆春、温伯高、吴复等人的笔谈记录。《万国进贡记》记录了朴趾源在赴热河途中所见的“四方贡献车可万辆”，细致地描写了所见的各种奇特贡物，颇有“志怪”“辑异”的意味。朴趾源所到之处，如农家、商铺、酒肆、行宫等，凡与之交流的人和有价值的内容，朴趾源都记录了下来。从朝鲜到北京，再从北京至热河，又从热河折回北京，这漫长旅途中的经历和见闻给朴趾源提供了大量的观察机会和写作素材，因此人事杂记类散文在日记部分、专题散文部分都占有较大比重。

（二）论说文

《热河日记》中论说的篇幅虽然不大，但其意义和地位却十分重要，朴趾源的核心思想主要通过论说的方式传达。如《审势编》分析了清朝的治国之术，指出清朝皇帝推崇朱子学、避暑热河、编纂图书的深层目的。值得注意的是，《热河日记》中的论说部分往往杂糅于某篇之内，镶嵌在某日之中，如《关内程史·八月初一日丁未》，朴趾源提出：“治天下将以何术也？岂非所谓唯精唯一之心法？”② 他首先列举了尧舜、夏禹、周公等圣人的功绩，圣人的目的绝非“自利”，而“欲与万世共享其

① 《热河日记卷五·黄图纪略·洋画》，第326页。

② 《热河日记卷二·关内程史·八月初一日丁未》，第106页。

福”，真正让百姓获利的措施、推动社会进步的改革，都被历史接纳并延续了下来。这段接近两千字的议论文字阐释了辩证发展的历史观，言下之意肯定了清朝统治中华的必然性，批判了朝鲜拒绝清朝一切先文明制度的非理性。此外，一些序言也是精彩的论说文，如《热河日记序》《渡江录序》《驲汛随笔序》等。朴趾源的论说文通过对客观现象的深入观察，探求隐藏于现象背后的道理。这体现出朴趾源艰苦钻研以求贯通、深入底里以认识本质的精神。《热河日记》中的论说文以史论理，以史明理，论证严密，蕴含着朴趾源的实学精神特色。

（三）小　说

《热河日记》收录了《虎叱》和《许生传》两篇小说。《虎叱》讲述了“天子嘉其义，诸侯慕其名”的两班儒生北郭先生与年轻寡妇幽会的故事，揭露了封建士大夫虚伪、腐败，批判北郭先生这一类两班贵族是“天下之巨盗”“仁义之大贼”[①]。《许生传》塑造了许生这一封建社会中反传统的知识分子形象，他弃学经商，并将获得的财富分配给当时被称为“边山群盗”的起义农民，“娶妻树屋，买牛耕田”，让他们“生无盗贼之名，而居有妻室之乐”，然后将他们带往“无人岛”，使“无人岛”“百种硕茂，不蓄不舍”，将无人之地建设成乐业安居、人人平等的理想社会。[②]

（四）笔记文

《热河日记》在卷四之后，从《口外异闻》开始出现大量以地名（如皇城九门、琉璃厂）、人名（如魏忠贤、哈密王）、物名

---

① 《热河日记卷二・关内程史・虎叱》，第 98 页。
② 《热河日记卷四・口外异闻・玉匣夜话》，第 307 页。

（如高丽珠、五弦琵琶）、书名（如《樵史》《东医宝鉴》）、事件名（如胡元理学之盛、别单、十可笑、王越试券）为篇名作品。这些篇章往往较为短小，内容多见闻辑录、历史琐闻、考据辨证、丛考杂辨等，这一类笔记体散文具有耳闻目睹的现实性、内容的丰富性和形式的灵活性，可称为朴趾源的“学术笔记”和“史料笔记”。另外，《热河日记》中收录了朴趾源唯一的诗话著作——《杨梅诗话》也应归于此类。

第三节 《热河日记》中的中国文献

一、各类中国文献一览

朴趾源本身是一位博学好问、交友广泛的学者，《热河日记》中涉及大量的中国文献，成为该书的一大亮点。这些书籍或是朴趾源直接引用，或是与人交流中提及，也有些书目是他在民间见到而直接抄录。以四库分类，将《热河日记》中的中国文献列表说明，如表2－3所示。

表2－3 《热河日记》所见的中国书籍（以四库分类）

类属	书目
经	《四书》5，《尚书》10，《乐经》5，《四礼撮要》1，《易》11，《春秋》12，《周礼》3，《大学》1，《中庸》1，《论语》5，《五经正义》1，《五子渊源录》（《伊洛渊源录》）1，《尔雅翼》1，《家礼》3，《诗》10，《律吕新书》1，《周书》1，《乐记》1，《大晟乐舞图谱》1，《四声图解》1，《乐记补说》1，《律吕新书补注》1，《兴乐要论》1，《律吕精义》2，《五音正义》1，《乐学大成旨诀》1，《律书》1，《戴记》1，《孟子》1，《春秋传》1，《孝经》1，《说文解字》1，《大学章句》1，《诗缉》1，《诗经大全》1，《礼斗威仪》1，《孝经援神契》1，《韵白匡林》1，《韵学通指》1，《古今书字辨讹》1

续表

类属	书目
史	《唐书》10,《资治通鉴》1,《皇舆考》4,《两山墨谈》2,《地志》2,《汉书》5,《金史》3,《文献通考》1,《辽史》1,《崇祯遗录》1,《使琉球杂录》1,《入海记》1,《明史》8,《晋史》1,《盛京通志》1,《水经注》4,《吴越春秋》2,《奉使辽金行程录》) 2,《通鉴地理通释》1,《增订广舆记》1,《史记》2,《后汉书》1,《三国志》2,《仪礼》1,《金史》3,《宋史》4,《大清会典》2,《高宗万寿九如颂》1,《隋书》2,《弘简录》1,《高丽史》1,《高丽经略》1,《通鉴长编》1,《通鉴辑览》2,《南史》1,《日下旧闻》2,《元史》3,《太宗实录》1,《东西洋考》1,《太学志》1,《长安客话》2,《燕山丛录》1,《帝京景物略》1,《渌水亭杂识》1,《圣驾临雍录》1,《文信公传》1,《析津日记》2,《行程录》1,《经义考》1,《名山记》1,《路史》1,《对类总归》1,《海外纪事》1,《闽小记》2,《北平古今记》1
子	《山海经》2,《西清古鉴》2,《耕织图》3,《农政全书》2,《泰西奇器图》1,《百家姓》1,《月令》1,《钱谱》1,《因树屋书影》1,《潠书》1,《不知姓名录》1,《蒋说》1,《东山谈苑》1,《秋雪丛谈》1,《冬夜笺记》1,《皇华记闻》1,《奏对机缘》1,《寄园寄所寄》1,《说铃》1,《辍耕录》1,《说郛》1,《檀几丛书》1,《三鱼堂日记》1,《亦禅录》1,《两京求旧录》1,《燕舟客话》1,《博物典汇》1,《吕氏家训》1,《日知录》2,《格致镜原》1,(《楞伽阿跋多罗宝经》),《金刚经》1,《穆天子传》1,《飞燕外传》1,《西京杂记》1,《牡丹亭》1,《东坡志林》2,《册府元龟》1,《参同契》1,《湘山野录》1,《通书》1,《识遗》1,《太平广记》1,《太平御览》2,《渑水燕谈录》1,《昭代丛书》2,《蓬轩别记》1,《委巷丛谈》1,《华严经》2,《续神仙传》1,《传道录》1,《香祖笔记》4,《四十二章经》1,《南华经》1,《道德经》1,《艮斋笔记》1,《琅琊漫抄》1,《本草纲目》1,《戒庵漫笔》1,《戴斗夜谈》1,《原始秘书》1,《酉阳杂俎》1,《大唐新语》1,《蓬窗续录》1,《琅嬛记》1,《丹铅记》1,《博物志》1,《震泽长语》1,《五侯鲭》1,《宛委余编》1,《古言》1,《风俗通义》1,《春明梦余录》1,《经验方》1,《小儿经验方》1,《收露方》1,《金陵琐事》1,《蓼洲漫录》1,《茗翡草木注》,《橘翁草史略》,《寒溪胎教》1,《灵枢外经》1,《金

续表

类属	书目
子	石同异考》1，《岐伯侯鲭》1，《医学绀珠》1，《小儿诊治方》1，《物类相感志》1，《游宦纪闻》1，《江邻几杂志》1，《枫窗小牍》1，《癸辛杂志》1，《本草注》1，《群芳谱》1，《文海披沙》1，《千金方》1，《倦游录》1，《文昌杂录》1，《宫闺小名录》1，《长洲杂说》1，《西堂杂俎》1，《筠廊偶笔》1，《同书》1，《字触》1，《毛角阳秋》1，《群书头屑》1，《闺閤语林》1，《朱鸟逸史》1，《十九种》1，《橘谱》2
集	《尺牍新语》1、《焚书》1，《说林》1，《西河诗话》1，《西山纪游》1，《影梅庵忆语》1，《池北偶谈》3，《笠翁通谱》1，《无声戏》1，《鬼输钱故事》1，《天外谈》1，《日下旧闻》2，《虞初新志》1，《幽梦影》1，《水墨春秋》1，《观海记行》，《水浒传》3，《西厢记》4，《蔼亭集》1，《青梅诗话》1，《临湘轩集》1，《入蜀记》1，《古今笑史》1，《西游记》1，《明诗综》4，《留溪外传》1，《知不斋丛书》1，《五云秘记》1，《飞燕外传》1，《西京杂记》1，《牡丹亭》1，《日知录》1，《中堂事记》1，《翁伯谈薮》1，《北里齐谐》1，《羊角源》1，《西河集》1，《致身录》1，《列朝诗集》1，《外国竹枝词》2，《感旧集》3，《石林诗话》1，《元百家诗选》1，《樵史通俗演义》1，《雪楼集》1，《指南录》1，《指南后录》1，《全唐诗》1，《牧斋有学集》1，《牧斋初学集》1，《带经堂集》1

* （以《热河日记》所见前后为序，书目后标注数字为其在书中出现次数）。

二、关于杨循吉《志异》

除表 2 – 3 中所列，《热河日记》还提及如下类书：《玉海》《永乐大典》《古今图书集成》和清朝官方编纂的最大丛书《四库全书》。《玉海》出现一次，其余三部书均出现两次。需要说明的是，朴趾源记录了明代杨循吉《蓬轩别记》中男扮女装的

“人妖”事件[1]，此外在《铜兰涉笔》中提到了杨循吉《志异》一书中记载的明代重臣王越参加廷试时，试卷被风刮到朝鲜一事。杨循吉《志异》一书未详孰是。

杨循吉（1456—1544）是明人、字君卿，一作君谦，号南峰、雁村居士，文学家。南直隶苏州府吴县（今属江苏）人，成化二十年进士，授礼部主事，他喜好藏书，诗文自定为《松筹堂集》十二卷。荟萃诸类书，曰《奚囊手镜》，最为赅博。还著有《吴中往哲记》《吴中故实》《蓬窗吴记》《吴邑志》等，但杨循吉的《志异》为何书不详，故上文分类表格并未将其收录，姑且存疑。

《热河日记》中朴趾源两次考辨“王越试券”一事。王越字世唱，生于明宣宗宣德元年（1426 年），景泰元年（1450 年）乡试中第三名，会试中第三十三名。景泰二年中进士。据说在廷试时，忽来一阵旋风将其答卷刮去，监考官重新给他一张试卷，他居然在所剩余的有限时间内完成考试，且得中进士。朴趾源摘录了《志异》：

杨循吉《志异》云：皇朝文臣得拜极品爵者不数人，威宁伯王公，其一也。公当廷试日，稿甫就，忽旋风起腋下，腾其卷於云霄中，廷臣与同试者咸仰视，弥久弥高，至不见乃已。中官以闻，诏许别楮誊进，后公由中执法大司马以进于伯爵，此王越事也。[2]

朴趾源指出，王越的试卷事实上飞到了朝鲜，又由朝鲜赴清朝的使者带回了中国，而中国的记载误称琉球，由此也可见在《热河日记》中朴趾源关注的是和朝鲜有关的事件。朴趾源又根据《琅琊漫钞》中关于太监王高的记载，否定了王越任高官不

① 《热河日记卷四・避暑录》，第 269 页。

② 《热河日记卷五・铜兰涉笔》，第 353 页。

是因为被时议所谓的"有风力"，而是攀附了当时权贵，而非命运的偶然。面对强权，朴趾源质问"王越所谓风力安在?"① 文林的《琅琊漫钞》为四库存目子部书籍，朴趾源对这些杨循吉等所著的非理学正统书籍的熟悉，也可见其学术视野的开阔。

三、朴趾源对中国文献的关注与甄选

朝鲜同清朝密切的使节活动，在中朝文化交流中起到了重要的桥梁作用。通过使臣来往，大量书籍从中国传入朝鲜。这种传播主要有两种途径：一是清朝皇帝赐书给朝鲜使团。如1712年，康熙帝赐给朝鲜使行团《全唐诗》120卷、《渊鉴类函》140卷、《佩文韵府》95卷、《古文渊鉴》24卷；1723年，雍正帝赐给朝鲜使形团《周易折中》《朱子全书》；1729年，他又赐《康熙字典》《性理大全》《诗经传说》《音韵阐微》等书给朝鲜使团。二是朝鲜使团在北京购买中国书籍，其数量更为巨大，种类也更为广泛，通常为朝鲜王朝所需要的天文、地理、历史、政典等方面的书籍。如1720年，朝鲜使团从北京购买到《册府元龟》301卷、《续文献通考》100卷、《图书编》78卷、《荆川稗编》60卷、《三才图绘》80卷、《通鉴直解》24卷、《名山藏》40卷、《楚辞》8卷、《汉魏六朝百名家集》60卷、《全唐诗》120卷、《唐诗正声》6卷、《唐诗直解》10卷、《唐诗选》6卷、《瀛奎律髓》10卷、《宋诗钞》32卷、《元诗选》36卷、《明诗综》32卷、《古文觉斯》8卷、《司马温公集》24卷、《周濂溪集》6卷、《欧阳公集》15卷、《东坡诗集》10卷、《秦淮海集》6卷、《杨龟山集》9卷、《朱韦斋集》6卷、《张南轩集》20卷、《陆放翁集》60卷、《西湖志》12卷、《盛京志》12卷、

① 《热河日记卷五·口外异闻·王越试券》，第303页。

《通州志》8卷、《黄山志》7卷、《山海经》4卷、《四书人物考》15卷、《列朝诗集小传》10卷等。[①] 从以上数据可见，朝鲜拥有的中国学术书籍数量种类都很庞大。在这样的条件下，朝鲜士人也都从小接触学习中国汉文典籍，培养了良好的汉学修养。朴趾源从16岁开始学习儒家经典和汉文创作，至30岁左右其才学已在朝鲜颇有声名，不惑之年踏上中国大地的朴趾源已经是一位饱学的思想家。分析《热河日记》中的中国文献可以发现，朴趾源对中国文献十分熟稔，他的关注和甄选均有其良苦用心。

（一）与“理学”唱反调

《热河日记》的文献学考证可以发现，朴趾源并未关注理学书籍，诸如《春秋》《家礼》《伊洛渊源录》等经学书籍，大多是在与中国人交流中由中国人提及，朴趾源个人很少引用。《热河日记》中“经”类书籍出现最多的为《尚书》，共计10次，朴趾源个人亦有引用；其次《乐经》共出现五次，均为国人向朴趾源问询，朝鲜境内是否保存该书，朴趾源均予以否认。朴趾源重视明末清初反理学书籍，比如《焚书》《日知录》等。《焚书》共6卷，是明代后期思想家李贽于万历十八年（1590）64岁高龄时著成的哲学、文学性著作，又称《李氏焚书》。《焚书》对儒家传统和程朱理学进行了大胆批判，其所表现的反传统、反权威、反教条精神启迪与鼓舞了当世及后来的学者，因而被朝廷视为洪水猛兽。李贽也深知该书为世所不容，故将著作名为《焚书》，以后也果然于明清两代多次遭焚烧，但却屡焚屡刻，在民间广为流传。《日知录》由明末清初著名学者顾炎武所作，共32卷。该书内容宏富，贯通古今，内容涉及经义、史学、官方、吏治、财赋、典礼、舆地、艺文等，考据精辟，文辞博辨，

① 吴伯娅：《乾隆年间的朝鲜使者及其访华日记》，《首都博物馆丛刊》，2004年。

这部兼具经世意义和学术意义的著作成为清初实学思想的代表作。朴趾源在《热河日记》的写作中选择远离理学的书籍进行引用、在燕行途中抄录书目时也选择了非理学文献，可见其作为一位实学家的倾向和用意。

在《鹄汀笔谈》中，朴趾源问到编纂四库为何有那么多的禁书，并问及禁书的名目，王民皞写下“亭林（顾炎武）、西河（毛奇龄）、牧斋（钱谦益）”等数十种集子，但又“随即裂之”。朴趾源问到如果《永乐大典》的编撰是为“赚人白头，无暇闲笔，”那现在《四库》是否也是此意？虽然王民皞降避于禁忌立即涂抹掉，话题不能继续，但朴趾源笔下之意读者也能领悟。[①] 朴趾源仅仅只是赞赏清朝统治下的民生，而对于思想方面的钳制，他有十分清醒的认识，对清朝统治措施既反感又警觉。

朴趾源更多地关注了中国的“史”类和“子”类书籍，在《热河日记》的整个行文过程中他多使用史钞类、地理类、政书类、史评类书籍进行考据，而在介绍中国文化成果时多记录农家类、医家类、艺术类、谱录类、杂家类、小说家类书籍。这体现出朴趾源有意识地甄选了重学问的书籍，回避了理学类书籍。在清代理学一统天下的中国，朴趾源不是不曾发现理学类文献，而是他拒绝在《热河日记》中加以强调，他在整部书中贯穿的是其“利用厚生”的思想，目的在于向保守禁锢的朝鲜社会传达改革理念。朴趾源的这种做法，说明他的知识结构是继承汉学，而与宋学大相异趣的。所谓宋学是中国传统儒学发展到两宋时期的产物，是宋代学者认识中国儒家经典的学说。汉学是指研究经史、名物、训诂、考据的学问。汉代人研究经学注重名物、训诂，因而后世称“研究经、史、名物、训诂考据之学”为汉学，其治学根本方法，在于“实事求是”“无征不信”，而其研究范

① 《热河日记卷四·鹄汀笔谈》，第226—227页。

围，以经学为中心，而衍及小学、音韵、史学、天算、水地、典章制度、金石、校勘、辑逸等。而引证取材，多极于两汉。汉学重视训诂考据，而宋学是义理之学。朴趾源对史书、地理志类、辑逸书籍颇为偏爱，整部《热河日记》中处处展示出他考据的能力和务实的精神，在这一点上，他的治学精神与汉学是一脉相承的，这也应该受到了清初汉学北传朝鲜的影响。

（二）辨伪勘误

中朝两国在长期的交流往来中，彼此不断接触和了解，但是毕竟隔海相望，难免出现一些口耳相传的差错，这些差错也为中国文献中记录并流传。朴趾源博览强识，又受到清初考据学风的影响，因而在《热河日记》中，尤其是在《铜兰涉笔》中，尽情展现了他辨伪勘误的学养。朴趾源驳斥了明代张天复所撰的《皇舆考》中所说“天下名山有八……而其三在外夷”的荒谬①，指出了唐代段成式所著《酉阳杂俎》中所说新罗沿海岛中“满山悉是黑漆匙筯，多大木”的虚妄②，否认了明代许亢宗《行程录》所说的“新罗山与高句丽接界”③，等等。

朴趾源在热河时寓居太学，八月初九日下午，与时任通奉大夫、大理寺卿尹嘉铨、贵州按察使奇丰额、举人王民皞畅快地笔谈。晚饭后尹嘉铨意犹未尽，继续与朴趾源讨论《诗综》的阙谬。朴趾源告诉尹嘉铨，朝鲜的先辈文人偏居“海陬”，如果能有几篇诗作为“大邦”中国收录，将是朝鲜文人的莫大荣耀。可是中国人在辑录朝鲜文人作品时由于生疏而重纰迤缪。在《诗综》中，朝鲜大儒“李先生珥号粟谷”被误录为“李廷龜号

① 《热河日记卷五·铜兰涉笔》，第353页。

② 同上书，第354页。

③ 同上。

粟谷”；“月山大君李婷”是李朝第九代王成宗的哥哥，因为其名字为“婷”而被《诗综》认为女子；许楚姬是李朝著名女诗人，是著名文人许篈之妹，小说家许筠之姊，号兰雪轩，《诗综》中收录其作品时认为她曾出家入道。朴趾源指出，朝鲜本无道观，何来女道士一说？另外，将许兰雪轩的号录为“景樊堂”更加尤为谬误。[①] 朴趾源化用了“坠井毛遂”“惊座陈公”两个典故形容这些张冠李戴的纰漏：葛洪《西京杂记》卷六：“赵有两毛遂……野人毛遂坠井而死，客以告平原君，平原君曰：‘嗟乎！天丧予矣。’既而知野人毛遂，非平原君客也。”《汉书·游侠传·陈遵》：“（陈遵，字孟公）所到，衣冠怀之，唯恐在后。时列侯有与遵同姓字者，每至人门，曰陈孟公，坐中莫不震动，既至而非，因号其人曰‘陈惊座’云。”“坠井毛遂”本指不可靠的传闻，“惊座陈公”指名震于时的名士。朴趾源将两个典故并列，借指《诗综》中阴差阳错、张冠李戴的朝鲜文人。直至今日，如在中国网络上搜索“许兰雪轩”，《诗综》中的错误依旧存在，这更体现出《热河日记》析疑匡谬的价值。

（三）驰辨逞才

朴趾源在《热河日记》中展示了他广泛的才学和修养。他在读各类著作时，经常露才扬己，沾沾自炫。如徐渭《路史》记载：“唐时高丽贡松烟墨，和麋鹿胶造，墨名隃麋。”王士祯在《香祖笔记》认为此说“杜撰陋甚”，汉代有县名为“隃麋”，地出石墨，与高丽无涉。朴趾源犀利地指出“唐时元无高丽”。[②] 高丽，又称高丽王朝，于918年建立，而中国唐王朝907

---

① 《热河日记卷二·太学留馆录·秋八月初九日乙卯》，第128页。

② 《热河日记卷五·铜兰涉笔》，第357页。

年亡于农民战争，唐朝时何来高丽？由此可见，当时中国人对整个朝鲜半岛的历史和文化缺乏了解。而在朝鲜半岛，却不乏博古通今的汉学家：

人不可以自夸博雅，妄有纪述。康熙中，王士祯著书最富，其笔记云："《风俗通》汉有太守頟先井者，（其自注井音胆）自以为姓名三字，二字不通。"余尝举此语之李懋官，懋官曰："此渔洋未审耳。《风俗通》交趾太守有赖先者，頟即赖古文。又《玉海》，汉有校尉赖丹者，是合赖先、赖丹二人。名为一人。如丹又井之本文，不必注音为胆。"段楼酒席语之漏明斋，漏以为懋官博雅更胜渔洋云。①

王士祯《香祖笔记》中有一条："《风俗通》，汉有太守赖先井，音胆，有井春，今误作井春。"《风俗通》指的是《风俗通义》，后人多引作《风俗通》，由东汉泰山太守应劭著。该书考论典礼类似《白虎通》，纠正流俗类似《论衡》，记录了大量的神话异闻，并加上作者的评议，从而成为研究古代风俗和鬼神崇拜的重要文献。《风俗通义》中保存了不少有关音律、乐器、神灵、山泽陂薮、姓氏源流的资料，而今已佚的姓氏篇记载了诸多姓氏的由来，仅有大量遗文散见于类书中，为历代学者所重。朴趾源对《香祖笔记》中的这条记录多有怀疑，于是和自己的学生李德懋谈起，李德懋熟稔《风俗通义》，指出了王士祯将其中的"交趾太守赖先"和《玉海》中的汉代校尉"赖丹"二人的名字误认为一人的谬误，又指出"頟"为赖的古文。《玉海》是一部规模宏大的类书，编撰者为南宋王应麟，共200卷。该书对宋代史事大多采用"实录"和"国史日历"，分天文、地理、官制、食货等21门。李德懋是朝鲜英、正朝著名的"汉诗四大家"之一，共创作了一千多首（1048首）体制兼备的诗歌。他

① 同上书，第374页。

对于王士祯“未审”之处的批驳显示出他对中国历代典籍的熟悉程度，他的“博雅”不在王士祯之下。而朴趾源是李德懋的老师，其渊博更是不言而喻了。王士祯诗名扬天下，是清初文坛公认的盟主，他的著作在朝鲜也广为传播。朴趾源师徒二人对王士祯掂斤播两的计较，显示出朝鲜学者矜己任智的学术自信。

（四）彰显民族情怀

朴趾源所关注的中国文献，大量为明清时期的作品，比如毛奇龄《西河诗话》、钱谦益《有学集》和《初学集》、王士禛《带经堂诗话》《池北偶谈》等，可见朴趾源对中国学术界，尤其是中国当时学术都是十分了解的。《热河日记》里中国文献也从一个侧面反映出清代中国学术的繁荣，显示了当时中国虽然处在理学的牢笼下，但“去理学”的思潮已是暗潮汹涌，不可阻挡。朴趾源的《热河日记》虽在讲述中国，但是却时时联系朝鲜现实，比如《铜兰涉笔》评价钱谦益的《牧斋初学集》《牧斋有学集》。

钱谦益生于明万历十年（1582，朝鲜宣祖十五年），康熙三年（1664，朝鲜显宗五年）卒，年83岁。钱谦益一生最为人诟病的是，清顺治三年（1646年，仁祖二十四年）豫亲王多铎定江南，钱谦益迎降，清廷命以礼部侍郎管秘书院一事。然而在清乾隆间编纂《四库全书》之前，《牧斋初学集》《牧斋有学集》这两部著作却遭到了乾隆帝的指摘，迅即禁毁，进而涉及钱谦益全部著作以及他为人撰序的诗文集等。朴趾源指出，地处东隅的朝鲜并未了解到钱谦益降清之事，而只看到他这两部著作，“未尝不为之伤惜，抄其诗文，多列之文丞相、谢叠山之下”。针对朝鲜缺乏了解，又听闻“近岁以来，颇亦闻其毁板禁藏”，朴趾源担忧钱谦益的生平经历恐为朝鲜人长期误解，所以详细记录了钱谦益失节及其著作遭禁毁事。朴趾源随后比较中国宋代文豪苏轼与钱谦益，指出其二人对朝鲜的态度的异同：苏东坡恶高丽，缘于高丽“专事契丹”，中国人常讲赴华的使节团认为是“窥侦朝廷”；钱谦益为“东林党魁”，东林党一向不悦朝鲜，以鄙夷朝鲜为清议。[①] 朴趾源在《热河日记》中抄录了《皇华录》跋文，因为其中都是轻视东文的言论。他肯定乾隆皇帝斥责钱谦益“犹假借文字，以自图掩饰其偷生”，可谓“洞烛其奸”时，又引用钱氏《跋高丽板柳文》，文中有“明皇家文命诞数，施及蛮貃，信非唐宋所可比伦也……东人每以同文梦一语为故实，作科体诗题，陋甚陋甚”[②] 之语。朴趾源对钱氏的愤愤不平之情昭然可见，他此刻对乾隆帝并无过多溢美之词，引用乾隆的诏书，倒是为了鞭挞钱谦益多一些。《二臣传》内如此多的名人学者，他却只针对钱谦益，令人不禁要揣测其动机。因为钱谦益过于轻视朝鲜，对朝鲜的文化成就横加指责，肆意贬低，以致朴趾源在得知这个二臣终于名声扫地，且被清朝官方钉上耻辱柱后，大为畅快，用了较大篇幅在《热河日记》中将其记录。

钱谦益“抹杀”朝鲜文学，诋毁朝鲜文学一无是处，这激起朴趾源的强烈反感。在《避暑录》中，朴趾源引崔成大《梨花庵老僧歌》“吴王看戏泣椎结，钱叟为僧托麟笔”。吴指吴三桂，钱叟即钱谦益，这二人都是“降虏”，托各种借口“虽欲巧逃后世之诛贬，人孰信之?”朴趾源本意在于批评朝鲜人对钱、吴二人的盲目崇拜，但紧接着笔锋一转，说到朝鲜谚语形容迷茫之人为“朦胧春秋”，朴趾源说“东人喜读《春秋》，而朦胧若是类多矣，岂不为满人之所笑也?”[③] 朝鲜的贵族阶层动辄搬出“春秋大义”而蒙蔽自我，久束湿薪。事实上钱谦益、吴三桂等

① 《热河日记卷五·铜兰涉笔》，第365页。

② 同上书，第366页。

③ 《热河日记卷四·避暑录》，第270页。

人早已失节，清朝社会也已有翻天覆地的变化，朝鲜人喜谈《春秋》却不懂《春秋》，这种狃于故辙的行为连“满人”都要发笑。在此，朴趾源又给了朝鲜“朱子学”拥趸者辛辣一讥。

《热河日记》着意记录了与朝鲜有关的资料。在李朝保存下来的诗话资料中，评论王士祯诗的数量最多，而保存在《热河日记》的记录最早。朴趾源在琉璃厂和俞世琦谈及王士祯《池北偶谈》中记载的金清阴一事。王士祯《戏仿元遗山论诗绝句三十二首》第29首有“记得朝鲜使臣语，果然东国解声诗”两句，这是针对朝鲜诗人金尚宪的诗作而言。金尚宪（1570—1652）字度叔，号清阴、石室山人，朝鲜王朝著名文臣，谥文正公，祭享于朝鲜王朝孝宗大王庙廷。金尚宪对明朝有极其深厚的感情，明天启六年（1627年）作为朝鲜正使到中国。金尚宪的诗《过东方曼倩故里》《蚤春》等都在中国流传，渔洋自己作《论诗绝句三十首》中“澹云微雨”句，直接受到金尚宪诗的启发，王士祯的“澹云微雨小姑祠，菊秀兰衰八月时”是由金尚宪“澹云轻雨小姑祠，佳菊衰兰八月时”一句启发而来。[①]《渔洋诗话》中说：“记得朝鲜使臣语，果然东国解声诗。”在保存下来的李朝诗话资料中，评述王士祯诗者最多，也反映出他是当时最热门的清代诗人。朴趾源在与中国文人交流的过程中，向中国介绍着朝鲜的文学家和成就，体现着他的民族情感。

朴趾源与中国人笔谈和翻读中国书籍，时时关注中国人的朝鲜印象，如在盛京遇到的来自山西汾晋首饰商人霍生竟然问道：“高丽是日本否?”[②] 在热河又有广东按察使的随从屡旺问他“贵国皇上”年号、日本钱币宽永通宝的“宽永”是否是朝鲜年号

---

① 王士祯此处所用，乃为“摘句法”，直接引用原句，而非朴趾源认为受启发。

② 《热河日记卷二·盛京杂识·十四日庚寅》，第56页。

等，“贵国岂非中国对头的天子么?”[①] 凡此等等，都将朝鲜误认为日本，中国人对朝鲜茫然无知，颇不值得他一辩。朴趾源更多地注意中国典籍之关于朝鲜者。他再三强调的是中国历史上的“高丽公案”。所谓“高丽公案”，原是苏轼《东坡志林》中的一条记载题目，后来便专指苏轼对于高丽的憎恶。朴趾源慨叹道：“吾东最不得志于东坡”[②]，朝鲜自古立国规模、士大夫立身行事，全似赵宋，高丽朝又不遗余力地追捧东坡的诗文，成为上千年的风气，甚至高丽时代名臣金富轼兄弟的名字也模仿东坡，而东坡本人却上疏请求禁止高丽入贡、禁止向高丽颁赐书籍，乃至怀疑“高丽丸子”是契丹、女真人的间谍。这不禁让朴趾源替前朝高丽大叫冤枉，“当时士大夫不谅高丽之本心，反疑强邻之间谍，不亦冤乎！……愚谓此非高丽公案，乃高丽冤案!”[③] 千年来中国人的朝鲜印象竟然如此一致，朴趾源不能不有所考察和思索。“中国历代史传，其记朝鲜民物谣俗颇失实迹，皆箕子、卫满时朝鲜，非今之朝鲜也：为史者略外，故因袭旧纪。”[④] 此语颇为得当，道出了中国人偏颇的朝鲜印象形成的一个重要原因，同时这也是中国典籍的一大不足。宋代史籍关于高丽世系的记载，一直都不十分准确和精确，很多内容全是因袭旧文；甚至连亲自出使高丽的徐兢的《宣和奉使高丽图经》也是如此，后世马氏《通考》也如此，其因袭痕迹甚为明显。不但宋之于高丽，唐宋人对回鹘、西夏世系的记载，也大都颇为疏略，使得朴趾源更为坚定“为史者略外，故因袭旧纪”的想法。从这一点，也可见从域外周边的典籍重新观察中国很有意义。

---

① 《热河日记卷二 · 太学留馆录 · 十三日己未》，第 134 页。
② 《热河日记卷四 · 铜兰涉笔》，第 356 页。
③ 《热河日记卷三 · 忘羊录》，第 213 页。
④ 《热河日记卷二 · 太学留馆录》，第 127 页。

《热河日记》中的中国文献涵盖了丰富的领域，诸如清代社会的交通运输、商人与商业、市井百姓群相、民族宗教问题、科举与儒学、文学与艺术、民情风俗、文化娱乐、天文历法、数学、物理学和地理学、医药学、手工业与建筑学等许多方面的文献都有涉及。朴趾源创作《热河日记》的着眼点在于朝鲜，他以深厚的汉学修养和对中国当时学术成就的全面了解为基础，向朝鲜社会展示了清代中国的方方面面，其深层用意都在于改革李朝现实，发展李朝社会。在使用中国文献时，朴趾源的主要关注点也是与朝鲜有关的典籍。

通过对《热河日记》里中国文献的分析，我们可以领略朴趾源开阔务实的知识结构，同时再一次证实他的反理学立场。朴趾源重视客观资料，不以主观想象妄下判断，广泛收集，归纳分析，打破了很多被时人奉为圭臬的定论。从朴趾源对文献的运用方法上，体现出他细致梳理、精密分析、锲而不舍的治学精神。正是这种精神，使得朴趾源克服了朱子学好发空论、言之无物的弊病，促使他认识到朝鲜社会的各种深层弊病，并提出切实可行的各项措施。《热河日记》中的中国文献可以作为研究朴趾源的学术结构和思想倾向的一个切入点，也为中国学界提供了很多有价值的资料，为今人窥探康乾时期的清代学术提供了一个别具特色的视角。

第三章 《热河日记》中的“北学”思想探索

朴趾源喜好游历，朝鲜的山水胜迹他大都游览过，“遍游方内名山，西而平壤香山，南而俗离、伽倻、华阳丹邱诸胜，无不历览”①，并创作大量歌咏祖国山河的诗歌、散文等。燕行之旅是朴趾源视野的一大拓展，他描摹出从鸭绿江到北京这一漫长旅途中的名山大川、田野河流，中国辽阔、丰富的地貌带给他崭新的地理感受，饱览群书、博古通今的知识结构使得他可以在行程中对名胜、遗址考据钩沉，大大地拓展了其认知视野和思维高度，并展现出其民族情怀及学术修养；朴趾源记录了从边境到京城的大小城郭、宫阙，考察了中国的城建制度和市井民生，为我们展示出18世纪中国北方的广阔画卷。沿途所见所闻的一切触动了他的变革冲动，他不断地思索中华文明的历史承继及清朝的继往开来，探求朝鲜社会在时代嬗变中的调适与定位。

第一节 渡江录的“神”与“情”

一踏入中国大地，朴趾源即为清朝的稳定、富裕和欣欣向荣的景象震撼，他的心中洋溢着对新世界的赞叹。从渡过鸭绿江到

① 朴宗采著，金润兆译：《过庭录》，太学社，1997年，第373页。

抵达盛京，朴趾源的情感一直是激荡而亢奋的，一种激动、新奇的情绪充盈在《渡江录》的字里行间。燕行之旅是朴趾源视野的一次极大拓展和思想飞升，他的爱国之情、忧患意识在这一段旅程中无时无刻不在涌动，他的改革意识在途中升华，改革措施也由此成型。

一、燕行之旅与朴趾源的崭新探索

即将进入中国境内的朴趾源心情并不轻松。“一雨成霖，两江通涨”，恶劣的气候条件令他“益生躁郁”，“遥瞻前途，溽暑蒸人。回想家乡，云山渺漠。人情到此，安得无怃然退悔?”① 所以渡江时的朴趾源，心情非“快畅得意”，而有更多无可奈何之意。六月二十四日早饭后，使行团随从张福将不得带出境的朝鲜钱币沽来一壶酒，敧笠遮雨，飒飒而来。朴趾源悄然独酌，“东望龙铁诸山，皆入万重云矣。满酌一盏，酹第一柱，自祈利涉；又斟一杯，酹第二柱，为张福昌大祈；摇壶则犹余数杯，使昌大酹地祷马。倚墙东望，蒸云乍腾，白马山城西边一峰忽露半面，其色深青，恰似吾燕岩书堂望见佛日后峰矣”②。这一段描写感情充沛，可见朴趾源内心的复杂感情，去国怀乡之情已悄然而生。行至九龙所，使行团进行发船前例行的最后搜检，如黄金、珍珠、人参、貂皮等数十种禁物，都在搜寻之列。“斯隶则披衣摸袴，裨译则解视行装，衾袋衣褓披猖江岸，皮箱纸匣狼藉草莽，争自收拾。”③ 朴趾源指出，若不进行出境前的例行检查，则不能对携带走私行为进行约束，若进行细致的搜查，则似乎有

① 《热河日记卷一·渡江录·六月二十四日辛未》，第1页。
② 《热河日记卷一·渡江录·六月二十四日辛未》，第3页。
③ 《热河日记卷一·渡江录·六月二十四日辛未》，第4页。

伤使行团的体面，但归根结底，这一切都是形式主义：“湾商之先潜越”却无人可以禁止，批评了朝鲜边境制度的有名无实，虚张声势。适值盛夏，暴雨时至，二十四日夜半，大雨突降，“帐幕上漏，草气下湿，无处可避”，关于旅行艰辛的描写在《热河日记》不时可见。为了如期抵达北京为乾隆贺寿，朝鲜使者只能栉风沐雨，历经艰险，连日赶程。三日后，使行团抵达栅外，朴趾源胸中的离愁和艰辛慢慢消解，而为渐趋渐近的清朝所吸引。

如同沙漠绿洲般的发现，朴趾源看到了一个充满生机的新世界。临近栅门，景象逐渐不见荒凉：“原野平阔，虽不耕垦而处处砍柴，根柿狼藉，牛蹄辙迹，纵横草间”，朴趾源凭借眼前之景判断已经行近栅门，且清朝居民经常出栅放牧。前行不出七八里，使行团抵达栅外，朴趾源望见“羊豕弥山，朝烟缭青”，清朝境内是一派安宁、富庶之景。他进而留心了“群胡观光者”：

列立栅内，无不口含烟竹，光头摇扇，或黑贡缎衣，或秀花绸衣，或生布生苎，或叁升布，或野茧丝，袴亦如之。所佩缤纷，或绣囊三四，小佩刀，皆插双牙箸。烟袋如葫芦样，或绣刺花草禽鸟，又古人名句。译官及诸马头辈争立栅外，两相握手，殷勤劳问。群胡问：“你在王京，哪日起程？在途时得免天水么？家里都是太平么？充得包银么？”人人酬酢，如出一口。又争问：“韩相公、安相公来么？”①

使行团尚未入栅，中国商人却已经在簇拥迎候，朴趾源笔下他们热络的问候、酬答，令读者想见清朝商人的精明与强干，暗含着对朝鲜使团所带来的商机的迫切争取。所谓“韩相公、安相公”指义州商人，他们经常往返清朝，在中国商人中闻名。令朴趾源意外的是，对朝鲜使行团最为关注的不是清朝官员，也

① 《热河日记·渡江录·二十七日甲戌》，第9页。

非边境百姓，而是闻讯而来的中国商人。这些商人穿着考究，佩饰精雅，态度热情，积极谋求可以带来经济利益的一切机会。这与李朝轻视商业、人人讳言经商的局面迥异。朴趾源是个有心人，他记录了这些商人的衣着、品貌、言语和神态，这种尽可能细致的观察贯穿了其燕行始终。

栅门仅是一个边境小城，因为康熙后期开辟了栅门后市而为朝鲜人重视。毫无村野气的栅门，却激发了朴趾源复杂的心理感受：

复至栅外，望见栅内闾阎皆高起五梁，苫草覆盖。而屋脊穹崇，门户整齐，街术平直，两沿若引绳然，墙垣皆砖筑。乘车及载车纵横道中，摆列器皿皆画瓷，已见其制度绝无村野气。往者洪友德保尝言大规模细心法。栅门，天下之东尽头，而犹尚如此。前道游览，忽然意沮，直欲自此径还，不觉腹背沸烘，余猛省曰："此妒心也。"余素性淡泊，慕羡猜妒本绝于中，今一涉他境，所见不过万分之一，乃复浮妄若是。何也？此直所见者小故耳。①

"绝无村野气"，朴趾源这一评价说明栅门与自己之前的预期和认知产生距离。天下的尽头，清朝的边境竟然如此发达，正在游览的朴趾源突然"意沮"，"腹背沸烘"，身心同时产生的巨大反应令他有"径还"之意，再也不愿踏进中国，不愿目睹这出乎意料的崭新世界。个中缘由，朴趾源分析就是"妒心"作祟。因为在朝鲜所见者太"小"，目睹中国边境先进的物质文明后，不禁惊讶艳羡。入栅门时，第一次离国的朴趾源心情复杂，"怅然东面而立，良久转身，缓步入栅"，离开故园的忧愁和对祖国的挚爱搅扰着这位诗人气质的思想家。

栅门小城只有二三十户人家，"莫不雄深轩豐"，足踏大清

① 《热河日记卷一·渡江录·二十七日甲戌》，第10页。

土地，眼见中华文明，《热河日记》在六月二十七日的记录中，便表达出了朴趾源实学思想的基本出发点——“利用厚生”：

周视铺置，皆整饬端方，无一事苟且弥缝之法，无一物委顿杂乱之形，虽牛栏豚栅，莫不疏直有度。柴堆粪庤，亦皆精丽如画。嗟乎！如此然后始可谓之利用矣。利用然后可以厚生，厚生然后正其德矣。不能利其用而能厚其生，鲜矣。生既不足以自厚，则亦恶能正其德乎？①

朴趾源认为学问之道在于“实用”，能将民生经济建设得“整饬端方”的学问才是有用之学。进入栅门后的他更加惊异，“牛栏”“猪栅”“柴堆”“粪庤”都修建得整齐美观，这是清朝务实发展的成果。在凤凰山下，朴趾源望见西南广阔的原野，“千柳阴浓，茅檐疏离时露林间，平堤绿燕，牛羊散牧，远桥行人有担有携”，绿柳、茅檐、绿堤、牛羊和络绎不绝的行人构成了一幅安闲宁静的田园风光，这难得的开阔平和景象抚慰着朴趾源仓促郁闷的心情，同时引导他更为深入细致地思考中国和朝鲜的现实。

伴随着燕行的旅程，朴趾源看到越来越多的村庄、民居、商铺和市集，领略到中国百姓的安居乐业，物阜民康。朴趾源记录了在汉人康永太家所见：

永太所居，精洒华侈，种种位置莫非初见。炕上铺陈皆龙凤氍毹，椅榻所藉皆以锦缎为褥。庭中设架，以细簟遮日，四垂相帘。前列石榴五六盆，就中白色石榴盛开。又有异树一盆，叶类冬柏，果似枳实。问其名，曰无花果。果皆双双并蒂，不花结实。故名。②

“莫非初见”，是朴趾源旅途中频繁体味的感受。边境民家

---

① 《热河日记卷一·渡江录·二十七日甲戌》，第12页。

② 《热河日记卷一·渡江录·二十七日甲戌》，第13页。

的摆设装饰如此精雅，是朴趾源始料未及的。虽然之前他不断从书籍或朋友那里听到关于清朝的信息，但目睹时仍难免一番别样滋味。朴趾源在康永太家游赏，越发感觉其家“雄侈若此”。由前门而出，望见外庭数十百间，使行团全部入驻此家，却不知驻扎在何处，其深广可见。康永太家“来商去旅络绎不绝”，“又有车二十余辆阗门而入，一车所驾马骡必五六头，而不闻喧声，深藏若虚”。朴趾源在街上又入一宅，发现其“壮丽”更胜过康永太家，而其制度大约皆同。随后朴趾源在典当铺偶遇三位“美少年”，“遮马请少刻纳凉，遂相与下马随入”，观察了典当铺的陈设：

其凡百位置，更胜康家。庭中有二大盆，种三五柄莲子，养得五色鲋鱼。年少手持掌大纱罾，向小瓮边舀了几颗红虫，浮沉盆中。虫细如蟹卵，皆蠕蠕。少年更以扇敲响那盆郭，念念招鱼，鱼皆出水呷沫。①

“更胜康家”是“另一宅”和典当铺留给朴趾源的感受，可见当地经济的富裕。六月二十九日，使行团渡过范家台，另一典当铺主人又将朴趾源迎入铺内，饮茶谈天。朴趾源于此观察了典当铺从事交易的设施和细节。七月初一日使行团住宿通远堡，借宿人家“庭广数百间”，亦是一个阔绰人家。门前石阶铺砌的石子引起了朴趾源的注意：“久雨泥淖，河边水磨小石如棋子、大黄雀卵者，本无用之物，而拣其形色相类者，当门处错成九苞飞凤，以御泥淖。”② 朴趾源由此推想，中国对现实世界的利用改造积极主动，“其无弃物，推此可知”。对中国民居建筑、人文百态的发现贯穿了朴趾源旅途的每一天。七月初二日，使行团因为大雨依旧滞留通远堡，朴趾源与借宿主人聊天，并留心了室内

① 《热河日记·渡江录·二十八日乙亥》，第19页。

② 《热河日记·渡江录·七月初一日丁丑》，第21页。

陈设：

主人粗鲁，目不识丁，而几上犹有《杨升庵集》《四声猿》。有尺余正蓝瓷瓶斜插赵南星铁如意，腊茶色小香炉云间胡文明制，椅卓屏障俱有雅致，不似穷边村野气。余问：“尔家计粗足否？”对曰：“终岁勤苦，未免饥寒。若非贵国使行时，都没了生涯。”“有男女几个？”曰：“只有一盗，尚未招婿。”余问：“何谓一盗？”曰：“盗不过五女之门，岂不是家之蟊贼？”①

在“穷边乡野”的清朝边境，朴趾源一次次关注到借宿之家的“雅致”，从精美的家具装饰到考究的房间布局，都是富裕安逸生活的写照。主人虽然不识文字，但与朝鲜使者的交谈时，谦虚自然，幽默随兴，清朝边境平民待人接物的风度由是可见。

行走在辽东土地上，朴趾源随时记录了所见到的富庶安定之景，如“林家台、范家台、大小方身五里十里之间，村间相望，桑麻菀然。时方早黍黄熟，蓟黍发穗，而皆刈去其叶，以饲马骡，亦所以为黍柄养其全气也”②。又如七月初九日他总结道：“入辽东以来，村间不绝。路广数百步，沿路两旁皆种垂杨，闾阎栉比，处其对门。中间潦水不泄，往往自成大池，家养鹅鸭千百浮泳。两边村舍尽成临水楼台，红栏翠槛，映带左右，渺然有江湖之想。”③ 清朝自康熙开始，十分重视发展农业，到乾隆后期，已经取得较大成果。朴趾源见到的桑麻遍野，村间密集，农舍美观，鹅鸭成群之景，就是清朝农业兴盛的反映。作为一个实学家，朴趾源一直在思考朝鲜的农业问题，探索朝鲜农业发展的途径和方法，他晚年曾亲著《课农小抄》献给正祖，系统细致地阐释了他关于朝鲜农桑的改革措施。朴趾源一路目睹了栅门到

① 《热河日记卷一·渡江录·初二日戊寅》，第21页。

② 《热河日记卷一·渡江录·二十九日丙子》，第20页。

③ 《热河日记卷一·渡江录·初九日乙酉》，第30页。

辽东，以及关内的中国百姓生活，总结道：

余入中国，沿道二千里之间。时方夏秋之交剧暑，常昼日四五下马，入人家休憩而去。丈二芭蕉、太湖石、荼蘼架子、斑竹栏杆往往而有。护阶绿竹，满帘翠梧，到处多见。①

凤城、辽阳的城市发展和商业情况也吸引了朴趾源。从康永家出来后，朴趾源信步游览，看见繁华富丽的街景，心想“虽到皇京想不更加，不意中国之若是其盛也”。栅门的市廛沿街“连互辉耀，皆雕窗绮户，画栋朱栏，碧榜金扁”，而其中所售货物均为“内地奇货”，这说明清朝边门僻奥之地，也有精鉴雅识的购买群体。中国边境的栅门小城“毫无村野气”，又见到凤凰城“若是其盛”，随后赶到“十倍于凤城”的辽阳：

还辽阳城，车马轰殷，聚观者到处成群。酒楼红栏高临大道，扬出一面金字酒旗，书着“闻名应驻马，寻香且停车”……环观者弥众。人肩相磨。②

而到了盛京，入外郭门，郭内民物之繁华、市肆之侈盛，十倍辽阳矣。”③ 在这些记载中，对商品经济发达的大城市，多侧重于反映其繁华富丽、人潮如织的盛况，可见18世纪中国北方城市经济的极大发展。如沈阳的街市，“毂击肩摩，热闹如海。市廛夹道，彩阁雕窗，金扁碧榜，货宝财贿充其中”④。相比朝鲜社会的死板停滞，士人坐而论道，讳言谈商，拘泥于繁文缛节，朴趾源不能不为在中国边境所目睹而震惊：这里物资丰富，市场繁荣，商人热情开放，广交朋友，待人接物不拘一格，这一切体现出了清朝生生不息的商业精神和中国人富有活力的精神

① 《热河日记卷五·铜兰涉笔》，第351页。

② 《热河日记卷一·渡江录·初八日甲申》，第29页。

③ 《热河日记卷一·盛京杂识·秋七月初十日丙戌》，第36页。

④ 同上书，第37页。

面貌。

在固守理学传统、封闭僵化的18世纪李朝社会，思想的自由表达和文学的自由创作都会受到政府的监管和打压。当时行走在中国的朴趾源，虽然接触了正在朝鲜蓬勃兴起的实学思想熏陶，并进行了独立的思考，但朝鲜的现实环境并不允许他将个人的主张直接表达出来。他采用日记体的形式，记录每日的行程及所见所闻，所思所感，并将个人的改革思想及措施贯穿其中。《热河日记》中并没有出现大段著者关于改革的文字，但在著者的耳目心内、字里行间，却无时无刻不在渗透他的思想和精神。刚一踏进中国的朴趾源，看到边境地区发达的农业，繁华的城镇，兴隆的商业文明，以及积极向上的各个阶层的民众，他为之诧异、惊奇乃至震撼，更加为落后的朝鲜现状而焦急，迫切地反思祖国落后的原因。任何成功的作品都有其灵魂，有其经得起历史考验的精神价值。如果说朴趾源的爱国之情是贯穿《热河日记》整个文本的灵魂，那么具体的实学考察和改革思想正是《热河日记》文本构建的血脉。

二、实学精进与朴趾源的细致观察

中国百姓安居乐业，物阜民熙的景象给北学思想家朴趾源以强大的心理震撼，他所亲历的一切与朝鲜人所想象的“夷狄”统治下的国家完全不同。面对中国的强大繁荣与文明先进，朴趾源深刻反思朝鲜国内对待清朝的固有错误观念，肯定了满族人对中国的统治，并致力于寻找导致清朝经济繁荣的具体原因，发展出北学思想中“利用厚生”的意义内涵。朴趾源对于实学派的贡献不仅在于宣扬践行实学精神，而且他通过个人考察和亲自实践，提出了具体而系统的改革举措。如果说“经世致用”是实学派的发端，“北学中国”是其实践摸索的新阶段，那么尝试

“利用厚生”的具体操作就是实学派的巅峰期。《热河日记》虽为旅行记，但文本中处处是朴趾源的观察和思考，其深处埋藏的是他对祖国深深的忧虑和改革时弊的热切。《渡江录》作为《热河日记》的开篇，记录朴趾源从准备启程到入境的过程。这段旅程中，朴趾源体味了离别故土的忧愁、旅程的艰辛，但同时也目睹了清朝繁荣的商业和富有生机的社会面貌，情绪由低落而激动，继而转向五味杂陈。为朝鲜人所不屑的清朝取得了如此夺目的建设成就，而以“小中华”自居的朝鲜却落后愚昧、百弊丛生，这一切令这位胸怀兼济苍生之志的思想家心潮澎湃，感慨良多。这种复杂的情绪一直贯穿着朴趾源燕行的始终。《渡江录》是朴趾源燕行的开始，他的思想于此受到一次巨大洗礼。在这种强烈情绪的冲击下，《渡江录》纲举目张，奠定了《热河日记》的精神与灵魂，即著者深沉的爱国之情、深沉细致的思考、记录和热切具体的改革举措。

朴趾源在燕行旅途中的观察和思索是全面而深刻的。在入栅以前，初次随行使团的朴趾源曾观察“湾商”的牟利手段和朝鲜对燕贸易中的问题：

然诸处燕商法不得身自入燕，将包交付湾人。贸易以来，如韩林诸贾连岁入燕，视燕如门庭，与燕市裨贩连肠互肚，兑发低仰，都在其手。燕货之日增厥价，亶由此辈，举国都不理会，专责译官。译官失权于湾贾，拱手而已。诸处燕商，虽知为湾贾之所操纵，而事非目睹，则敢怒而不敢言。其来已久。①

“湾贾”是对朝鲜义州商人的称呼，《热河日记》有多处对“湾商”的记载。“湾商”在正祖后期逐渐取得了对华贸易的优势权利，其获利手段主要为垄断，同时与中国境内的商人勾结，低买高卖，肆意哄抬物价，谋取暴利，即使使团译官也无可奈

① 《热河日记卷一·渡江录·二十七日甲戌》，第9页。

何。他同时又记录了入栅时凤城守备索要厚礼一事：

溪边有喧欢争辩之声，而语音啁啾，莫识一句。急往观之，得龙方与群胡争礼物多寡也。礼单赠遗时，考例分给，而凤城奸胡必增名目，加数要责，其善否都系上判事马头。若值生手，不娴汉语，则不能争诘，都依所要。今岁如此，则明年已成前例，故必争之。使臣不知此理，常急于入栅，必促任译，任译又促马头，其弊原久矣。①

使行团的日程大都比较紧张，若不能在规定日期内，尤其适逢祝寿这类大事时，未能如期抵达，不但有辱使命会受到惩罚，还可能引发中朝两国的外交事端。在整个燕行之旅中，使行团正使朴明源最忧虑的问题便是如何克服夏日骤雨的气候和复杂的交通状况，以按时抵达北京城为乾隆祝寿。凤城的守军每次都巧设“名目”，增加索要礼物的份额，如果朝方没有不娴熟汉语的应对者，则不能够据理力争，只得答允对方，“都依所要”。如若今年增加份额，明年也会依循增加，长此以往，朝鲜使团所损失的财务势必越来越多。而正使并不过问这些细节问题，而只是急于入栅赶路，一味督促，这个弊端若不及时改善，必会造成更大贻害。由湾商和入栅这两件事可以看出，朴趾源所关注的均是祖国的利弊得失，胸怀中充满对祖国的热爱，这种情操促使他积极观察了清朝“利用厚生”的各种成果。

一踏进中国大地，朴趾源便记录了当地的饮水井：

有井砖瓷，又磨治全石为覆盖。穿其两旁，劣容汲器，所以防人堕溺，且障尘土。又水性本阴，故使蔽阳养活水也。井盖上设辘护，下垂双绠，结柳为棬，其形如瓢而深，一上一下，终日汲不劳人力。②

---

① 同上书，第10页。

② 《热河日记卷一·渡江录·二十七日甲戌》，第13页。

朴趾源对此甚感新奇，认为这是中国人利用水资源的一个范例。当时朝鲜很少见到这种井制，“惟平壤有此法”。朴趾源还留意到，中国人“汲水皆肩担而行，谓之扁担。其法，削一条木，如臂膊大，其长一丈，两头悬桶，去地尺余。水窸窣不溢”。平壤虽有此井，但平壤人“不肩担而背负之”。朴趾源认为，背负“甚妨于窄路隘巷，其担法，又此为得之”。他认为中国人用扁担担水的方式颇有值得借鉴之处。朝鲜多山，适逢干旱之时，“咫尺虽有衰衷之流，地势暂高，则立视其枯涸而末如之何”。在酒馆饮酒，朴趾源观察到中国的酒器：“其卓上列置斟器，自一两至十两各有其器，皆以鍮鑞造觯，出色似银。唤四两酒，则以四两觯斟来，沽酒者更不较量多少，其简便若此。”①可以说，不论是赶路还是宿营，是在辽野还是在集市中，朴趾源都在留心中国先进的一切，他的心思只有一个，那就是改革创新，实现朝鲜的国富民强。

《渡江录》中最引人注目的内容在于建筑技术方面。朝鲜使团途经凤凰城，凤凰城正在新筑中，朴趾源察看了凤凰城的工地后，感叹清朝先进的工程技术：

城周不过三里，而砖筑数十重，制度雄侈，四隅正方若置斗然，今裁半筑，则其高低虽未可测，门上建楼处设云梯，浮空驾起。工役虽似浩大，器械便利，运甓输土皆机动轮转，或自上汲引，或自推自行，不一其法，皆事半功倍之术，莫非足法，而非但行忙，难以遍观，虽终日熟视，非造次可行。良可叹也。②

由于旅途仓促而无法遍观中国建筑技术的“事半功倍”，他只能做概括性的记录，强调了中国建筑“器械”的“不一其法”，没能仔细详尽地观察学习令朴趾源叹惋不已，其燕行之用

① 同上书，第12页。

② 《热河日记·渡江录·二十八日乙亥》，第18页。

心，再次显现。《渡江录》中有关于中国北方“室屋之制”的详细记录：

凡室屋之制，必除地数百步，长广相适，铲划平正，可以测土圭、安针盘，然后筑台。台皆石址，或一级，或二级、三级，皆砖筑而磨石为甃。台上建屋皆一宇，更无曲折附丽。第一屋为内室，第二屋为中堂，第三屋为前堂，第四屋为外室。外室前临大道，为店房，为市廛。每堂前有左右翼室，是为廊庑寮厢。大约一屋长必六楹、八楹、十楹、十二楹，两楹之间甚广，几我国平屋二间。未尝随材短长，亦不任意阔狭，必准尺度为间架。屋皆五梁或七梁。从地至屋脊测其高下，檐为居中，故瓦沟如建瓴。屋左右及后面无冗檐，以砖筑墙，直埋椽头，尽屋之高。东西两墙，各穿圆窗，面南皆户，正中一间为出入之门，必前后直对。屋三重四重，则门为六重八重，洞开则自内室门至外室门一望贯通，其直如矢。所谓洞开重门、我心如此者，以喻其正直也。①

朴趾源对中国的房屋制度进行了尽可能细致的记录，和他一路的同知李惠曾多次充任使团译官。他目睹朴趾源的细心观察，说此乃“穷边村野，何足挂眼”，朴趾源认为即使到了北京城也“未必胜此”，这一观点获得李惠曾的认可，虽然各地建筑存在大小奢俭的分别，但是规模制度是大致相同的。中国建筑房屋多用砖，朝鲜当时没有制砖技术，《渡江录》中仔细地记录了朴趾源考察的结果：

为室屋专靠于甓。甓者，砖也。长一尺，广五寸。比两砖则正方，厚二寸。一匡拓成，忌角缺，忌楞刓，忌体翻，一砖犯忌则全屋之功左矣。是故，既一匡印拓而犹患参差，必以曲尺见矩、斤削砺磨，务令匀齐，万砖一影。其筑法，一纵一横自成坎

① 同上书，第15页。

离，隔以石灰，其薄如纸，仅取胶贴，缝痕如线。其和灰之法，不杂粗沙，亦忌黏土。沙太粗则不贴，土过黏则易坼。故必取黑土之细腻者和灰同泥，其色黛黧如新燔之瓦，盖取其性之不黏不沙而又取其色质纯如也。又杂以苘丝，细剉如毛，如我东圬土用马矢同泥，欲其韧而无龟。又调以桐油，浓滑如乳，欲其胶而无罅。其盖瓦之法尤为可效。瓦之体如正圆之竹而四破之，其一瓦之大恰比两掌。民家不用鸳鸯瓦，椽上不构散木，直铺数重芦簟，然后覆瓦。簟上不藉泥土，一仰一覆，相为雌雄。缝瓦亦以石灰之泥鳞级胶贴，自无雀鼠之穿屋。最忌上重下虚。①

朝鲜的盖瓦之法与中国完全不同，朴趾源不但记录中国的制砖技术，而且将其与朝鲜的技术进行了比较，剖析了朝鲜盖瓦之法的弊端：

屋上厚铺泥土，故上重；墙壁不砖筑，四柱无倚，故下虚；瓦体过大，故过弯。过弯故自多空处，不得不补以泥土，泥土厌重，已有栋挠之患，泥土一干则瓦底自浮，鳞级流退，乃生罅隙，已不禁风透雨漏、雀穿鼠窜、蛇缪猫翻之患。

大约立屋，砖功居多，非但竟高筑墙、室内室外罔不铺砖，尽庭之广，丽目井井如画棋道。屋倚于壁，上轻下完；柱入于墙，不经风雨。于是不畏延烧，不畏穿窬，尤绝雀鼠、蛇猫之患。一闭正中一门则自成壁垒城堡，室中之物都似柜藏。由是观之，不须许多土木，不烦铁冶墁工，甓一燔而屋已成矣。②

观察了室屋的结构，介绍了筑砖之法，紧接着朴趾源还与同行人探讨了砖的用途，研究了朝鲜城制“不砖而石”的利弊得失。朴趾源批评了朝鲜以石建城的“非计”。他指出：“夫砖，一函出矩则万砖同样，更无费力磨琢之功；一窑烧成，万砖坐

① 《热河日记·渡江录·二十八日乙亥》，第15—16页。

② 《热河日记卷一·渡江录·二十八日乙亥》，第16页。

得，更无募人运致之劳。齐匀方正，力省功倍，运之轻而筑之易，莫若砖也。”砖有许多的好处，而朝鲜国内还依旧执着于“劚石于山”的办法。朴趾源急切地论证了这种方法的耗时劳力：“劚之于山当用匠几人？辇运之时当用夫几人？既运之后当用匠几人以琢治之？其琢治之功又当再费几日？筑之之时，安排一石之功，又当再用夫几人？”这种热切的口吻，暗含着朴趾源对朝鲜固有城制的深深抱憾，他希望祖国可以尽快地学习仿效中国，改善国内人民的生活条件。他评价砖制时使用了“无费力”“力省功倍”“轻”“易”等词汇，这也是他衡量各种技术的标准，只要是对朝鲜人民有利的技术，他都在观察、学习、总结，向祖国不厌其详地介绍。如他曾用赞叹的口吻评价了入境后所见之碑：“碑制极佳，功费甚省，此可为法。碑之两旁不磨滑，砖筑夹碑为墙，没碑顶，因瓦覆为屋，碑在（穴坎）中，以备风雨，胜于建阁韬碑，碑趺赑屃及碑文两边所镌霸夏可数毫发。此不过穷边民家所建，然其精致古雅不可当也。”[①] “功费甚省”“可法”是他考察中国先进制度的标准。进一步，他又从器质方面分析了“石不如砖”：

于是削崖而被之，是土肉而石衣也。外似峻整，内实觥尨。石既参差不齐，则恒以小石撑其尻跗。崖与城之间实以碎砾，杂以泥土。一经潦雨，肠虚腹胀，一石踈脱，万石争溃，此易见之势也。且石灰之性，能黏于砖而不能贴石。[②]

同行人提出“甓之坚刚，安能当石”的异议。朴趾源指出不能“较一甓一石之谓”，“大约石灰不能贴石，则用灰弥多，而弥自皲坼，背石卷起”。所以石砖常各自一石，其黏固需要“附土”。相比之下，“砖得灰缝如鱼膘之合木、鹏砂之续金，万

① 《热河日记卷一·渡江录·二十七日甲戌》，第13页。

② 《热河日记卷一·渡江录·二十八日乙亥》，第19页。

甓凝合，胶成一城”。最后朴趾源对砖石城制的比较得出结论：“故一砖之坚诚不如石，而一石之坚又不及万砖之胶，此其甓与石之利害便否，所以易辨也。”①

朴趾源考察过中国的城墙后，就将其与开采石头加工而砌成的朝鲜城墙相比较，他认为：第一，砖烧成同一的形状，无须加工，搬运轻便，砌墙容易；第二，用石头砌墙不但要用很多劳动力，而且石头为表，泥土为里，外面看来平坦，但其中多有泥土且掺杂碎石，一旦淫雨，内部膨胀，便有一石坍塌，万石俱毁的危险；第三，石灰与砖的凝固力比石灰与石头的凝固要大，一块石头虽然比一块砖要坚固，但用许多砖块凝结砌成的城墙，就比用一块块石头砌成的城墙更为坚固，这是他经过慎重思考得出的。朴趾源肯定了中国的砖制，归国后在任地方官期间践行摸索。朴趾源还考察了中国北方的炕制：

余于是略观炕制。大约先筑炕基高尺有咫为地平，然后以碎砖棋置为支足，而铺砖其上而已。砖厚本齐，故破为支足而自无跛躄；砖体本匀，故相比排铺而自无罅隙。烟沟高下，劣容伸手，出纳支足者递相为火喉。火遇喉则必逾若抽引，然火焰驱灰，阗骈而入，众喉递吞迭传，无暇逆吐，达于烟门。烟门一沟深丈余，我东方言犬座也。灰常为火所驱，落满坑中，则三岁一开烟炕一带，扱除其灰。灶门坎地一丈，仰开炊口，爇薪倒插。灶傍阙地如大瓮，上覆石盖为平地，其中空洞生风，所以驱纳火头于烟喉而点烟不漏也。又烟门之制，阙地如大瓮，砖筑，状如浮图，高与屋齐。烟落瓮中，如吸如吮，此法尤妙。大约烟门有隙，则一线之风能灭一灶之火，故我东房堗常患吐火，不能遍温者，责在烟门。或杻笼涂纸，或木板为桶，而初竖处土筑有隙；或纸涂弊落，或木桶有闯，则不禁漏烟，大风一射，则烟桶为虚

① 同上。

位矣。我念吾东家贫好读书百千兄弟等，鼻端六月恒垂晶珠，愿究此法以免三冬之苦。①

朴趾源详细地介绍了中国北方土炕的铺设之法、烟沟、烟门、灶门、烟桶的具体构造，还分析了朝鲜堗制（火炕）的弊端：其一，“泥筑为塍，架石为堗，石之大小厚薄本自不齐，必叠小砾以支四角，禁其甓蹩。而石焦土乾，常患颓落”。其二，石面凹缺处补以厚土，涂泥取平，故炊不遍温。其三，火沟高阔，焰不相接。其四，墙壁踈薄，常苦有隙，风透火逆。漏烟满室。其五，火项之下不为递喉，火不远逾，盘旋薪头。其六，乾爆之功必费薪百束，一旬之内猝难入处。综合这六个方面，朴趾源明确提出不如“铺数十砖，谈笑之间，已造数间温堗，寝卧乎其上”。朴趾源参观瓷窑时，研究了它的构造、加热方法和优点，从而发现了朝鲜用松木烧火及用黏土造窑的缺点：

村边有二窑。一恰栽烧毕，涂泥灶门，担水数十桶连灌窑顶。窑顶略坎，受水不溢；窑身方烂，得水即乾，似当注水不焦为候耳。一窑先已烧冷，方取甓出窑。大约窑制，与我东之窑判异。先言我窑之误，然后窑制可得。我窑直一卧灶，非窑也。初无造窑之砖，故支木而泥筑，爇以大松烧坚其窑，其烧坚之费先已多矣。窑长而不能高，故火不炎上；火不能炎上，故火气无力；火气无力，故必爇松取猛；爇松取猛，故火候不齐；火候不齐，故瓦之近火者常患苦窳，远火者又恨不熟。②

朴趾源一直不满于陶户对松木的消耗，因为“松一剪则非再孽之树”。朝鲜之窑是“卧灶”而非“窑”也。“初其烧坚之费，先已多矣。窑长而不能高，故火不炎上；火不炎上，故火气无力；火气无力，故必爇松取猛；爇松取猛，故火候不齐；火候

① 《热河日记卷一·渡江录·初五日辛巳》，第25—26页。

② 《热河日记卷一·渡江录·七月初一日丁丑》，第22页。

不齐，故瓦之近火者常患苦窳，远火者又恨不熟。”加之松木乃“不可再蘖”之树。而“一遇陶户，四山童濯，百年养之，一朝尽之……而国中之良材日尽，陶户亦日困矣”①。来到中国后，中国的窑制启发了朴趾源：“今观此窑，砖筑灰封，初无烧坚之费，任意高大，形如覆钟，家顶为池，容水数升。旁穿烟门四五，火能炎上也。置砖其中，相支为火道，大约奇妙在积。”朴趾源想到，如果像中国这样制窑，朝鲜的松木就会大量节省。回国后，朴趾源向国王献策献计，推广中国窑制。同时，朴趾源关注了中国的制陶技术，认为它与人类物质生活的关系极其密切。他发现，中国的民居多为砖筑。砖窑随处可见：“数家相聚，必有一座大窑以烧砖。范印晒曝，新旧燔烧。处处山积，盖甓为日用先务也。”②

朴趾源积极探索改进生产工具，《热河日记》中罗缕纪存地记录了中国的用磨、窑制、砖制等。在中国三河县，他曾见过水磨，建议利用水动力磨谷、缥茧。他详细记录了中国转磨的制度，认为其“动足甚微而收功甚巨”，相较朝鲜妇女“一簁数斗之轮，则一朝鬓眉皓白手腕麻软，”中国转磨的设备更为先进可取。朴趾源认为缫车“宜可效”，朝鲜“唯知手汲，不识用车”的抽缫之法显得过于落后。而在《渡江录》中，朴趾源的关注点主要在房屋的建筑和农业耕作、陶冶几个方面。他在中国期间，并不是本着游山玩水的目的，一味地观赏异国风光。朴趾源长期接受实学思想，积极反思朝鲜社会现实，认为学问的最终目的是改造社会，造福百姓。朝鲜人遇见从中国返回的使者，往往会问中国第一壮观的景色是什么，各人都会给出不同的回答，如：辽东千里大野、辽东白塔壮观、沿路市铺、蓟门烟树、卢沟

① 同上。

② 《热河日记卷一·渡江录·二十九日丙子》，第20页。

桥、山海关、琉璃厂、四天主堂、虎圈、象房等，而朝鲜的士大夫面临这个问题却愀然变色，认为中国从皇帝到士人庶民均易服薙发，“一薙发则胡虏也，胡虏则犬羊也，吾于犬羊也何观焉”①。这些自称上等学者的人却正经地说，在这个上自皇帝将相大臣下至学者百姓统统薙发的胡狄国度里，并没有什么值得欣赏的。他们以最忠实的春秋义理的拥护者自居和自我安慰。保守的朝鲜两班用“春秋义理”闭目塞听，抵触来自中国的任何先进文化。朴趾源中国之行的目的是学习有利于朝鲜社会发展的各种先进制度和文化，是真正“利于民、厚于国”的东西，即使瓦砾粪壤，只要利用得当，都可为天下壮观之景。“不弃断瓦”“不弃碎砾”恰是朴趾源脚踏实地、积极学习的态度，这与盲目自守、空谈务虚的两班形成鲜明对比。

通读《渡江录》，会发现其中鲜有山水景色的描写，更多的是关于清朝社会的观察，包括农业、商业、建筑业等。自从来到中国，朴趾源深深地为清朝的稳定富裕而震撼，他的心中洋溢着对新世界的赞叹。从渡过鸭绿江到抵达盛京，朴趾源的情绪是亢奋的，一种激动、新奇的情绪贯穿了《渡江录》的字里行间。从入栅到盛京这一段路程是朴趾源视野的极大拓展，他的爱国之情、忧患意识在这一段旅程中涌动，他的改革意识在途中升华。朴趾源所关注的清朝建设成果，均是朝鲜迫切需要改进的各个方面，本节不避烦冗地列举了《渡江录》中朴趾源的考察内容，以及他对朝鲜国情的反思，目的在于探究朴趾源燕行之旅的思想方向和情感状态，同时展示了《热河日记》这一部“改革文章”的基调和文本风貌。《渡江录》体现了《热河日记》的精神与灵魂，那就是朴趾源深沉的爱国之情和热切的改革精神，这种精神贯穿了文本始终，使文本充盈着思想和智慧的闪光，是《热河

① 《热河日记卷二·驲汛随笔·秋七月十五日辛卯》，第60页。

日记》成为“燕行录”压卷之作的首要因素。

第二节 《热河日记》中的中国人文地理

域外旅行者对初次造访的异国的认识，往往都是从最为直观的地理形象开始，朴趾源也是这样。他对中国的记录和描写是从最为直观的地理形象开始的。“地理”一词最先见于《易·系辞上》：“仰以观于天文，俯以察于地理。”地理可以分为自然地理和人文地理。作为地理学一个重要分支的“人文地理学”，更加注重地理学中的社会科学内容，以人地关系的理论为基础，探讨各种人文现象及人类活动的地理分布和发展规律。《热河日记》对中国地理的考察和记录，饱含着朴趾源对中国历史文化、中朝两国交流和关系沿革的考证与思索，故而归类为“人文地理”。

一、山川、形胜与朴趾源的历史视野

《热河日记》开篇于六月二十四日辛未使行团渡鸭绿江。鸭绿江发源于长白山，是中朝两国的界河。朴趾源引用了《唐书》《山海经》和陈霆所著《两山墨谈》三部典籍，对鸭绿江在史籍中的记载进行了梳理。初离故土的朴趾源由于“霖雨江涨，益生躁郁”，他“遥瞻前途，溽暑蒸人；回想家乡，云山渺漠”，不由得生出“怃然退悔”之意。[①] 朴趾源悄然独酌，回忆起柳德恭入沈阳时赋诗有“画船箫鼓无消息，肠断清南第一州”一句，反复诵读，认为此为“出疆人漫做无聊语”，并没有“画船箫鼓”。事实上，朴趾源在随后的行程中见识到了远胜于“画船箫

① 《热河日记卷一·渡江录·六月二十四辛未》，第2页。

鼓”的繁华景象。朴趾源又阐发了关于荆轲易水送别的独到见解并描写了渡河时水流湍急的景象，“进村退尺，威令无所施”，使行团的随从张福看见昌大渡河后惊呼“汝亦来乎”，其庆幸的口吻凸显出渡河的危险与艰难。韩国有学者认为《热河日记·渡江录》中所描写的使行团从鸭绿江起遭遇的各种艰难，背后蕴含着某种深刻复杂的含义：“《热河日记》从渡鸭绿江起连续描写了渡江的大大小小的困难，可以看出这里‘江’的含义并不单纯。燕岩的旅行录以《渡江录》开始的暗示意义是很深刻的。渡江时正值雨季，水势汹涌，鸭绿江波浪滔天的壮观景象象征着新崛起的清王朝。”① 这种说法的准确性尚待考量，但是朴趾源作为一个胸怀朝鲜社会、立志兴利除弊的改革家，在个人的燕行录中借某些意象表达个人的政治见解也是不足为怪的。虽说用波浪滔天的鸭绿江来象征清王朝有些牵强，但是有一点可以因此确定，即韩国学界关注了《热河日记》的深层意义内涵的研究。

使行团过江后又渡过了距离鸭绿江不到十里的爱剌河。六月二十六日，使节团从九连城出发途经金石山时，“上判事马头得龙与刷马驱人辈谈说康世爵事，雾中遥指金石山曰：‘此荆州人康世爵所隐处’”。朴趾源写到有关康世爵的历史：“是年，清人连陷开原、铁岭……及沈阳陷，世爵昼伏夜行，抵凤凰城，与广宁人刘光汉收辽阳散卒共守之。未几，光汉战死，世爵亦被十余枪。自念中原路绝，不如东出朝鲜，犹得免薙发左衽。”② 康世爵本是明末青州通判康国泰之子，在清军入关的一系列战役中坚持抵抗，九死一生，最终隐居金石山。朴趾源详细记录了从使节

① 赵东一等著，周彪、刘钻扩译：《韩国文学论纲》，北京大学出版社，2003年，第124页。

② 《热河日记卷一·渡江录·二十六日癸酉》，第7页。

团成员处听得的康世爵的经历，可见朝鲜常来往中国的使者对明清战史掌故颇为熟悉，虽一人、一山亦知其来历。朴趾源肯定了康世爵不屈的气节，言语间对明清易代之际朝鲜为明朝遗民提供庇身之所的做法多有肯定之意。朴趾源写到，康世爵辗转抗清，历尽劫难，后隐居金石山，“燎羊裘裹木叶以咽之，数月得不死”，最终定居朝鲜会宁，娶东妇，子孙百余人，年八十而卒。这一传奇的经历与中国汉代流落匈奴的苏武十分相似，不过《热河日记》中的记载比《汉书·苏武传》更为平实。

六月二十七日甲戌，使行团已经行进了整整四天，朴趾源在途中“望见凤凰山，恰是纯石造成，拔地特起，如擘掌立指，如半开芙蓉，如天末夏云，秀峭成削，不可名状，而但欠清润之气”①。这幅景象引起了朴趾源将凤凰山与朝鲜汉阳道峰三角、金刚山进行比较的兴致：

尝谓我京道峰三角胜于金何则？金刚，即其洞府所谓万二千峰，非不奇峻雄深，兽拏禽翔，仙腾佛趺，而阴森渺冥，如入鬼窟。余尝与申元发登断发岭，望见金刚山，时方秋天，夕阳斜映，无干霄秀色，出身润态，未尝不为金刚一叹。及自上流舟下，出头尾江口，西望汉阳三角诸山，摩霄出青，微岚淡霭，明媚婀娜。又尝坐南门，北望汉阳，如水花镜月。或曰：光气浮空乃旺气也，旺气者王气也，京亿万载龙盘虎踞之势，其灵明之气宜异乎他山也。今此山势之奇峭峻拔虽过道峰三角，而其浮空光气大不及汉阳诸山矣。②

道峰山在朝鲜以“险峻”著称；而三角山现在被称为“北汉山”，与道峰山接近，都位于汉阳的北面，其最突出特征是巨大花岗岩形成陡峭曲线。金刚山地处朝鲜江原道，奇峰峻岭，连

① 《热河日记卷一·渡江录·二十七日甲戌》，第8页。
② 《热河日记卷一·渡江录·二十七日甲戌》，第8页。

绵不绝，相传山中有峰一万两千，山景随季节变化呈现万千气象。春天，百花吐艳、奇草喷香、峰峦竞秀、璀璨生辉，犹如金刚石般闪闪发光，故而得名“金刚山”。朴趾源热爱祖国的美好风光，年轻时期就已经遍历了朝鲜半岛的名山大川，并以它们为对象创作了不少文学作品。初次来到中国，中国崭新的地貌自然引起朴趾源将记忆中熟悉的朝鲜名山与中国山川进行比较的兴致。他用寥寥数笔勾勒出四座大山的状貌和神韵，显示出他的文学能力及地理修养。

朴趾源来到栅外，望见“羊豖满山，朝烟缭青”，清朝边境的安定在《热河日记》中多有展现，此处为第一次描写。朴趾源与朴来源、郑珏三人在栅门小城的酒馆中饮酒、用过点心之后，出行游玩，这边境的弹丸小城，景色却是如此开阔：

西南广阔，作平远山、淡沱水，千柳阴浓，茅檐疏篱时露林间，平堤绿燕，牛羊散牧，远桥行人有担有携。立而望之，顿忘间者行役之惫。①

这俨然是一幅诗情画意般的水墨画，田园牧歌式的风情展现了边境的安定祥和，冲淡了使者旅途的疲惫，缓和了初入栅门时的激烈情绪。这种张弛有致的行文也显示出朴趾源对叙事节奏的把握。时值盛夏，朴趾源所在的贺寿使团连日遇雨，也增加其前进途中的水路。六月二十九日，他们渡过了三家河、刘家河、金家河（又名八渡河）。《热河日记》中记载渡河的文字很多，但并不是每条河流的名字都有记录，这或许因为酷夏频雨，很多河流临时涨水，且使行团急于赶路，朴趾源未及打听询问的缘故。从七月初一日到初四日，使行团在通远堡一直为暴雨所困，滞留期间朴趾源观察记录了当地妇女的穿着，窑制、婚礼以及在当地居民家中获得的清人小品目录七十余种。直到六月初六日河水减

① 《热河日记卷一·渡江录·二十七日甲戌》，第13页。

退，使行团才冒险渡河，朴趾源描述了过程的艰难危险：

下隶三十余人，赤身抬轿，至中流湍急处，轿忽左倾几堕，危哉危哉，与正使两相抱持，仅免垫溺。渡在彼岸，望见渡水者，或骑人项，或左右相扶，或编木为扉而乘之，使四人肩抬而渡。其乘马浮渡者，莫不仰首视天，或紧闭双目，或强颜嬉笑。厮隶皆解鞍肩荷而渡，意其恐湿也。既渡者又肩荷而返，在而问之，盖空手入水则身轻易漂，故必以重物压肩也。数次往返者，莫不战慄，山间水气甚冷故也。①

使行团的艰辛，渡河时的危险，以及使行人员的慌乱紧张的景象，都被朴趾源呈现在读者眼前。而初七日所渡之河“悍急尤猛于前日所渡”②，朴趾源及仆从多次濒临溺水。渡水后使行团紧接着翻越了“高峻险绝”的青石岭、摩云岭，一日之内翻山越水，由此也可想见其他诸多朝鲜使行团络绎不绝、往返北京的艰辛。

使行团七月初八日入辽阳，“其繁华富丽十倍凤城”③，朴趾源专门在《渡江录》结尾设计一个单篇《旧辽东记》，记述了辽东城的历史沿革，并详细探究了熊廷弼镇守辽东之事。熊廷弼（1569—1625）是明末著名将领，万历四十七年，以兵部右侍郎代杨镐经略辽东，招集流亡，整肃军令，造战车，治火器，浚壕缮城，守备大固。熹宗即位，魏忠贤专权，遭诬劾去职。天启元年（1621），清兵攻破辽阳后，熊廷弼再任辽东经略，但由于与广宁巡抚王化贞不和，终致兵败溃退，广宁失守。魏忠贤袒护王化贞而委罪于熊廷弼，使其于天启五年（1625）被冤杀。朴趾源详细考证了熊廷弼失利的经过，指出明朝朝廷的整个战略的失

① 《热河日记卷一·渡江录·初六日壬午》，第27页。
② 《热河日记卷一·渡江录·初七日癸未》，第28页。
③ 《热河日记卷一·渡江录·初八日甲申》，第29页。

误以及赴死明军将士的慷慨，不由得发出了深沉的感慨：

按《明史》，廷弼之不救广宁，三司王纪、邹元标、周应秋勘廷弼曰：“廷弼才识气魄睥睨一世，往岁镇辽而辽存，去辽而辽亡。独其骄愎之性牢不可破，今日一疏，明日一揭，比之杨镐更多一逃，比之袁应泰反欠一死。若诛王化贞而宽廷弼，则罪同而罚异也。”今其土壁周遭，而砖痕犹存。诵当日叁司之勘，足可以想见其为人。呜呼！当皇明末运，用舍颠倒，功罪不明，其视熊廷弼、袁崇焕之死，可谓自毁其长城矣，恶可免后代之讥哉！①

朴趾源认为，明末朝纲紊乱、奸佞误国，忠良惨遭杀戮的局面好比“自毁长城”，其言下之意是清朝的崛起和最终胜利有其历史必然性。清朝取代腐朽衰败的明朝而统治中华绝非偶然，同样，在朝鲜流行的“胡无百年之运”的说法也是站不住脚的。既然清朝的出现和强大是历史的选择，那么朝鲜人对明朝难以释怀的思念和尊崇就是虚妄无据的。在此，朴趾源虽未明言自己的“北学”观念，但是他对明朝的否定及对清朝的认可融入了《热河日记》的字里行间。《旧辽东记》的结尾为一段写实，城下有穿着“美衣服”的几位年轻公子，他们均为城里的商人。朴趾源巡观太子河，欲考察水闸的建设方法。水边垂钓者看见服饰奇异的朝鲜来客，一哄围观，朴趾源在地上写字，众人“皆熟视笑而去”②。当年的古战场只留下断壁残垣，明朝的功过是非已成为供后人评说的故事，而清朝的百姓早已在辽东建立了崭新、文明的世界。胸中怀揣历史烟云的朝鲜实学者，所见到的是安居乐业、悠然垂钓、青春活泼的中华后人，这一切使他不由得生出沧海桑田的感叹和新陈更替的历史思索。

---

① 《热河日记卷一·渡江录·旧辽东记》，第 32 页。

② 《热河日记卷一·渡江录·旧辽东记》，第 32 页。

《盛京杂识》的开篇时间为秋七月初十日，使行团即将抵达盛京沈阳，朴趾源“回望辽阳城外，林树苍茫，万点晓鸦飞散野中，一带朝烟横抹天际。瑞旭初升，祥雾霏霭，四顾漭荡，无所罥碍”①。“飞散”的寒鸦在空中如洒墨，天边朝烟袅袅，大地朝阳笼罩，视野开阔。这段文字写得舒缓从容，画面富有结构感，色彩感，层次分明，体现出诗情、画境的统一。朴趾源对中国东北山川景物的描写笔调不是一成不变的，他结合具体地貌而进行了多样性的描写，在这丰富多变的山水北京，他的情绪、心态、思考也发生着各种变化：

噫！此英雄百战之地也，所谓虎步龙骧，高下在心。然天下安危常系辽野，辽野安则海内风尘不动，辽野一扰则天下金鼓互鸣。何也？诚以平原旷野，一望千里，守之则难为力，弃之则胡虏长驱，曾无门庭之限。此所以为中国必争之地，而虽殚天下之力守之，然后天下可安也。今其天下所以百年无事者，岂为德教政术远过前代哉？②

朴趾源面对中国的地理形象绝对不是简单的描摹、刻画，他无时无刻不在思考和观察，辽东阔野在他眼中不仅是祥和安定的北方平原，更是体现中国政治局势的关键地理要素。辽野安定则天下安宁，辽野动荡则兵戈四起，而朴趾源入栅门后一路所见尽是富足稳定的太平景象，故而从辽野安定可以推知清朝统治的安定。眼前所见的一切岂不是因为清代的“德教政术”远远胜过了明朝？《热河日记》虽是旅行记，可是其中却表达着朴趾源的历史观、政治观，他胸怀天下，高瞻远瞩，时时观察清朝并反思朝鲜的现实，这一点也大大地拓展和丰富了《热河日记》的内蕴。

---

① 《热河日记·盛京杂识·秋七月初十日丙戌》，第34页。

② 《热河日记卷一·盛京杂识·秋七月初十日丙戌》，第34页。

在沈阳停留两天后，使行团继续北上，七月十三日清晨，朴趾源目睹了新民屯郊外黎明时分的景象：

少焉，天色向曙，万柳秋蝉，一时发响。非渠来报，已知午天酷炎矣。野雾渐收，远村庙堂前，旗竿如帆樯。回看东天，火云滃滃，荡出一轮红日，半涌半沉于蜀黍田中，迟迟冉冉，圆满辽东，而野地上去马来车，静树止屋，森如秋毫皆入火轮中矣。①

这是乾隆时期中国东北平原一个小镇郊外的晨景：一轮红日如同是太平盛世的背景，辽东大地上良田万顷，车马穿梭，村庄农舍都沐浴在红彤彤的朝霞之中，这气象何等安定祥和，朴趾源此处再次暗含对清朝统治的肯定。在《盛京杂识》之后，也是卷一的结尾，朴趾源安排了单篇《山川记略》，介绍沿途所见的著名山川。《山川记略》简略介绍了辽阳西南的驻跸山、奉天府西北的开运山和铁背山、承德县东的天柱山、承德县西北的隆业山、锦州府东的十三山，以及位于奉天府南的渤海、承德西的辽河、承德南的浑河、辽阳北的太子河、承德南的小沈水。本篇行文简略，朴趾源解释道：“余今所经山河，只凭土人口传、行旅指点或我隶之屡行者，率以臆对，皆未可详。”② 开运山为清之永陵所在，天柱山为清之福陵所在，隆业山为清之昭陵的所在。驻跸山则是因唐太宗征高句丽时曾驻跸于此而得名，铁背山上的界藩城是努尔哈赤后金政权的第二个都城，历史上著名的萨尔浒之战的主战场就在这里。这次战争以后金（即后来的清王朝）军大胜而告终，从此明朝在对后金的战争中，一直处于防御地位。乾隆称颂这次战役的意义为“基业实肇乎此”。十三山是医巫闾山余脉，因有十三座山峰而得名。朴趾源引用了金代文人蔡

① 《热河日记卷一·盛京杂识·十三日己丑》，第51页。

② 《热河日记卷一·盛京杂识·山川记略》，第58页。

珪的诗句“间山尽处十三山，溪曲人家画幅间”来形容十三山。蔡珪被推为金代文学的实际奠基人，这句诗出在他的《十三山下村落》。《山川记略》中朴趾源用《盛京通志》《汉书》《水经注》考证了四条河流的位置及发源，还结合相关史实、传说进行了考证。辽东的名山胜水是大清江山的自然构成部分，它们承载着历史的记忆，一次次激发了朴趾源脑海中的历史思维。

七月十六日壬辰使行团戴月出发，星光淡隐，晨曦微露，朴趾源望见娇艳的旭日从海天之际喷薄而出，四周金色彩霞相拥，“霞光淡荡，横抹野树，忽化作万千奇峰，扶舆磅礴，龙盘凤舞，延袤千里”①。在晨曦中，朴趾源观赏了被称为“蓟门烟树”的美景：

俄而云雾尽消，日高三竿，天无一点埃壒。忽见远村树木间，透光如积水空明，非烟非雾，不高不低，常护树根，洞澈如立水中，而其气渐广，横抹远际，似白似玄，如大玻璃镜，五色之外别有一种光气。设谕者每举江光湖色，而其空洞透映，不足以形似也。村舍车马皆倒影写照，太卜曰：“此蓟门烟树也。”②

“蓟门烟树”是北京著名的风物景致，为“燕京八景”之一。“蓟门烟树”一词最早出现于中唐诗人李益的《秦城》诗：“惆怅秦城送独归，蓟门烟树远依依。秋空莫射南来雁，纵遣乘风更北飞。”“秦城”指今天天津宝坻区南，因传为“秦始皇所筑”而得名。“燕京八景”一词，始见于金代章宗明昌年间（1190—1198），其中有“蓟门飞雨”一景。到明代永乐年间（1403—1424），翰林学士胡广等创作了《蓟门八景图诗》，将其改为“蓟门烟树”。《燕京八景图》记说：“门之外，旧有楼馆，雕栏画栋，凌空缥缈，游人行旅，往来其中，而门犹存二土阜，

① 《热河日记卷二·驲汛随笔·十六日壬辰》，第69页。

② 《热河日记卷二·驲汛随笔·十六日壬辰》，第69页。

树木蓊然，苍苍蔚蔚，晴烟浮空，四时不改，”因而名之“蓟门烟树”。朴趾源所见景色大致在新广宁至兴隆店之间，属于今承德地界之内，距离燕京还有千里之遥，他颇为困惑。湾商林景赞解释道：“蓟门虽远，统称蓟门烟树。天气晴朗，无缕风点氛，则辽野千里常有此气；虽到蓟州，若值风日阴霾，则不可见矣。”① 氤氲的云气积聚于千里阔野，如同一面明镜，折射出清晨日光的幻化颜色，美轮美奂。朴趾源所描绘的这一奇景给人独特的审美感受，准确、形象的语言将奇幻、缥缈的景色展现在读者眼前，原本难以言传的观感变得具体而真实。朴趾源在此处还回望了十三山，“无微砂断麓之为过脉，忽于大野中飞落十三堆石峰，缥缈奇拔，如夏天云头”。遥望下的十三山“缥缈奇拔”，好比夏云般若有若无，轻盈奇幻。乾隆皇帝东巡经过此处时也曾写下“巍峨天外见芙蓉，夜雨新添螺黛呈。自是间山行尽处，画图云拥十三峰”的诗句。

《关内程史》记录了从山海关到北京城之间的六百四十里的行程。一入关，朴趾源感受到全新的气象：“关内风气绝异关东，山川明媚，曲曲堪画。”② 与关外群山的苍茫险峻不同，关内山色明媚如画：

幽冀山势扶舆磅礴，太行西来，环拥燕都；医巫东驰，以作后镇。龙飞凤舞，至于角山而大断，为山海关。入关以来，诸山益脱大漠粗壮之气，向南开面，清秀明嫩。至昌黎诸滨海之县，山气尤佳。③

“扶舆”意为“扶摇”，形容幽冀一带山势盘旋连绵的壮观景象。西来的雄峰太行山环拥燕京，灵秀优美的医巫山作为后

① 同上。
② 《热河日记卷二·关内程史·秋七月二十四日庚子》，第 84 页。
③ 《热河日记卷二·关内程史·秋七月二十五日辛丑》，第 87 页。

镇，自是与关外诸山的风气迥异。朴趾源在这一点的观察和见解上也是十分独到和准确的。角山位于山海关城北约三公里处，是关城北山峦屏障的最高峰，其峰为平项，可坐数百人，有巨石嵯峨，好似龙首戴角而名。山势如龙腾凤舞般绵延，至角山而形成山海关。关内的山色减少"大漠粗壮"之气，越发"清秀明嫩"。朴趾源忆及《禹贡》中记载的碣石在附近，便是曹操《观沧海》诗的创作之地。昌黎县有韩文公庙，朴趾源引用了《唐书》《广舆记》关于韩愈籍贯的不同记载，考证了韩愈封为"昌黎伯"的年代及立庙时间。可惜"平生梦想文公"[①] 的朴趾源不能找到同行伴侣，又无法单独前行，只能抱憾。

抵达永平府，即今天河北省秦皇岛的卢龙县，朴趾源否定了此处曾为箕子封地的说法。他认为永平即为汉代的右北平、唐代的卢龙塞。古时苦寒的"穷塞"，长期作为辽、金的辅卫重地，永平而今的景象完全不同："庐舍市铺繁富倍他，进士牌额比抚宁尤胜。"[②] 昔日的金戈铁马已经不见踪影，古塞变成了繁华文明的永平，朴趾源虽然未着太多笔墨，但他对清朝社会发展、经济繁荣的褒赞已经明了。在使行途中，朴趾源所见的山水风物，无不充满古今变换的历史感，他一次又一次地反思历史，对比现实，体现出饱学者的宏大胸怀。

使行团七月二十六日渡过青龙河、滦河，《热河日记》中专门安排了单篇《滦河泛舟记》。这篇短文不仅记述了滦河的发源、流经地，并指出与之前所见河流的明显不同："辽东西以河名者皆浊，独滦河至孤竹祠下渟滀为湖，其色如镜"[③] 虽为滦河，却迥异于辽东以"河"为名者之浑浊。河畔风景亦堪描画：

---

① 同上。

② 《热河日记卷二・关内程史・秋七月二十五日辛丑》，第 87 页。

③ 《热河日记卷二・关内程史・滦河泛舟记》，第 92 页。

河之南岸峭壁斗起，其上有清风楼，楼下河水益清。河中有小屿，屿中叠石如屏，屏前有孤竹君之祠。泛舟祠下，水明沙白，野阔树远，临河数十户皆影写湖中。渔艇三四，方设网祠下。溯河而上，中流有五六丈石峰名砒柱，奇岩怪石环柱攒立。鸡鹊鸂鶒鵁鶄数十辈列坐沙中，方刷羽。①

这段文字的画面感、结构感、色彩感都很强。水面如镜，南有峭壁、阁楼，河中有小屿，有如屏风的叠石，这一切构成水墨般的美景。朴趾源与人泛舟，同舟的亦不禁感慨“江山如画”。河水明净，远望阔野，朴趾源形容树“远”，此处用词是值得注意的。朴趾源未言“野阔远树”，而言“树远”，意即因为田野实在辽阔，而使树看去显得遥远隐约；如果写成是“远树”，这种因果关系便不复存在，而变成死板的实写。朴趾源的精妙用心值得读者咀嚼揣摩。朴趾源不但描绘了如画的滦河风景，还引用《后汉书·郡国志》，指出永平府南的孤竹城为伯夷、叔齐的本国。朴趾源星罗棋布般引用中国古代典籍，在行文中穿插史实、典故等，使《热河日记》充满着浓重的人文意味。

使行团行进了五日后，来到了蓟州，即古之渔阳，今之蓟县。蓟州北有盘山，“危峰削立，皆上丰下纤，类盘形，故名盘山，一名五龙山”②。盘山犹如十里锦屏，巍然屹立于京东，历史上被列为中国十五大名胜之一，号称“京东第一山”。朴趾源自言曾读过明代文学家、公安派代表人物袁宏道的《游盘山记》，得知盘山“多奇胜”，“必欲一登”，可惜仍因难觅同伴而作罢。朴趾源笔下盘山“虽峭晓而雄蟠数百里，外骨内肤，果树极多，皇城日用枣、栗、柿、梨皆出其中”③。《热河日记》里

① 同上。
② 《热河日记卷二·关内程史·三十日丙午》，第102页。
③ 同上书，第103页。

的盘山描写与袁宏道的《游盘山记》进行比照，会发现朴趾源的遣词用句受到明人的影响。《游盘山记》开篇即言“盘山外骨而中肤……其石皆锐下而丰上，故多飞动”，意思是说盘山的表面岩石突出，而内含丰富的泥土。岩石皆下边狭窄，上边宽阔，望之有飞动之势。朴趾源形容盘山“上丰下纤”“外骨内肤”之语正是出自《游盘山记》。

抵达北京的行团得知乾隆已在热河，稍作休整后，八月初五日辛亥，又不得不从北京出发前往热河。路经顺义县、怀柔县，朴趾源介绍了该地的历史沿革：

隋开皇中，靺鞨与高丽战，不胜，部长突地稽率其八部，自扶余城举落内附，置顺州以处之。唐太宗时治五柳城，以突利可汗为右卫大将军，以领其众，都督顺州。开元置弹汗州，天宝后改归化县。后唐庄宗时，周德威攻刘守光，拔其顺州。意者，顺义怀柔二县之地，即古之顺州也。[①]

朴趾源眼中的中国地理不单纯是表面的山光水色，《热河日记》也绝非游记散文的模山范水，作者凭借自己渊博深厚的知识积累，对中华大地进行着文化阐释。朴趾源在此看到牛栏山连亘西北三十里，并记录了“牛栏”来历的传说：“古老传言，古有金牛出洞中，仙人骑牛来游洞中，有石如槽，名饮牛池，亦名灵迹山云。”[②] 牛栏山东有潮河、白河，东北有狐奴山，西北有桃山，桃山五峰“削立如擘掌”。朴趾源所塑造的中国山川形象，所采取的方式是多种多样的，有的是直接描述眼前所见之胜景，有的则简略叙述其位置、史迹，有的则铺叙开来，尽情挥洒。过牛栏山后，使行团继续跋涉。“行数十里，渡白河。白河源出塞外，自石塘岭穿长城，会黄花镇川、昌平之榆河诸塞外

---

① 《热河日记卷二 · 漠北行程录 · 初六日壬子》，第 117 页。

② 同上。

水，经密云城下”，对于这条河，朴趾源记录了它的过往沧桑：“元丞相脱脱募能水利者围堰水种，岁收谷可百余万石。明太监曹吉祥抄没之地，拨为官庄，小民由是失业，白河水利遂废。金斡离不入顺州，败郭药师于白河，即此地也。”① 郭药师是渤海铁州（今辽宁盖平东）人，为辽宋金三朝大将，在历史上以性格反复、多次倒戈而闻名。金天会三年（1125，宋宣和七年）十一月，金兵分东西两路攻宋，东路军以宗望（斡离不）为南京路都统，自南京入燕山，连陷檀、蓟州。郭药师率常胜军在白河与金军相遇。《金史》中记载：“药师之兵戈甲鲜明，步伍整肃，金人初见亦惧。斡离不乃东向望日而拜，号令诸部而进。药师鏖战三十余里，金人已北，张令徽等先自遁，金人力追之。”张令徽等的逃跑，导致常胜军的全面溃败，而燕京也就守不住了。郭药师与宋知燕山府蔡靖商议投降，蔡靖不愿，于是郭药师扣押了蔡靖及转运使吕颐浩等，向宗望投降。金兵入燕京。太宗命为燕京留守，赐姓完颜氏。后从宗望攻宋，因知宋之虚实，才使宗望率军深入而获全胜。历史的烽烟已经消散，而今只剩下朴趾源眼中湍急的河水：“水势悍急黄浊，大抵塞外之水皆黄河也。只有小船二只，沙边争渡者，车数百辆、人马簇立。”②《一夜九渡河记》中，对渡白河的危险进行了描述：“河出两山间，触石斗狠，其惊涛骇浪、愤澜怒波、哀湍怨濑，奔冲卷倒，嘶哮号喊，常有摧破长城之势。战车万乘、战骑万队、战炮万架、战鼓万坐，未足谕其崩塌溃压之声。沙上巨石屹然离立，河堤柳树窅冥鸿蒙，如水祇河神，争出骄人，而左右蛟螭试其拿攫也。”③ 这段文字主要通过表现河中波涛的汹涌之势和雷霆之声进行刻

① 同上。

② 《热河日记卷二·漠北行程录·初六日壬子》，第117页。

③ 《热河日记卷四·山庄杂记·一夜九渡河记》，第245页。

画，突出了朝鲜使团渡河时的凶险。

八月初九日，历尽艰辛的使行团终于来到热河境内，在滦河边看到车马云集，皆是等待渡河、赶赴贺寿之人。“既至河边，车马云屯无虑千万，河广而悍，黄浊汹涌，至行宫前尤急。河出独石口，经古兴州界入北隶。”《水经注》：“濡水出御成镇，经沙野，水流回曲，约行千五百里，入长城。”① 濡水是滦河的古称，此地的滦河和之前朴趾源泛舟赏美景的滦河大不一样了，河面宽广，河水迅疾，人多舟小，幸好有“帽悬翠羽”的清朝官员指挥渡河，优待朝鲜使团先渡，使行团才得以平安渡过。这又一次显示出清王朝对朝鲜使行团的照顾，中朝两国的关系也在清朝的不懈努力下越发密切友好。

使行团在避暑山庄完成进献、贺寿任务后，奉旨返回京城。秋八月十五日辛酉，“过广仁店、三岔口，至双塔山，立马一望，尽为奇绝。石肤岩色类我东洞仙馆舍人岩，而塔势如金刚山中证明塔，矗然对峙，上下无杀，不倚不扶，不偏不侧，正直端严，巧丽雄特，日烘云蒸，锦绚绮缬”②。双塔山在承德西南，山上有两颗巨大岩柱南北排开，比肩而立，状似宝塔，峰顶各有砖塔一座，故名“双塔山”。附近风光秀丽，滦河水从后山蜿蜒东流，山间花树葱茏，山下原有石马、石凳、石洞等景致。朴趾源用朝鲜的洞仙馆舍人岩、金刚山与双塔山比较，这表明《热河日记》的读者对象是朝鲜，朴趾源竭力描摹，尽情展现的清代景观是为了向封闭保守的李朝介绍一个全新的、繁华富丽的中华。

朴趾源返京途中至怀柔县，听“马头驿子辈”遥指西南一带的石山，引发了他对北京西山的观察：

① 《热河日记卷二·漠北行程录·初九日乙卯》，第124页。

② 《热河日记卷三·还燕道中录·秋八月十五日辛酉》，第150页。

云霭中百千螺髻出没隐映，而山上白塔盗立云霄间，屏岑滴翠，画峦缭青。听其两相酬醉，曰水晶宫、凤凰台、黄鹤楼，皆仿写江南，荡漾湖心。白石为桥，曰绣绮、曰鱼带、曰十七空，广皆数十步，长百余丈，矫矫如堰虹，左右周以石栏，龙舟锦帆出入桥下。盖引水四十里为湖，泉喷石宝，是为玉泉。皇帝虽巡游江南、驻跸漠北，必饮此泉，味为天下第一。燕都八景，“玉泉垂虹”即其一也。[①]

北京西山被古人认为是太行山脉之首，自辽、金以来，北京西郊即以别致的景观而闻名。西山以东层峦叠嶂，湖泊罗列，泉水充沛，山水衬映，具有江南水乡的山水自然景观。因此，历代王朝皆在此地营建造行宫别苑。到了清代前中期康、雍、乾三朝盛世百余年间，又相继营建了“三山五园”。“三山五园”分别是香山静宜园、玉泉山静明园、万寿山清漪园、畅春园和圆明园。朴趾源所见及听闻的当是这“三山五园”中的一部分景致。“玉泉垂虹”为“燕京八景”之一，其山泉秀逸曲折，婉然若虹，水清而碧，澄洁似玉，乾隆皇帝誉为“天下第一泉”。

《热河日记》中关于地理形胜的记载具有重要价值。首先，有清一代，朝鲜使团的使清路线大体上经过30站，其中在东北地区的路程就达三分之二，所以记载翔实的《热河日记》是研究中国东北地区的重要文献。相对于中国内地，东北地区开发较晚，历史文献本身并不丰厚，许多史实略而不载，或语焉未详，尤其是清入关前的满洲先祖的历史。而周边邻国朝鲜的燕行文献，在很大程度上能弥补我国研究和考察上的不足，形成了地域上的国际化文献研究。其次，这些记载弥补了中国史的不足。比如有关李朝与后金及清的关系，李朝与明政府及其在辽东各军事当局的关系以及有关后金及清的政治、军事、经济和社会状况等

① 《热河日记卷三·还燕道中录·十九日乙丑》，第158页。

等。为当朝者避讳，有关清王朝及其先世的史事不予记录或语焉不详，燕行录的记载相对要比中国自己的史料丰富得多。选择性和批判性选用这些异域人士留下的资料，“取异族之故书与吾国之旧籍相互补正”[①]，能有利于我们开展明清北方史的研究。

从鸭绿江到北京城，朴趾源阅历中国北方的名山大川，在《热河日记》中记录了它们的千姿百态、气象万千。《热河日记》中关于山水地貌的文字往往语简意赅，好比一幅幅写意画，着墨不多却十分传神。朴趾源善于先用粗疏的几笔勾勒所写地方的总貌，给人以概括的印象，然后再写各处景观的突出引人之处。因此，《热河日记》中的山水形貌给人的感觉并不雷同，朴趾源处处捕捉此山此水的独特之处，没有过多的华词丽藻，却给人以生动清晰的感受。与此同时，朴趾源站在辽野大地上游赏这些地理景观时，思维都在历史的时空中穿梭，他引证与之相关的典籍、史实、资料，介绍其历史上的风云沧桑。朴趾源满腹的学识挖掘了山川地貌丰厚的历史文化底蕴，每一处山水见证的历史事件、人物都不是孤立的，所有事件之间有千丝万缕的联系。《热河日记》记载了朴趾源所亲历的山野山川，同时挖掘了其历史风云，赋予地理形象以丰厚的文化内涵，开拓了文本的人文深度。

二、胜迹、遗址与朴趾源的考证精神

从渡江开始，中国诸多的古迹遗址、历史名胜便引起了朴趾源的注意。他描述了这些胜迹、遗址的景观，广泛地引用与之相关的史实、典故、传说等资料，来考察、证实和说明，体现出朴趾源对中国历史的深厚了解和求真务实的精神。出发的第一天，朝鲜使团渡过鸭绿江，露宿九连城。这里自是一派“绿芜列幕，

① 陈寅恪：《王静安先生遗书·序》，商务印书馆，1940。

周罗虎网”，“山明水清，开局平远，树木连天”的景象。[①] 九连城始建于金代，元朝时是婆娑府巡检司治所。它北倚镇东山，西临横道河，对岸为朝鲜义州，离鸭绿江入海口大东沟只有五十五公里。因为当地有相连的九座古代城址，明朝始时称九联城，后改称九连城，并增建镇江城。九连城是辽东东南边境上的军事重地，也是明、清两代中国与朝鲜的通商要道，同时，还是两国使节往来的必经之地。朴趾源在土地肥沃的九连城遗址遥望远处村落，听闻鸡犬之声，感叹此鸭绿江以东无有能与此媲美者。朴趾源指出片沃土属于中朝两国都弃置的闲区：

或云：高句丽时亦尝都此，所谓国内城，皇明时为镇江府。今清陷辽，则镇江民人不肯剃头，或投毛文龙，或投我国，其后投我者尽为清人所刷还；投文龙者，多死于刘海之乱矣。其为空地且将百余年，漠然徒见山高而水清者是也。[②]

毛文龙，字振南，汉族，明朝浙江杭州府钱塘县人。中国历史上著名的军事家、民族英雄、抵抗后金的名将。因为他是明末歼灭后金（清）军数量最多的军事统帅，被誉为“海上长城”，为保卫明朝奉献了毕生心血。天启元年（1621 年），毛文龙受辽东巡抚王化贞之命，率领 197 名勇士，深入敌后，先收复了猪岛、海洋岛、长山岛、广鹿岛等二千余里沿海岛屿，擒绑后金守岛军官胡可宾、任光先、何国用等人。七月十四日，毛文龙得知镇江（即九连城）后金主力去双山抄杀不肯投降后金的百姓，城中空虚，遂与生员王一宁商议，以镇江中军陈良策为内应，率一百余人夜袭镇江，擒后金游击佟养真及其子佟丰年、其侄佟松年等，随派陈忠等袭双山，擒斩后金游击缪一真等，史称“镇江大捷”。此战后，宽奠、汤站、险山等城堡相继归降毛文龙，

---

① 《热河日记卷一·渡江录·六月二十日辛未》，第 6 页。
② 《热河日记卷一·渡江录·六月二十四辛未》，第 6 页。

一时间“数百里之内，望风归附”[1]，“归顺之民，绳绳而来”[2]，使得全辽震动，引起后金方面的极大恐慌。“镇江大捷”是明军与后金作战以来的首胜，极大地鼓舞了全国人心。朝廷因此对毛文龙破格提拔，升为副总兵。辽东经略王在晋评价此战说：“毛文龙收复镇江，擒缚叛贼，四卫震动，人心响应。报闻之日，缙绅庆于朝，庶民庆于野。自清、抚失陷以来，费千百万金钱，萃十数万兵力，不能擒其一贼。此一捷也，真为空谷之音，闻之而喜可知也。”[3] 朴趾源感叹当年苦战之地，已经荒芜百年有余，今人只能在青山碧水中想象当年光景。

入栅后，朴趾源望见“奇峭”的凤凰山。山中传说为安城市的旧址，尚保留了残存的城堞。朴趾源看到此处“三面皆绝险，飞鸟莫能上，惟正南一面稍平”，这个“周不过数百步”的残落城址，以前只是弹丸小城，不是能够久驻大军的安市城，只是“句丽时小小磊堡”而已。[4] 安市城是中国东北的一个军事城堡，始建于晋，十六国时先后隶属于前燕、前秦、后燕辽东郡，北朝时为高句丽所割据。唐太宗贞观年间，高句丽进攻新罗，新罗王向唐告急。唐命高句丽停战，国王盖苏文拒绝。645 年，唐太宗李世民率军亲征，拔辽东城（今辽宁辽阳），接着连破白崖城（今辽宁海城），盖牟城（今辽宁盖州）。但是，唐军在安市城遭到了安市城主的坚决抵抗。安市城小而坚，在城主杨万春的抵抗下，唐军围攻数月不克。后由于冬天来临，唐军被迫撤退。665 年，唐将李绩等攻陷安市城后，灭亡高句丽。安市城对朝鲜人来说，具有复杂丰富的历史意义，故而多对其有所关注。而安

---

① 谷应泰：《明史纪事本末补遗》。
② 毛承斗：《东江疏揭塘报节抄》。
③ 王在晋：《三朝辽事实录》。
④ 《热河日记卷一·渡江录·二十七日甲戌》，第 12 页。

市城大概位置在今鞍山市城区及海城市境域，确实不是朴趾源所见的遗堞。他不为传闻所囿，坚持个人考证历史，证明了朴趾源的求真精神。

朴趾源观察了正在修建过程中的凤凰城，认为凤凰城本为朝鲜故地。随后又引用《唐书》《资治通鉴》提出，不仅凤凰城本属于朝鲜，而辽东在历史上也是朝鲜疆土：

独不知辽东本朝鲜故地，肃慎、濊貊、东彝（夷）诸国尽服属卫满朝鲜。又不知乌剌、宁古塔、后春等地本高勾丽疆。嗟乎！后世不详地界，则妄把汉四郡地尽局之于鸭绿江内，牵合事实，区区分排，乃复觅浿水于其中，或指鸭绿江为浿水，或指清川江为浿水，或指大同江为浿水，是朝鲜旧疆不战自蹙矣。[①]

“浿水”在今天的辞典的解释为“朝鲜大同江和清川江的古称”。朴趾源认为凤凰城之所以不被认定为朝鲜疆土，关键的错误在于将“汉代四郡”局限于鸭绿江之内，这个基本的认识偏差导致了对朝鲜古代疆域的整体认知失真。将古代平壤城确定于某一确定地点作为浿水的坐标，导致浿水的地理位置混淆多样。朴趾源提出汉代四郡中不但包括辽东，还应该包括女真，何以知其然也？汉书《地理志》有玄菟、乐浪，“而真番、临芚无见焉”。“盖昭帝始元五年，合四郡为二府。元凤元年又改二府为二郡。玄菟三县，有高勾丽；乐浪二十五县，有朝鲜；辽东十八县，有安市。”[②]“安市”即为辽东凤凰城。朴趾源指出：

独真番去长安七千里，临芚去长安六千一百里。金崙所谓我国界内不可得，当在今宁古塔等地者是也。由是论之。真番、临芚汉末即入於扶余、挹娄、沃沮，扶余五而沃沮四，或变而为勿吉，变而为靺鞨，变而为渤海，变而为女真。按渤海武王大武艺

① 《热河日记卷一·渡江录·二十八日乙亥》，第 17 页。
② 《热河日记卷一·渡江录·二十八日乙亥》，第 17 页。

答日本圣武王书。有曰："复古丽之旧居，有扶余之遗俗。"以此推之。汉之四郡半在辽东，半在女真，跨踞包络，本我幅员，益可验矣。①

朴趾源认为，自从中国汉代以来，中国所称的浿水位置并不准确，将辽左之水统称为"浿水"，而朝鲜国又以当时平壤为坐标，找寻古代浿水之所在，所以"程里不合，事实多舛"。浿水的确是古朝鲜、高句丽疆域确定的首要关键环节。那么凤凰城所在是否为古代平壤？朴趾源接着又引《唐书》《金史》《文献通考》《辽史》说明古代平壤城有一个迁移变化的过程。永平、广宁之间曾"为一平壤"，辽阳县"为一平壤"，而大同江上的当时的平壤城，也是其中之一而已。

愚以为箕氏初居永广之间，后为燕将秦开所逐，失地二千里，渐东益徙，如中国晋宋之南渡，所止皆称平壤。今我大同江上平壤，即其一也，浿水亦类此。高勾丽封域时有赢缩，则浿水之名，亦随而迁徙。如中国南北朝时，州郡之号互相侨置。然而以今平壤为平壤者，指大同江曰"此浿水也"。指平壤咸镜两界间山曰："此盖马大山也。"以辽阳为平壤者，指蓒芋泺水曰："此浿水也。"指盖平县山曰："此盖马大山也。"虽未详孰是，然必以今大同江为浿水者，自小之论耳。

浿水位置又因平壤位置的认知多样而不固定，给朝鲜人带来很多困惑。朴趾源之处，将大同江认定为浿水，是大大地缩小了历史上朝鲜的疆域。他举出唐仪凤二年的历史事实作为辅证。唐朝封高丽王臧高为辽东州都督，"封朝鲜王，遣归辽东，仍移安东都护府于新城以统之"，可见唐朝虽然得到高氏在辽东的土地，但仍将其归还高丽。朴趾源因而得出结论：平壤本在中国辽东，汉乐浪郡治也在辽东，而不在当时的平壤。这段文字为

① 同上。

《热河日记》中篇幅最大的考据内容，可见朴趾源对本国历史大有钻研，他梳理了朝鲜历史上平壤位置的变迁，剖析了浿水位置混淆不清的根源，批评了时人自动缩小朝鲜历史疆域的行为，体现出他的爱国主义情感。

七月初七日，使行团过青石岭，领上一座以灵验而闻名的关帝庙吸引驿夫马头辈争相供奉。在《渡江录》结尾，朴趾源缀以四个单篇，前文已介绍第一篇为《旧辽东记》，第二篇为《关帝庙记》。朴趾源记录了关帝庙的建制：“庙堂壮丽，复殿重阁，金碧璀璨。正殿安关公像，东庑张飞，西庑赵云，又设蜀将军严颜不屈之状。”① 从庭院中的碑文得知此庙由山西商人重修，从侧面反映出晋商在乾隆时期广泛的活动区域。第三篇为《辽东白塔记》，白塔距离关庙不足半里，八面十三层，高七十仞。简要介绍了白塔的外观，朴趾源开始考证关于这座白塔的典实：

世传唐尉迟敬德率师伐高句丽时所筑也。或云仙人丁令威乘鹤而归，见辽东城郭人民已改，悲鸣作歌，此其令威所止华表柱，非也。华表柱在辽阳城外，不十里而近，亦不高大。所称白塔者，我东皂隶顺口所名也。②

丁令威是道教崇奉的古代仙人，据《逍遥墟经》卷一记载，其本为辽东人，学道于灵墟山，成仙后化为仙鹤，飞目故里，站在一华表上高唱：“有鸟有鸟丁令威，去家千岁今来归，城郭如故人民非，何不学仙冢累累”，以此来警喻世人。“丁令威”的传说载于《搜神后记》，而且是全书 10 卷近 120 篇传说故事的第一篇，就连最为脍炙人口的《桃花源记》也排列其后。朴趾源熟悉中国典籍，对于丁令威的故事必然了解，他指出丁令威传说中的华表当位于辽阳城外，并非此处华表。现今辽阳白塔是全

① 《热河日记卷一·渡江录·关帝庙记》，第 32 页。

② 《热河日记卷一·渡江录·辽东白塔记》，第 33 页。

国76座古塔之一，高度排名全国第五，是东北地区最高的一座古塔。辽东阔野“左挟沧海，前临大野，无所障碍，千里茫茫，而白塔乃得野势三分之一”，白塔突出的造型与千里辽野形成了鲜明的地势比照，加之白塔每层悬铎，“风动铎鸣，声震辽野”，给人以视觉、听觉上的双重触动，激发远游之客的怀古之情。

第四篇《广祐寺记》记录了白塔南的古刹广祐寺。朴趾源从满洲秀才处得知，该寺为汉代首建，唐太宗伐辽时，驻跸首山时命令鄂公尉迟敬德重修。朴趾源记载了广佑寺重修的传说：

世传古有一村夫往广宁，路遇一童子曰：“负我至广佑寺，寺右十步古树下，有藏金十万，可以相报。”村夫负其童子，数百里不终朝而至。既至视之，乃一座金佛也。寺僧异之，掘寺右十步果得十万金。村夫以其金重修此寺。①

朴趾源并不迷信传说，他仔细阅读了寺碑，原来是康熙二十七年太皇太后发帑所重修，康熙皇帝亦尝亲临，赐居僧织金袈裟。广佑寺是辽东佛教活动中心，庙宇规模宏大，佛事活动昌盛。清康熙二十一年（1682）圣祖玄烨东巡祭祖，曾驾幸广佑寺这座古老幽静的禅院，临行前颀然提笔，留下题为“广佑寺”的五言律诗一首：“禅宫多岁月，瑞塔积风烟，翡翠苔碑暗，珠玑宝相传。训檐来紫鸽，涌地出清莲。微云轻埃洗，花晨兴独偏。”字里行间流露出对这座清幽寺院的赞赏和对其古老历史的感叹。

《盛京伽蓝记》记载了崇德二年所修建的“深严宏丽”“苍翠满庭”的圣慈寺，“殿宇壮丽”的万寿寺，两座寺庙均有“不可殚记”的“香鼎宝炉及他宝玩”。值得注意的是，这两座寺庙的守僧均为“黄衣黄帽，鸷悍魁梧”的喇嘛数人，圣慈寺有一碑为太学士刚林所撰写，碑后为满文，而另一碑“前后皆蒙古

① 《热河日记卷一·渡江录·辽东白塔记》，第33页。

西番字”，是可见当时朝廷对藏传佛教的支持与推重。①

《北镇庙记》记录了“背后千峰、前临大野”“庙貌雄深魁杰”的北镇庙，详细地描写了北镇庙的建制，推断了该庙的创建时间：

虽未知庙创何代，而唐开元时封医巫闾山神为广宁公，辽金时始加王号，元大德中封贞德广宁王。皇明洪武初，止称北真医巫闾山之神，岁时降香，祝有天子姓讳，国有大典遣官告祭。今清肇基东北，故崇奉之典尤有加焉。②

北镇医巫闾山为北方镇山而得名。历代封建王朝对医巫闾山皆有封爵，唐玄宗封其为广宁公，金世宗大定年间封其为广宁王，元成宗封其为贞德广宁王，明太祖洪武二年封其为“医巫闾之神”，可见历代帝王对闾山之重视。自南北朝至清，历代朝廷凡遇大典或遇到天时不顺、地道欠宁之时，皇帝便亲自或派遣官员来闾山告祭。北镇庙是迄今全国五大镇山中唯一保存完好的镇山庙，虽无法确知北镇庙的建立时间，但是开元年间医巫闾山才得封，故建庙时间应于唐宋之后。朴趾源还讲述了雍正关于北镇庙的传说：未登基时，雍正奉勅降香，夜梦神人予其一大珠，珠化为日，为大祥瑞。雍正即位后归登大位，遂大修庙宇，以报神赐。清朝是肇基于东北的政治势力，而北镇山为北方镇山，故而有清一代北镇医巫闾山及北镇庙都被赋予更丰富的象征意味，这也是朴趾源于北镇庙不吝笔墨的原因。

七月二十二日己亥，使行团即将抵达山海关，朴趾源与副使书状、郑进士，李鹤龄等人一同游览了姜女庙、关外将台。由于年前乾隆帝巡游沈阳，所经历处多有修缮，重修的姜女庙金碧辉煌。朴趾源介绍了孟姜女的传说，记录了姜女庙的文天祥手题柱

① 《热河日记卷一·盛京杂识·盛京伽蓝记》，第57页。

② 《热河日记卷二·驲汛随笔·北镇庙记》，第62页。

联，望夫石、振衣亭及庭中的三碑。朴趾源阅读了碑文，根据地志指出唐朝王建《望夫石》一诗所咏之石一在武昌、一在太平，王建所咏为其中之一。“秦时未尝称陕，姜者齐女之称，则谓许氏陕西同官人，尤其非是”①，朴趾源考证了“姜女姓许，为陕西同官人”这一说法错误。《将台记》开篇说：“不见万里长城，不识中国之大；不见山海关，不识中国之制度；不见关外将台，不识将帅之威尊矣。”② 朴趾源并不认同随行翻译所言此将台为汉代所筑的说法。他描写了吴三桂守关时的场景：

吴三桂守关时，从地道不时登此台，出号炮，则关内数万兵一时呐喊，声动天地，关外诸墩戍兵皆响应，数时间号令遍千里矣。

朴趾源与一行诸人凭堞纵目，望见“长城北走，沧溟南盈，东临大野，西瞰关里”，站上高壮雄伟的将台可看到关里“历历如掌纹”的数万民户和街市楼台。

进入山海关后，朴趾源更是展现了他的考证功夫。《山海关记》详细梳理了山海关的历史沿革及建筑制度：

山海关，古榆关。王应麟《地理通释》云：“虞之下阳、赵之上党、魏之安邑、燕之榆关、吴之西陵，蜀之汉乐，地有所必据，城有所必守。”皇明洪武十七年，大将军徐达移榆关于此，筑五重城，名之曰山海关。太行山北走，为医巫闾山。舜封十二山，以医巫闾为幽州之镇，横障东北，为戎夏之界。至关而大断，为平地。前临辽野，右挟沧海，《禹贡》所称“挟右碣石”是也。长城从医巫闾山委蛇而下，至角山寺，峰峦皆有墩台，入平地而置关。缘长城行十五里，南入于海，熔铁为址而城焉。上置三檐大楼，曰望海亭，皆徐中山所筑也。初，关为瓮城而无

① 《热河日记卷二·驲汛随笔·姜女庙记》，第82页。

② 同上书，第83页。

楼，瓮城穿南北东为门，铁关扉，虹相刻“威镇华夷”；第二关为四层敌楼，虹楣相刻“山海关”；第三关为三檐楼，立匾曰“天下第一关”。①

山海关始建于明代，是万里长城东部最大的关隘，号称“天下第一关”，也是中国古代北方完整的军事城防体系的核心组成部分。它北倚燕山余脉，东南临渤海湾，当山海相会的关口，故名“山海关”。明洪武年间，中山王徐达在此地修筑长城并置关口，以防蒙古势力的南侵。山海关所处的辽西走廊是华北通向东北的必经之地，具有枢纽性的重要军事地位，故而为明代统治者特别倚重。山海关作为一座军事重镇，在明代初、中期主要是为防御北方蒙古势力的侵袭，至明代后期，则主要是防备东北方女真的入侵。平时，这里是关内外经济、文化交流的关隘；战时则是兵家必争之地。山海关城立于山海之间的狭长地带上，依山面海，形势雄要。其规模之大，为长城沿线其他各关口所未及，只有西端的嘉峪关可与之媲美。这是一座土筑砖包的雄伟关城，城高十四米，厚七米，周长四千米，呈正方形。整个城池与万里长城相连，以城为关。城有四门：东门面向关外，叫镇东门；西门对关内，叫迎恩门；南门面海，称望洋门；北门临北疆，称威远门。题有“天下第一关”匾额的城楼，是镇东门。山海关在中国历史上有着极其重要的影响，人们常说的“关内”“关外”“闯关东”等，都是就山海关而言的。朴趾源对山海关的建制进行了详细记录，并详细描写了他所见的守军、帅府、闾舍市井等，其“繁华富丽”为沿途所未及。怀古察今，朴趾源在《山海关记》的结尾发出了这样的感慨：“呜呼，蒙恬筑长城以防胡，而亡秦之胡养于萧墙之内；中山设此关以备胡，而吴三

① 《热河日记卷二·驲汛随笔·山海关记》，第83—84页。

桂开关迎入之不暇也。”① 秦代蒙恬修筑长城的目的在于防胡人入侵，而秦的灭亡缘于宫廷内部的争斗；明代修筑山海关的目的在于抵御满族南下，而明朝灭亡的根源实际上也在于围绕吏治腐败的一系列“内忧”。朴趾源言下之意，是说一个王朝的稳定取决于内政的稳定和国力的强大。无论如何雄伟、坚固的关防，也难以阻挡腐败王朝的消亡。

使行团渡过滦河之后，朴趾源考察了滦河之侧的“首阳山”和“孤竹城”，记录了夷齐庙的建造格局、碑文、牌匾等，进而对伯夷、叔齐二贤归隐的首阳山进行了考证：

中国之称首阳山，有五处：河东蒲坂、华山之北、河曲之中有山曰首阳，或云在陇西，或云在洛阳东北，又偃师西北有夷齐，或云辽阳，有首阳山，杂出于传记，而孟子曰：“伯夷避纣，居北海之滨。”我国海州亦有首阳山以祠夷齐，而天下之所不识也。余谓箕子东出朝鲜者，不欲居周五服之内，而伯夷义不食周粟，则或随箕子而来，箕子都平壤，夷齐居海州欤?②

对于传说中伯夷、叔齐归隐的首阳山，朴趾源是存疑的。他写《夷齐庙记》目的并不在于禁锢朝鲜对于伯夷叔齐的认识，而是为了更全面、客观地评述中国关于首阳山的认知。同时，他认为朝鲜虽然有首阳山，但是否为归隐地尚待考证，体现出朴趾源民族主义情感的理性。

《热河日记》的得名，缘于朴趾源还有一段从北京奔赴热河的旅程记录。到京后朝鲜使团才得知乾隆皇帝已经前往热河避暑，使团必须前往热河才能完成使命。从八月初五到八月初十，使行团抵达热河。累日在山谷间穿行的朝鲜使者，终于看见

① 《热河日记卷二·驲汛随笔·山海关记》，第84页。

② 《热河日记卷二·关内程史·夷齐庙记》，第91页。

“宫阙壮丽，左右市座连亙十里”的这一“塞北大都会也”[①]。在热河西面有磬捶山，“一峰矗立，状如砧杵，高百余丈，直耸倚天，夕阳斜映作烂金色，康熙帝改名磬捶山”。避暑山庄是清朝皇帝以安抚、团结中国边疆少数民族，巩固国家统一为目的而修建的一座夏宫。[②] 朴趾源考察了热河的城制，墙垣为“杂石冰纹皲筑，所谓哥窑纹，人家墙垣尽为此法”。承德避暑山庄又名“承德离宫”或“热河行宫”，始建于康熙四十二年（1703），建成于乾隆五十五（1790）年，总共历时87年，是中国清代皇帝避暑及处理政务的场所，是中国现存最大的古典皇家园林。“汉故要阳、白檀、滑盐县地，汉景帝诏李广曰‘将军其率师东辕，弭节白檀’是也。契丹阿保机治滑盐废城，俗谓之大兴州。明常遇春追败也速于全宁，进次大兴州，即此地也。”热河地处塞北，自汉代始便常出现在关于兵事的记载中。“飞将军”李广负能使气，因私愤斩杀霸陵尉后向汉武帝上书请罪，汉武帝回复李广：“将军者，国之爪牙也。《司马法》曰：‘登车不式，遭丧不服，振旅抚师，以征不服，率三军之心，同战士之力，故怒形则千里竦，威振则万物状；是以名声暴于夷貉，威棱乎邻国。’夫报忿除害，捐残去杀，朕之所图于将军也；若乃免冠徒跣，稽颡请罪，岂朕之指哉！将军其率师东辕，弭节白檀，以临右北平盛秋。”[③] 汉武帝当时正在用人之际，并不追究李广的责任，他的希望是李广消灭残暴，抵御外辱，令其率军东进，到白檀休整，以抵御匈奴对右北平的秋季进攻。热河与辽太祖耶律阿保机也有重要渊源：“汉城在炭山东南滦河上，有盐铁之利，乃后魏滑盐县也。其地可植五谷，阿保机率汉人耕种，为治城郭邑屋廛

---

① 《热河日记卷二·漠北行程录·初八日甲寅》，第125页。

② 同上。

③ 班固：《汉书》卷五十四，《李广苏建传第二十四》。

市，如幽州制度，汉人安之，不复思归。”[①] 洪武二年三月，常遇春追元军将领也速率余部，也是在热河。热河之地曾经的戎事在朴趾源头脑中渐次浮现，再次显示出他对中国的历史地理的深入了解。

朴趾源所见的避暑山庄“穷极奢丽”[②]，《避暑录》中记录了热河三十六景及康熙御制的《避暑山庄记》：

热河有三十六景，康熙逐景置殿阁。一曰烟波致爽，一曰芝径云堤，一曰无暑清凉，一曰延薰山馆，一曰水芳岩秀，一曰万壑松风，一曰松鹤清越，一曰云山胜地，一曰四面云山，一曰北枕双峰，一曰西岭晨霞，一曰锤峰落照，一曰南山积雪，一曰梨花伴月，一曰曲水荷香，一曰风泉清听，一曰壕濮闲想，一曰天宇咸畅，一曰暖溜喧波，一曰泉源石壁，一曰青枫绿屿，一曰莺啭乔木，一曰香远益清，一曰金莲映日，一曰远近泉声，一曰云帆月舫，一曰芳渚临流，一曰云容水态，一曰澄泉绕石，一曰澄波叠翠，一曰石矶观鱼，一曰镜水云岑，一曰双湖夹镜，一曰长虹饮练，一曰甫田丛樾，一曰水流云在，统名所居曰避暑山庄。[③]

《热河日记》中并未对避暑山庄的景观进行细致的描写，这可能也是朴趾源详细记录三十六景的一个原因。朴趾源燕行的目标是明确的，相对于景观，他更关注于对中国社会的记录和人文考察，独特细致的文化考察和广阔深邃的政治眼光是整部《热河日记》的主要内容。

《热河日记》中关于长城的记录安排在《还燕道中录》中，当时使行团正在从热河返回北京途中。八月十九日癸亥，来到长

---

① 欧阳修：《新五代史》卷七十二，《四夷附录第一》。

② 《热河日记卷二·漠北行程录·初八日甲寅》，第 125 页。

③ 《热河日记卷四·避暑录序》，第 259—260 页。

城外的朴趾源进行了认真观察。“行至长城外，缘山为城，参差曲折，其冲处建空心敌台，高可六七丈，广十四五丈。凡冲处或四五十步一台，缓处或二百步一台。每台百总守之，十台千总守之。每一二里间，铃铎相闻，一人有警，左右举烽分传里间皆见，应速而备豫，皆戚南宫遗策云。”① 明隆庆二年（1568），戚继光以都督同知总理蓟州（今河北蓟县）、昌平、保定三镇的练兵事务，后又为总兵官，兼镇守蓟州、永平、山海诸处，并督帅十二路军戎之事，因屡立战功，万历二年（1574）升左都督，七年加太子太保，录功加少保，深为当国大臣高拱、张居正等倚重。戚继光在蓟州共16年，为防止北方蒙古族的入侵，加固长城，筑建城台，整顿屯田，训练军队，制定车、步、骑配合作战的战术，形成墙、台、堑三者密切联络的防御体系，多次击退北来侵扰之敌，军威大振，蓟门平静，时人誉之为“足称振古之名将，无愧万里之长城”。朴趾源记录的“空心敌台”是建立于城墙之上，并突出于城墙外侧的用于防御攻城之台，也称敌楼，为戚继光主持修建蓟镇长城时创建。朴趾源详细记录了敌台的尺寸，敌台之间的间隔距离，还说明敌台的预警用途，做出“应速而备豫”的评价，并梳理了长城的修建工程：

六国时亦有长城，赵李牧大破杀十余万骑，灭襜褴，破林胡、楼烦，筑长城，自代、并、阴山，下至高阙为塞，而置云中、雁门、代郡。秦灭义渠，而始于陇西、北地、上郡筑长城以拒胡。燕破东胡，却地千里，亦筑长城，自造阳至襄平，置上谷、渔阳、辽东郡。秦与燕、赵俱鞭三垂，则久已筑长城。而联三国所筑，则北东西延袤亦可万里。及秦兼诸侯，一统为天子，则使蒙恬筑长城，因地形，用险制塞，起临洮，至辽东，延袤万里。意者恬因故城而增修之耶，抑夷燕、赵新筑之耶？恬言起临

① 《热河日记卷三·还燕道中录·十九日癸亥》，第152页。

洮，属之辽东，城堑万余里，此其中不能无绝地脉。司马迁适北边，观恬所为秦筑长城亭鄣，堑山填谷，责其轻用民力。然则此城真蒙恬所筑，而非燕、赵古城耶?①

自公元前七八世纪的春秋战国时期到清代，长城延续不断地修筑了两千余年。分布于中国北部和中部的广大土地上万里的长城并不只是一道单独的城墙，而是由城墙、敌楼、关城、墩堡、卫所、镇城烽火台等多种防御工事所组成的一个完整的防御工程体系。朴趾源对于长城的介绍中的“延袤”“地脉”“轻用民力”等词语来自于中国典籍。《史记·蒙恬列传》中写道：“秦已并天下，乃使蒙恬将三十万众北逐戎狄，收河南；筑长城，因地形，用制险塞，起临洮，至辽东，延袤万余里。”随后秦始皇暴病而亡，胡亥在赵高挑唆下，遣使者前往赐死。“蒙恬喟然叹息曰：‘我何罪于天，无过而死乎?’良久，徐曰：‘恬罪固当死矣。起临洮属之辽东，城堑万余里，此其中不能无绝地脉哉？此恬之罪也。’乃吞药自杀。”司马迁对于长城的修建也发出了个人见解：“太史公曰：吾适北行，自直道归，行观蒙恬所为秦筑长城亭障，堑山堙谷，通直道，固轻百姓力矣。夫秦之初灭诸侯，天下之心未定，痍伤者未瘳，而恬为名将，不以此时强谏，振百姓之急，养老存孤，务修众庶之和，而阿意兴功，此其兄弟遇诛，不亦宜乎！何乃罪地脉哉！”司马迁批评秦朝修建长城使得民不聊生，蒙恬不但没有谏止始皇反而担当此任，长城的修建加速了清朝的灭亡。朴趾源对于长城究竟是蒙恬是在燕、赵故城的基础上增修的，还是夷平之后重新修筑的问题上，提出了自己的疑惑。长城是我国也是世界上修建时间最长、工程量最大的军事防御工程，凝聚着我国古代人民工程技术的非凡成就和高度智慧，所以朴趾源的观察和记录也是相当细致。“城皆砖筑，而砖

① 《热河日记卷三·还燕道中录·十九日癸亥》，第152页。

皆一范所拓，厚薄大小无毫发差等。城底址台炼石而筑，入地五带，出地三带云。间有颓圮处，量其厚可五丈，而似不夹土，全以砖间石灰而筑。灰薄如纸，仅令黏砖，如木之用胶合缝。城外内如绳削，而下丰上杀，虽大炮、冲车碎难破碎。盖其外砖虽落，而内筑自在。”① 对修筑长城所使用的材料、修建方法，以及城墙的坚固程度，朴趾源均做出了详细而精确的记录，他这种精确、务实的写作手法，也令今人叹服。

长城上关口无数，朴趾源对古北口的描述最为详尽。古北口位于密云县东北部古北口镇，地势险要，在山海关与居庸关中段，古北口为历代兵家必争之地，从古至今就是内地通向松辽平原和内蒙古的咽喉要地，有“京师锁钥”之称。金代曾于此处修建铁门扼守，因而被叫作“铁门关”，也称“古北口关”。明洪武年间修筑长城时，跨山初建古北口关井，其城筑于山顶之上，随山势蜿蜒曲折，呈现为不规则的多角形，被比喻为“鸟窝式”。古北口城北，东有蟠龙山，西有卧虎山，山势险峻，崖壁陡立，两山紧锁潮河，河岸仅有一辆车可通过的道路，在有战事时往往能产生关键作用。清朝，在古北口河西村增设柳林营，建提督府，开辟御道，修行宫，置重兵驻守关口。朴趾源记述了晋、唐、宋、元、明历代在此地发生的重要战事，说明其重要的战略地位，并评述道：

大约此关，千古战伐之场，天下一摇则白骨如山，真所谓虎北口也。今升平百余年，四境无金革战斗之声，桑麻菀然，鸡狗四达，休养生息乃能如是，汉、唐以来所未尝有也，未知何德而能致之。②

由于清朝保持了较长时期的内陆稳定，“民不见兵久矣”，

---

① 《热河日记卷三·还燕道中录·十九日癸亥》，第 152 页。
② 《热河日记卷三·还燕道中录·十九日癸亥》，第 153 页。

所以曾经的重要关口“土崩瓦解”，古北口逐渐失去了边防意义，到乾隆时期只能作为由北京赴避暑山庄消夏的交通路口而已。

来到北京，朴趾源见识了更多的纪念性祠庙和宗教性寺庙，如土木之壮丽远胜于盛京宫殿的东岳庙，有千余年历史的古刹海印寺，“佛座绕千莲，莲绕千佛”的千佛寺等，这些寺庙大致可以分为纪念性祠庙和宗教性寺庙。纪念性祠庙多是奉祀先祖或名人，宗教性寺庙，则分为佛教寺院、道教宫观、伊斯兰教清真寺、基督教堂、天主教堂等，《热河日记》中的胜迹、遗址是我国悠久历史文化的象征，也是人民集体智慧的集中体现。值得注意的是，进京后，朴趾源的观察的重点从历史事实、考证评述上转移到对寺庙建筑、雕塑、书法、绘画等艺术成就的记录，他写作的焦点转换为对这些建筑周围商业发达、集市繁荣、信众众多的描写。从入栅门伊始，朴趾源不断地考察脚下的每一寸土地，钩沉所见胜迹、遗址的历史变迁、典故故实，去伪存真，表达深刻的历史见解和中肯的现实评价。而进京以后，朴趾源对文化景观的记录更加侧重于现实考察，大大减少了考证内容的记录，是由于进京时间较短而所见景观太多，而无暇详记？抑或朴趾源有意为之？朴趾源刻意安排结构和写作技巧包含着某种程度的象征意味：他借笔墨告诉朝鲜，伴随着他的燕行足迹，经过渡江、入栅、一路所见尽是中华的沧桑变化史和清朝统治者的建设成绩，他终于来到北京，集中领略了清朝繁荣先进的文明制度。酌古斟今，中华大地经历了漫长曲折的风雨变迁，历史的车轮终于驶入清朝，步进一个必然而正确、崭新而发达的文明，而这一点正是朴趾源“北学”思想的历史基础和现实明证。

第三节　《热河日记》中的中国文物制度

朴趾源以一个思想家、学习者的身份来到清朝，他眼中的清朝是一个在各方面都遥遥领先于朝鲜的庞然大物，值得燕行者考察和深思。清朝历史一般以乾隆朝为分水岭，康熙、雍正、乾隆朝为黄金时代，世称“康乾盛世”，自嘉庆以后逐渐走向衰弱。但事实上至乾隆朝后期，清朝社会已经出现了种种走下坡路的迹象。在这一点上，18 世纪的清朝和李朝颇有相似之处。来到中国的朝鲜使者大都十分自觉地描述清朝的文物制度，判断清朝的政治形势，因为无论在“事大主义”的立场上看，还是在“尊明斥清”的“北伐论”的立场上看，清朝政治局势变化是直接关系到朝鲜国家安危的首要问题。

一、《热河日记》中的清代政治统治术

朴趾源高度评价了清朝的统治。自从一入栅门，朴趾源看到中国边境“制度绝无村野气”，他内心失落，不仅感慨栅门为“天下之东尽头，而犹尚如此”[①]，那么清朝的内陆地区该当更为发达。忧心朝鲜的落后，朴趾源久久不能平静。伴随着燕行的深入，他越发认识到清朝的先进与强大。朴趾源认为清朝统治下的中国虽然存在思想控制、文字狱、官场腐败等不良现象，但清朝所取得的成就依旧巨大，已经超过了中国历史上任何一个朝代：

大约此关千古战伐之场，天下一摇则白骨如山，真所谓虎北口也。今升平百余年，四境无金革战斗之声，桑麻菀然，鸡狗四

① 《热河日记卷一·渡江录·二十七日甲戌》，第 10 页。

达，休养生息，乃能如是。汉、唐以来所未尝有也，未知何德而能致之。①

这是朴趾源考察古北口时发出的感慨。遥想当年古战场的白骨如山，再看眼前的桑麻遍野，百姓安居乐业，如若不是清朝给予百姓的休养生息，如若不是清朝及时处理一次又一次的政治危机，保证百姓一百多年来的安定环境，又何来眼前的繁荣盛世？朴趾源虽说“未知”如何得来，但也暗示了清朝务实发展政策的正确性。朴趾源观察到“康乾盛世”的成功建设有两大前提：一是控制了当时汉族士大夫的思想，建立稳定了思想统治秩序；二是采取恰当的绥靖政策，巩固边疆。

（一）尊崇“朱子学”

清朝尊崇“朱子学”，利用“朱子学”来塑造皇权的神圣性和权威性，朴趾源指出：

及清人入主中国，阴察学术宗主之所在，与夫当时趋向之众寡，于是从众而力主之，升享朱子于十哲之列，而号于天下曰：“朱子之道，即吾帝室之家学也。”遂天下洽然悦服者有之，缘饰希世者有之。所谓陆氏之学，几乎绝矣。呜呼！彼岂真识朱子之学而得其正也？抑以天子之尊，阳浮慕之？此其意徒审中国之大势而先据之，钳天下之口而莫敢号我以夷狄也。

何以知其然也？朱子尊中国而攘夷狄。则皇帝尝着论而斥宋高宗不识《春秋》之义，讨秦主和之罪；朱子集注群书，则皇帝集天下之士，征海内之书，为《图书集成》《四库全书》，率天下而唱之曰：“此紫阳之绪言而考亭之遗旨也。”②

清朝统治者代替明朝掌握全国政权后，为了确立自己“夷”

① 《热河日记卷三·还燕道中录·十七日癸亥》，第153页。

② 《热河日记卷四·审势编》，第218—219页。

族王朝的名分和正统地位，观察到明朝学术的走向主要尊朱子，迎合当时主流思想的趋向，积极尊崇朱子学，向天下昭示朱子学为清朝的正统思想，以俘获汉族文人之心。同时通过征集图书、整理《四库全书》等大规模的文化编纂事业，以禁锢、统治广大汉族士大夫的思想和言论。清朝尊崇朱子学为正统的目的，在于借朱子学为外衣，彻底改换自身的“夷狄”身份，以赢得民心、巩固统治。朴趾源分析，清朝尊朱子的本质是“骑天下士大夫之项，扼其咽而抚其背”，统治者表面的怀柔和宽厚，实则是为消解汉族士人的敌对情绪，而“天下之士大夫率被其愚胁，区区自泥于仪文节目之中而莫之能觉也”。[①] 朴趾源论及史可法给睿亲王多尔衮的信，其中内容朴趾源可一一背出，并谓“其书可与日月争光”。王民皞听后大惊，问道“外国人何从读此”，于是朴趾源问王民皞：“史公此书亦系禁书否?”王民皞答“不是禁书”。朴趾源又问：“这两书（另一书系多尔衮致史公书）义理孰是?”王民皞微笑答：“互引《春秋》而断烂已久，俱称天命而孰闻谆谆?”写后随即抹去。在这两位饱学之士的笔谈中时常抹掉和打住某些话题，并非语言文字障碍，而是另有隐衷。清朝的思想高压对当时士人的威吓由此可见。

此外，清朝为了宣传朱子学而表彰忠孝。《铜兰涉笔》中记载了乾隆四十年（1775）乙未十一月二十日，“内阁奉上谕：崇奖忠贞，所以树风教，励臣节……唯我世祖章皇帝定鼎之初，崇祯之末殉难之臣，太学士范景文等二十人，特恩赐谥”[②]。范景文是明末殉节之士，万历二十一年（1593）进士，曾任工部尚书，东阁大学士，明亡后赴井殉国。清朝借表彰死节的名臣，昭示了以忠孝为主的教化意图，并暗示了清朝绝非“蛮夷”，其承

---

① 同上。

② 《热河日记卷五·铜兰涉笔》，第360页。

继明朝具有合理性。《热河日记》中全文抄录了乾隆四十年十一月二十日和乾隆四十一年正月二十五日丙申的两次上谕，肯定乾隆帝在修史时“崇奖忠贞”，“以明季殉节诸臣，各为其主，义烈可嘉，自宜查明锡谥”①。其中，如“力矢孤忠，支撑残局，终蹈一死”的史可法；“遭际时艰，临危授命”，足为“褒扬所当及”，至若“自诩清流，靦颜降附”的钱谦益；“幸生畏死，诡托淄徒”的金堡、屈大均等人，均属于“丧心无耻之徒”。乾隆以天子之尊如此立场分明，“一褒一贬，衮钺昭然，乾隆帝“准情理而公好恶，即以是植纲常，即以是示瘅瘅”②。在《避暑录》中，朴趾源记述了康熙和乾隆对“光被四表”牌楼南胡同董氏宅的表彰，这是一处山海关外的平民之家，因以孝传家而扬名，天子曾三次驻跸。康熙南下浙江时，召见山阴王锡元等兄弟五人，“黄发儿齿，相扶相将，赐宴于行宫，长次同胎，时年八十，其次七十八，次七十六，次七十五，五人年共计三百八十九，五人子若孙，共计四十。五人各赐缎锦，御笔匾额‘一门仁瑞’”。朴趾源发现“近岁旌淑表异之典，务过前代”③，清朝对时代思想的建设和控制可见一斑。

（二）编纂图书

朱熹曾经集注群书，清朝皇帝以此为由，征集天下著名的才学之士，归纳中国图书，整理《图书集成》《四库全书》等，朴趾源认为这是凭借图书编纂事业消磨汉族士大夫的反清情绪，并进一步禁锢时代思想。朴趾源与举人王民皞久而成友，遂与其谈论上下古今，彻夜长谈，话题涉及地圆说、耶稣会士、佛道、程

① 同上书，第364页。
② 同上书，第360—361页。
③ 《热河日记卷四・避暑录》，第261页。

朱理学等。朴趾源问王民皞清朝的禁书何以如此多？都有哪些禁书？王民皞随即书写了顾亭林、毛西河、钱牧斋等集数十种，但“随即裂之”。朴趾源乃问王：“永乐时搜访天下群书，为《永乐大典》等书赚人白头，无暇闲笔。今《图书集成》等书并是此意否？”“鹄汀忙手涂抹曰：‘本朝右文，度越百王，不入《四库》，顾为无用。’”①

《四库全书》作为乾隆朝文化繁荣的重要标志，对于朴趾源这样一位长期关注中国的朝鲜学者来说十分具有吸引力。朴趾源所在的使行团抵达北京的时间为1780年（乾隆四十五年）8月，当时《四库全书》编纂事业接近尾声。《四库全书》编纂事业始于乾隆三十七年（1772），文渊阁版完成于乾隆四十七年（1782），共有458种79224卷。朴趾源并不单纯地认为大规模的图书编纂事业是右文政策的产物，而无论是康熙朝的《古今图书集成》，还是乾隆朝的《四库全书》编纂事业，虽然都是以继承朱熹集注群书的遗志为名而举行的文化编纂事业，但实际上与明朝为了统治士大夫而举行《永乐大典》编纂事业的实际目的不出二辙。

事实上，清朝统治者为了炫耀自己的文治武功，早就倾向于编一部集大成的图书，康熙时就有《古今图书集成》，而乾隆务求处处超越乃祖，在“右文之治”方面自然也不想逊色，但直到其在位三十七年仍没有进行这样的工作。据不完全统计，在《四库全书》开馆纂修之前，乾隆敕令编纂的书有：《八旗氏族通谱》《御制日知荟要》《三礼义疏》《四书文》《历象考成后编》《明史纲目》《唐宋文醇》《医宗金鉴》《协计辨方书》《大清律例》《世宗宪皇帝圣训》《国朝宫史》《授时通考》《石渠实笈》《秘殿珠林》《词林典故》《皇清文颖》《律吕正义后编》

① 《热河日记卷四·鹄汀笔谈》，第226—227页。

《续文献通考》《皇朝文献通考》《满洲祭神祭天典礼》《大清会典》《周官义疏》等，编修的范围很广，涉及满族文化典籍、历史典要、国家方略、儒家经典、诗文选集、医学、天文、圣训、御制诗文集等，唯一欠缺的是没有一部集大成的丛书。乾隆三十八年闰三月初十日（1773 年五月一日）下谕，开设《四库全书》修书馆，以纪昀为总编纂官。当时大批著名学者如：戴震、于敏中、邵晋涵、陆锡熊、程晋芳、任大椿、周永年、朱筠、翁方纲、姚鼐、王念孙等四千余人，应征入馆编校。清朝通过大规模的图书编纂事业，一方面使大批汉族士大夫专注于整理古今图书的庞大工程中，从事着皓首穷经的校勘；另一方面借收集图书（购书）的机会，查出不利于清朝统治的书籍，收集并销毁。事实上，从乾隆三十九年（1774）到乾隆五十八年（1793）长达 19 年的禁书活动中，全部禁毁书籍达 3100 多种，15 万部以上。[①] 因此，朴趾源将清朝的图书编纂事业比喻成秦始皇的"焚书坑儒"：

但天下之士大夫顾无可安之术，则姑尊朱子之学大慰游士之心。其豪杰敢怒而不敢言，其鄙佞因时义而为身利。一以阴弱中土之士，一以显受文教之名。非秦之坑杀而乾没于校雠之役，非秦之燔烧而离裂於聚珍之局。呜呼！其愚天下之术，可谓巧且深矣。所谓购书之祸，甚于焚书者，正指此也。[②]

"聚珍板"是乾隆时期的《四库全书》的版名。朴趾源指出，图书编纂虽然表面不似秦火猛烈，但是编书、图书的害处"甚于焚书"。清朝几代帝王在位期间，不惜大量的人力、物力、财力，编纂了一系列大部头的丛书、类书甚至图书集成。在康熙、乾隆两朝，编纂事业尤其突出。图书的收集、整理、编纂、

① 黄爱萍：《四库全书纂修研究》，中国人民大学出版社，2001 年，第 74 页。

② 《热河日记卷四 · 审势编》，第 219 页。

禁毁，这四方面是一体的，清代统治者这种“寓禁于编”的策略，编书、搜书是方式，禁毁书则是目的，每一起文字狱的发生，每一部典籍的编纂都伴随着大量禁毁书目的出现，销毁的书是《四库全书》的几倍之多，不但如此，明末清初中国兴起了经世致用的实学思潮，反思明朝的灭亡，对现实进行批判。因为任何独立务实思想，都可以威胁到封建朝廷的统治，所以清朝通过编纂《四库全书》，给汉族士大夫一场浩大的“校雠之役”，以此阻止经世致用之学的发展。事实上，明末清初的实学思潮主要是针对“朱子学”缺乏应对现实的能力而兴起的，在这一点上，中国和朝鲜的实学十分相似。清朝统治者为了王朝稳定的需要，极力尊崇朱子学，将天下士人囚禁在漫长乏味的校勘工程中，蒙蔽了士人观察社会的眼睛和创造性思想，致使经世致用的实学失去了延续的力量，反倒是编纂工作中的经学史学研究随着朝廷校雠事业而愈发兴旺。清朝推崇朱子学以怀柔中原士大夫，结果是阻止了朱子学的真正发展，所以当时的中国学界出现了反朱子学的潮流。士人如毛奇龄等，察觉清政府的深刻用心，愤慨于清朝“阳尊”朱子而实为“御世之资”“驳朱而不少顾惮”，这是对朱子学被御用化的反叛。

朝鲜实学派将注重“内圣”的朱子学转化为注重“外王”的经世实学。他们认为，虽然朱熹虽曾讲过“内圣外王之学”，但他偏重于“内圣”的心性修养，主张在个人道德修养的基础上，学习切于世用的“经济之学”。朝鲜的实学派人士则更加注重外王之道，强调经世致用，反对空谈心性，勇于冲破重于“内圣”的封闭圈，将心性之学外化为经世之学。这种将心性之学外化为经世实学的历史趋向，是针对李朝理学末流的逃世弊病而发的。在北学派代表朴趾源看来，所谓明清之际的理学末流，既包括闭门读书、皓首穷经、高谈天理性命、坐论修己之学的朱学末流，也包括高唱“致良知”，只讲本体，不讲工夫的王学末流。朴趾源对清朝的图书编纂，不单纯地理解为文化繁荣的标志，而与当时清朝的思想学术统治术联系起来，探究其深刻的政治意图。对于一位在中国仅停留两个多月的外国人说，朴趾源的洞察力是难能可贵的。

（三）清朝的绥靖之策

首先，《热河日记》剖析了清代帝王“南巡”的深刻用意。《热河日记》创作于18世纪末，当时清朝已经入关150多年，从康乾时期的社会表象看，清朝“满汉一体化”的政策相当成功。但是，在清朝统治的深层，却仍然潜伏着中原的汉族士大夫对异族统治的抵抗。《热河日记》中多处记载了汉族士人的反清情绪。朴趾源观察到中国北方妇人都缠脚，“以跟踏地，行如种麦，左摇右斜，不风而靡”，于是向汉族士大夫王民皞问询“貌样不雅，行步不便，何故若是?”王民皞回答说：“耻混鞑女……抵死不变也。”[①]

清朝入北京以前，一直宣传明朝亡于流寇，以缓解百姓对明的思悼之情。但在随后改俗易制的过程中，却遇到汉族百姓的拼死抵抗。在对待“薙发”的问题上，最悲壮的当属“江阴十日”。江阴的百姓与官兵坚决不剃头，坚守城池81天与进攻的清军殊死搏斗，杀死清兵7.5万人，江阴人亦有6.7万人战死在城墙上。城破后，清兵大举屠城，共计有17万人遇难。汉族百姓看待剃发投降乃至甚过于生命，这令顺治帝和清朝很是不解。这时，对清朝入主中原起到重大作用的洪承畴上疏顺治，提出“三从三不从”主张，即“男从女不从，官从吏不从，生从死不从”，以消解民间对满族习俗的抵制，顺治批准了洪承畴的上疏，也正是这道奏书，让此后的清朝部分地保存了前代遗风。

① 《热河日记卷二·太学留馆录》，第132页。

“三从三不从”后来发展为“十从十不从”，清朝妇女可以着明代衣裙，梳汉代发鬈，衙属的吏役可着汉式差服，死人入殓，亦可打开发辫，着汉式衣服入土。这些妥协缓解了平民百姓对异族的抵触，也使朴趾源看到了北方的小脚妇女。不过，朴趾源认为“白头丐女，满髻插花，犹自缠脚，随马行丐，如鸭饱食，十颠九仆”，缠脚实在是一种扭曲人性的陋习，“还不如韃女远甚”①。朴趾源来自恪守“春秋大义”的朝鲜李朝，李朝社会坚守着对明朝的追念和对清朝的抵制，可是朴趾源却认为不论出于何种目的，缠脚都是对于妇女的戕害，乃不人道之举，体现出朴趾源不囿于陈规、实事求是的精神。

朴趾源结识的中国友人中有不少才学出众却拒绝出仕，而以商人身份隐居者；从满人按察使奇丰额与前大理寺卿汉族官员尹嘉铨之间的微妙对立关系中，朴趾源发现满汉官员之间存在的深层次的矛盾，“笔帖式序班”等汉族下级官吏们制造清朝统治不稳定的流言蜚语提供给朝鲜使臣，发泄着对清统治的不满情绪：

此辈大为谎说，其言务为新奇，皆怪怪罔测，以赚译辈剩银。时政则隐没善绩，妆撰秕政，天灾时变、人妖物怪，集历代所无之事；至于荒徼侵叛，百姓愁怨，极一时骚扰之状，有若危亡之祸，迫在朝夕，张皇列录，以授译辈，译辈以呈使臣，则书状拣择去就，作为闻见事件，别单书启，其不诚若此。②

所谓“笔帖式序班”，多是南方落魄文人，他们在京城散布各种天灾时变、奇闻逸事，并以此为证据，传播清朝国运难以持久的谣言，并将这些信息不负责任地出卖给各国的使者、译官以谋求钱财。朴趾源批评本国译官不该将道听途说的虚假消息报告给使臣，这种不负责任的举动会混淆朝鲜对清朝政治形势的客观

① 同上。

② 《热河日记卷四・口外异闻・别单》，第 289 页。

认识。朴趾源认为，康熙、乾隆皇帝屡次举行“南巡”的目的就是为了羁縻笼络汉族士大夫，防止他们反清思想和行动的发生。他说：“东南开明，必先天下而有事，情喜轻浮而好议论则，康熙六巡淮浙所以阴豪杰之心，而今皇帝踵而五巡矣。”①康熙在位期间六次南巡，乾隆法祖，同样南巡六次。乾隆四十九年（1784），乾隆开始了第六次“南巡”，这也是其最后一次“南巡”。在“南巡”即将结束回銮时，乾隆在杭州颁发了《南巡记》，总结自己即位五十年的两件头等大事：一为“西师”，另一便为“南巡”。“西师”，指乾隆二十年至二十二年两次大举进军伊犁，最后平定准噶尔蒙古的战争。“西师”的锋芒虽具体指向准噶尔，而宏观的战略意图则在于维持广袤的蒙藏边疆的稳定；“南巡”的意趣似乎仅专注于江浙，其实蕴含着驾驭整个汉族士人的深远用心。康熙和乾隆认定，要确立对汉族的统治，关键之处在于能否使江浙地区的汉人，特别是那里的汉族知识分子稳定下来。之所以这样做，是因为当时的江浙才是华夏文化正统所系。中国古代政治、经济、文化中心最早在黄河流域，但经晋末“永嘉南渡”、唐朝中期“安史之乱”以及金武力入侵北方等动荡后，经济中心渐渐转移到江南，随着衣冠士人的举族南渡，华夏传统文化也传到了江浙地区。文人们在优渥的物质生活滋养下，在南国青山绿水的陶冶下，更把华夏文化推向了新高峰。明清进士、高官、文豪很多出自江浙，也说明了江浙地区的文化发达，乾隆曾提到江浙是“人文渊薮”之所在，《四库全书》共修成七部，遵乾隆的指示，有三部存放于江浙，供那里的文人就近浏览。在“士”为四民（士农工商）之首的中国封建社会，华夏文化正统所在的江浙地区的士人对清廷的态度，可是关乎整个汉族人心向背、清朝治乱安危的大事。清朝皇帝对江浙汉族士大

① 《热河日记卷四·审势编》，第219页。

夫的猜忌防范还有一个重要原因，清初征服江南时制造了诸如“扬州十日”“嘉定三屠”之类的惨绝人寰的屠城事件，必然会激起汉族百姓世代难平的民族仇恨情绪；另外，越是汉族文化发达的地区，“华夷之别”的畛域就越深。清朝入主中原、满人称帝后，“中原陆沉”“日月无光”“夷狄盗窃天位”等观念和说法在华夏文化为正统的江浙地区尤为风行。朴趾源所记载的散布不利于清朝统治谣言的多为“南方窭人子”，也从侧面反映出南方地区此类消息来源更加丰富。

康熙、乾隆二帝的“南巡”虽不能说完全没有游山玩水、关切民生的目的，但更是基于清醒的政治战略考虑，千方百计地安抚远离京城、富庶发达的江南。为此，康熙、乾隆特地在明太祖孝陵前三跪九叩，频频接见江南声望夙著的耆老宿儒，奔波视察河工海塘，豁免江南（包括江苏和安徽两省）、浙江的田赋积欠以及赐举人、增加学额，这些举措显而易见地含有羁縻笼络的政治意图。朴趾源指出中国内陆如果出现动荡，必首先来自东南方的论点是不无根据的。因为江浙文化发达，思想活跃，民心很容易被煽动蛊惑，通过对中国的了解，朴趾源体察了清朝皇帝的用心。

其次，《热河日记》剖析了清朝“宁边”之策。《热河日记》是使行途中的记载，与朴明源使行团同时进京祝贺的使团还有很多，在前往热河的路上，朝鲜使者目睹了为庆贺乾隆皇帝的万寿节，无数的进贡车辆不远千里，从四面八方到达热河行宫的情景，即“渐进热河，四方贡献辐辏并集，车马橐驼昼夜不绝，殷殷轰轰麦，势如风雨”①。这些进贡的使行团、车辆包括蒙古族、维吾尔族、藏族等各族的贺寿朝觐团，这也从一个侧面反映出清朝对边疆诸民族所具有的影响力。通过对不同类型的祝

① 《热河日记卷二·漠北行程录·初八日甲寅》，第123页。

寿人员的记述，朴趾源不但考察了清朝对中原汉族的统治政策，而且还指出了为维护国家的统一和边疆地区的稳定而另采取的“宁边”之策。

朝鲜使臣在热河共停留六日，居住在太学馆里。在热河期间，朴趾源广交朋友，积极与在热河的中国人交流。他们之中既有满族、汉族文人士大夫，也有蒙古、维吾尔王公等。通过与他们的交流，加之朴趾源对清朝的认识和热河见闻，他发觉清朝统治者为维护国家统一和边疆稳定可谓煞费苦心。朴趾源的第一个发现为，清朝帝王借热河避暑以震慑蒙古，防备蒙古的南下。朴趾源认为，蒙古族是骑射民族，不仅兵马强壮，而且“文章学问”也和满人汉人不相上下，是清朝第一个潜在的敌对势力。清朝的安定是因为蒙古四十八部酋长各拥王号，“莫相巨属，势均力敌，未敢先动，此固中国所以晏然而无事者也”①。朴趾源进一步指出，“热河乃长城外荒僻也，天子何苦而居此塞裔荒僻之地乎，名为避暑而其实天子身自备边，然则蒙古之强可知也”②。通过这些朴趾源判断清帝热河避暑的深层目的在于防备蒙古族：

自康熙时，筑宫于热河，宿留蒙古之重兵，不烦中国而以胡备胡。如此则兵费省而边防壮，今皇帝身自统御而居守之矣。③

凭着历史洞察力，朴趾源认为热河的地势是“天下之脑”，皇帝之所以北行的目的，“无他，压脑而坐，扼蒙古之咽喉而已矣。否者蒙古已日出而摇辽东矣。辽东一摇则天下之左臂断矣，而河湟天下之右臂也，不可以独运，则吾所见西番诸戎，始出而

① 《热河日记卷三 · 黄教问答》，第 177 页。
② 《热河日记卷三 · 黄教问答序》，第 165 页。
③ 《热河日记卷四 · 审势编》，第 219 页。

窥陇陕矣”①。这种看法是符合历史事实的。自 17 世纪初，清军尚未入关，努尔哈赤统一了包括黑龙江流域在内的广大东北地区，并采取“北婚蒙古，万里连兵”② 的策略，加强了与蒙古王公的联合、协作。当时的后金诚如努尔哈赤所说：“在东北有朝鲜国，在北方有蒙古国（部），这两国对我们并不驯服，如果放下这个去讨伐西方大尼堪国（即明朝），对后方的家就不放心。”③ 可见怀柔蒙古、朝鲜是清朝的一个基本外交策略，康乾时期也是如此。康乾盛世时期边疆统治的一个重要政策就是“分而治之”。康熙、雍正、乾隆三朝一方面利用蒙古的军事力量维护清朝统治，同时又要削弱蒙古的地方势力。同时又针对蒙古各部不相统属的弱点分而治之，以防止蒙古部联合起来形成对清朝统治的威胁。朴趾源还分析道，“大抵天子近北居住，数出巡猎，则诸胡虏不敢南下放牧。故天子往还常以草之青枯为期”而避暑，清朝视漠北如门庭，诸臣常常“驰马奏事，身不离鞍”，实际上有“安不忘危之意”④。康熙自言“本朝不设边防，以蒙古部落为之屏藩耳”⑤，在语境上表现出“满蒙一体”⑥ 的融合局面，这句话也往往成为研究者高度赞扬清廷对蒙古怀柔政策的佐证，认为“以蒙古为长城”是 18 世纪清政府重要的战略方针。朴趾源指出热河地理位置对控制蒙古势力的重要性，以及清朝对蒙古族采取因地制宜、“以胡制胡”的巧妙策略等观点。

朴趾源的第二个发现，即清朝利用藏传佛教来控制蒙藏地

---

① 《热河日记卷三·黄教问答》，第 178 页。

② 《光海君日记》卷一二八，十年五月二日己丑。

③ 《满文老档》太祖朝第二十六卷，转引自丹珠昂奔：《散议〈喇嘛说〉》，《西藏研究》，1999 年第 1 期。

④ 《热河日记卷二·漠北行程录序》，第 112 页。

⑤ 《清圣祖实录》卷一百五十一。

⑥ 《热河日记卷三·班禅始末》，第 183 页。

区。朝鲜使臣八月十五日抵达热河，当日谒见了乾隆之后，直接到扎什伦布见了班禅额尔德尼。朝鲜使节团赴清是为乾隆贺寿的，他们之所以在热河见到了班禅，是因为遵照乾隆的命令。朴趾源发现，清朝皇帝以极高的礼仪盛情接待班禅，目的在于通过藏传佛教来控制蒙藏地区，以保证西部边疆的稳定：

西藩强悍而甚畏黄教，则皇帝循其俗而躬自崇奉，迎其法师，盛饰宫室以悦其心，分封名王以析其势，此清人所以制四方之术也。①

乾隆帝对此次班禅的到来极为重视，特地为活佛修建黄金之屋，对此，朴趾源不理解："黄金之屋，今皇帝之所不能居也，彼班禅何人者，乃敢晏然而据之乎？"② 然而经过观察，朴趾源发现了乾隆帝此举的苦心。乾隆之所以迎六世班禅进京，在热河避暑山庄模仿扎什伦布寺建造了耗资巨大的须弥福寿寺，并精心安排班禅的旅途和接待，是因为清中央政府意欲通过尊崇、扶持、利用藏传佛教，加强对蒙藏民族地区的统治。藏传佛教产生于公元7世纪，是佛教从汉地、尼泊尔传入西藏与当地的原始宗教融合后产生的宗教，在藏蒙地区有着悠久的历史。明末清初，藏传佛教中的格鲁派在藏蒙民族地区受到普遍信仰，渗透到人民的日常生活中，他们对于大喇嘛"尊之若神明，亲之若考妣"。特别是由于藏传佛教格鲁派在蒙藏民族中有着巨大的政治和社会影响力，清政府则"从俗从宜"加以利用。关于这一点乾隆在《喇嘛说》中曾明确说明。《喇嘛说》是乾隆五十七年（1792）撰写的，用满、汉、蒙、藏四种文字刻碑于雍和宫大殿前。是时，乾隆皇帝已经到了"耋近归政之年"，立此碑的目的就是告诫他的子孙后代"兴黄教即所以安众蒙古"的根本宗旨，阐明

① 《热河日记卷四·审势编》，第219页。
② 同上。

这是“所系非小”的“安藏辑藩，定国家清平之基于永久”的大政方针。①

因此，乾隆借助六世班禅赴承德之机，特意安排原定于乾隆四十四年入觐的蒙古、新疆等少数民族上层人物改变时间，与六世班禅同来觐见。而“蒙古诸藩一闻是事，无不欣喜顶戴，倾心执役”。六世班禅入觐途中为“众生”摩顶赐福，讲授佛法，特别是内外扎萨克、喀尔喀、土尔扈特、杜尔伯特蒙古王公、贝勒、台吉等上层人物，各献礼品叩谒。乾隆皇帝的这一做法，一方面大大加强了班禅在蒙藏地区的影响，另一方面清政府通过六世班禅密切了与各少数民族上层人物的联系，收到“敬一人，千万悦”之效，取得了单纯依靠武力量难以企及的效果。朴趾源指出：

皇帝迎西番僧王为师，建黄金殿以居其王，天子何苦而为此非常僭侈之礼乎？名为待师，而其实囚之金殿之中，以祈一日之无事。然则西番之尤强于蒙古可知也。②

乾隆将班禅迎入热河，给予隆重的礼遇，名义上尊崇黄教，而实际上是借助班禅的政治、宗教影响以安抚蒙藏地区的民众。安排朝鲜使节团谒见班禅，也是对班禅礼遇的一部分，名义上是“待师”，而实际是笼络班禅以维持边疆地区的稳定。

《热河日记》通过对中国政治形势的观察分析，探讨了康乾时期清朝的统治术，及其对中原的汉族、边疆少数民族实行的不同统治策略，而且其结论大多是符合历史实际的。虽然对于今天的学者，尤其是中国的史学家来说，这些结论不足为奇，但对于一个生活在18世纪的朝鲜，第一次到中国的学者来说，朴趾源

① 周润年：《北京雍和宫御制〈喇嘛说〉碑文校录考诠》，《西藏研究》，1991年第3期。

② 《热河日记卷三·黄教问答序》，第165页。

的观察力和洞察力，还是值得肯定。

二、《热河日记》中的清代经济社会

朴趾源所在的使节团途径辽阳、盛京、广宁、山海关、通州再到北京，途经中国北方许多驿站和城市，因此他有机会亲历和目睹清朝乾隆时期的社会繁荣景象。朴趾源以惊异的眼光观察了清朝经济发展的情况，诸如车制、市肆、店铺、桥梁、转磨、缫车等，都被他作为清朝"利用厚生"的成果而详细地记录了下来。

（一）关于商业经济的记录

明清易代给中国带来的社会创伤到康乾时期已经基本恢复，乾隆时期是清代商业经济发展的极盛期。衡量一个封建国家经济是否繁荣的标准是粮食生产量。从农业生产来看，中国在康雍乾时期已经是一个非常兴旺发达的国家。清朝人口当时已经达到三亿，道光年间中国发展为四亿，这以后人口没有大幅度地增长。"直到新中国成立以前，我们还一直说四万万同胞。养活三亿人口就相应地要有那么多粮食。能够生产养活三亿多人口的国家，它的经济力量也是非常大的。"①《汉书·食货志》记载，西汉盛世时期的人口，最多时不过5000万。唐朝开元盛世也只有8000万左右的人口。清史学家戴逸曾说："康雍乾盛世的经济力量就远远超过了汉、唐的盛世，而且两者的差距还很大。"② 不仅通过对中国历史的纵向比较能够看出康雍乾盛世的经济成就，而且与当时世界其他各个国家横向比较也可以得出相同的结论。当时

① 洪波：《盛世的沉沦》，《中华读书报》2002年3月20日文史天地。
② 同上。

全世界人口约为9亿，除了中国有3亿人口之外，其余6亿人口散布在几十个国家里。英国、法国都只有一两千万人，整个欧洲人口加在一起也不及中国人口多，中国养活了占世界1/3的人口，由此可见中国的生产力水平之高。就工业生产来讲，18世纪中国的工业产量占世界的32%，全欧洲也才23%。乾隆时期，中国手工业生产水平也是最高的。康雍乾盛世都是一个非常繁荣发展的时代，内政稳定，边疆统一，经济发达，人民生活比较富裕，这为商业经济的发展提供了有力的保障。《热河日记》中描写并评述了乾隆年间中国的市集、商业街、商队、小贩、当铺、各色酒楼和各色商店等，并记录了他所结交的商人。刚入中国，在边境互市小镇栅门他就看到：

缓步出门，繁华富丽，虽到皇京，想不更加，不意中国之若是其盛也。左右市廛，互辉耀，皆雕窗绮户，画栋朱栏，碧榜金扁，所居物皆内地奇货。边门僻奥之地，乃有精鉴雅识也。①

“不意”表现出朴趾源的惊异，他没有料到中国边境的一个小镇竟然有如此繁华整饬的城市规模。他认为即使到了北京也不过如此了。对于来自商业经济落后很多的朝鲜人来说，他出乎意料是正常的。伴随着使行团行程的推进，朴趾源习惯于中国商业城市的车水马龙，比肩接踵：“楼下出十字路，毂击肩磨，热闹如海。市廛夹道，彩阁雕窗，金扁碧榜，货宝财贿充牣其中。坐市者皆面皮白净、衣帽鲜丽。”② 商铺坐市是当时主要的商业流通形式。朴趾源在盛京、北京热河等地记录了典当铺、酒楼、绸缎铺、首饰铺、花鸟铺、书册铺等鳞次栉比的情形。此外，除去商铺坐市，清朝商业繁荣的另一个表现体现在以四处游散的商贩为主的流动贸易上，在从辽阳赴沈阳的途中，他看到柳荫下

① 《热河日记卷一·渡江录·二十八日乙亥》，第15页。

② 《热河日记卷一·盛京杂识·秋七月初十日丙戌》，第37页。

“车马云屯”，尽是避暑的客商数百人：

卸担纳凉，或踞柳根，脱衣摇扇，或啜茶饮酒，或沐发剃头，或骰牌，或猜拳。担中皆画瓷。更有以高粱干去皮，结成小小楼阁之形，各置一枚响虫或鸣蝉，为十余担。或盆贮红虫绿藻，红虫浮动水面，微如虾卵，为供鱼儿食料。车三十余乘，皆满载石煤。卖酒、卖茶、卖饼果诸般饮食者，皆聚柳阴下，列椅而坐。①

这段描写涉及了理发摊、茶摊、瓷器商贩、蛐蛐小贩、煤商、饮食商人，而且几百人聚集在一个市场之内，其热闹程度可以想象。朴趾源在此处用六文钱买了一碗“杨梅茶”解暑后继续前行。进京后，朴趾源关注了寺院周围的商业情形，比如香火旺盛的太阳宫，“男女祈祷者日千万计”，因而催生出另一个寺院集市，其中“贩卖酒食花果，戏弄禽鸟，逞伎售术，辐辏杂沓，寺观中一大都会也”②。在距离宣武门不远的报国寺便有一每月逢“三”“五”的市集，“海内百货辏集，佛殿三寮厢周遭，而居僧鲜少，皆京外商旅，无异阛阓”③，这里俨然已经是全国性的市场。这些寺院周围的市场里做工精美、种类繁多的商品使朝鲜客人应接不暇：

百货盈庭，珠玉珍宝之物，磊落宛转于履屐之间，令人足踏如也，心怵如也，而视瞿瞿也。阶墄玉栏所布挂，皆龙凤毡罽，而衣被墙壁者，尽是法书名画。往往施帷幕，撞金伐鼓者。逞戏售术者也。④

寺庙周围市场的地摊上布满各种珠玉珍宝，行人必须要小心

① 同上书，第35—36页。

② 《热河日记卷一·盎叶记·太阳宫》，第345页。

③ 《热河日记卷五·盎叶记·报国寺》，第342—343页。

④ 《热河日记卷五·盎叶记·隆福寺》，第346页。

行走才能避免踩踏，还有很多毡毯、书画沿街挂卖。在这个市场中，杂耍艺人的锣鼓声格外吸引了朴趾源的注意。既然有繁华的市场，就有从事商业的各种商人。在《盛京杂识》中，朴趾源记录的商人有“额阔鼻长，丰彩烨然，多识古器来历”的山海关人田仕可，蜀人穆春、温伯高，“温厚”的杭州商人吴复，大梁人费稚“工书画，善雕刻，亦能谈说经义”，卢龙县人裴宽。几位商人中裴宽年龄最长，“美须髯，善饮酒，笔翰如飞，休休然有长者风，自刻其《莛亭集》二卷，又有《青梅诗话》二卷”①。朴趾源还应裴宽的要求为其亡妻的文集作序。这几人给朴趾源留下深刻印象，他们之间的笔谈记录主要保留在《粟斋笔谈》《商楼笔谈》中。商人的出身来历各有不同，既有来自河北、河南等北方省份的，也有四川、浙江等西南与东南省份的，这也反映出乾隆时期中国人口流动和商业流通较为发达的情况。

此外，《热河日记》还有专门的《店舍》一篇记录了清代旅店。朴趾源观察到中国旅店中的器皿专用“画瓷”，即使是在荒凉偏僻、住宿简陋的客店中，日常饮食餐具都是“金碧彩画之碗碟”，这不是因为奢侈，而是清朝的制瓷技术已经到达到很高的水平，中国境内已经少见“粗瓷恶窑”②。朴趾源指出因朝鲜国内制瓷工艺的落后，而导致举国之内瓷器的鄙陋，着实令人惋惜。朝鲜人来到中国后，首要的兴趣就是搜集购买中国书籍，朴趾源记录了北京琉璃厂外的著名书店：

厂外皆廛铺，货宝沸溢。书册铺最大者曰文粹堂、五柳居、先月楼、鸣盛堂。天下举人，海内知名之士，多寓是中。③

在来中国之前，朴趾源从李德懋那里听说北京琉璃厂有名为

① 《热河日记卷一·盛京杂识·粟斋笔谈》，第39页。

② 《热河日记卷二·驲汛随笔·店舍》，第68页。

③ 《热河日记卷五·黄图纪略·琉璃厂》，第334页。

“五柳居”的书肆。朴趾源来到北京后特意寻找了这个书店，“左象房，右天主堂，出门右转，入琉璃厂，初街有‘五柳居’三字题”，从前李德懋等来中国的朴趾源的朋友和学生在这家书肆多有采购，归国后津津乐道“五柳居”，朴趾源来到这里“如逢故人”①，心中洋溢着怀乡之思。清代发达的市场经济尽显盛世风采，朴趾源深感中国之行大有收获，他由衷地赞叹道：“余谓《史记》苏秦说齐王曰‘临淄之道，车毂击，人肩磨，挥汗成雨，连衽成帷’，始以为过矣。今观于九门，信然……然后益知故人言语文字，不为虚辞夸炫也。”②

值得注意的是，在《热河日记》中朴趾源还记载了乾隆年间具有资本主义萌芽性质的商贸经营方式，如在前屯卫，朴趾源就参观了一家毳帽厂雇佣百余人进行生产的情况：“共有三铺，一铺为三五十间，铺中所造工人，不下百人……造帽者皆脱衣工作，手若风雨。”③ 朴趾源指出，朝鲜每年从中国大量购买毳帽的花费不少于十万两，十年下来即消耗百万两。帽子只能使用一个冬天，用千年不坏的白银来换只能使用一个冬季的毳帽，将朝鲜有限的银两频繁输入中国，这个贸易上的巨大失误值得朝鲜人“思之甚矣”。

（二）关于交通状况和车船制度的记录

商业发展伴随着水陆交通的发达，朴趾源记录了乾隆时期清代中国的发达道路交通、车船制度及桥梁技术等。在热河觐见结束返京途中，朴趾源观察了从热河通往清东陵的道路正在修治：

桥梁正中筑为驰道，郡县先期发丁，铲高填深，硊转镘涂，

① 《热河日记卷二·关内程史·初三日己酉》，第110页。

② 《热河日记卷五·盎叶记·报国寺》，第343页。

③ 《热河日记卷二·驲汛随笔·二十二日戊戌》，第80—81页。

如铺匹练，树标准绳，无少屈曲，无少偏颇。驰道广二丈。左右夹路广各一丈余《诗》云“周道如砥”，今治道真求如砥，其烦费广矣。[1]

“砥”指的是磨刀石，西周时朝廷特别重视修整道路，在国都镐京和东都洛邑之间，修建了一条宽广平坦的大道，号称“周道”，又称为“王道”。“周道如砥”一句有象征内涵，表面意义形容周朝的道路平坦整齐，深层意义暗示周朝政治清明。朴趾源认为道路交通的建设须和车制、船制相搭配，而中国的车船制度已经成熟发达。《车制》一篇记录了朴趾源对中国陆路交通工具的考察。他记录了载人车（太平车）、载物车（大车），独轮车、灌溉车（龙尾车、龙骨车、恒升车、玉衡车），灭火车（虹吸、鹤饮）、战车（炮车、冲车、火车）、转磨、缫车的结构和原理。朴趾源在《课农小抄》中，曾批判朝鲜碓舂的九大弊端，并仔细介绍了中国的碓，“臣于燕行详见碓制”，“中国之碓，一反此制，得失便否，亦已悬殊矣”[2]。在中国的考察经历作为他改造朝鲜社会的基本参照。

因为朝鲜车制落后，朴趾源用较大篇幅记录中国的车制。乘车、载车是“生民先务，不可不急讲也”。朝鲜车制改革的第一步就是要“同轨”，朝鲜虽然有车，但是“轮未正圆，辄不入轨”，这等同于无车，接着朴趾源抨击了朝鲜国内存在的“我东岩邑，不可用车”的错误言论。中国商业的发展与道路及车制的发达是分不开的。在通州，他记录了京畿车水马龙的景象：

下船登岸，车马塞路不可行。既入东门，至西门五里之间，独轮车数万填塞，无回旋处。[3]

---

① 《热河日记卷三·还燕道中录·十七日癸亥》，第150页。
② 《课农小抄》，《燕岩集》卷十七，第361页。
③ 《热河日记卷二·关内程史·八月一日丁未》，第105页。

《热河日记》中还记录了距离沈阳不远的“浮桥”永安桥，“以连抱大木编成为梁，梁高数丈，广五丈，两沿木头齐整，如一刀裁划”①。由于盛京城西地势低洼，加之泥土极细，夏秋季节，道路泥泞不堪，时常令人马陷之而咫尺难救，根本无法通行。努尔哈赤出于往来辽西各地的需要，下令在这片洼地上开辟出一条大路。这条大路东起盛京，经转弯桥、马三家子、老边直抵辽河，全长百余里，路面宽三丈，两侧广植柳树，两边还修有排水沟。清崇德六年（1641）清太宗皇太极命甲喇章京藏国柞在蒲河修建石桥，赐名“永安桥”，取意永保平安。永安桥在清初是一座重要桥梁，清迁都北京后，这里也成为清朝各代帝王东巡的必经之路。这条交通线的开辟使盛京与关内的陆路交通线缩短，使从前盛京需南下辽阳、海城再西转盘山北镇入关的路线北移，这为加速盛京与燕京的连通，促进盛京繁荣起到了巨大的作用。他还描写从新广宁到山海关经过的万宝桥、火烧桥、壮元桥、磨刀桥的形状：“桥梁虹蜺如城门，大可扬帆，小者亦可以通舠艓。石栏镌刻云物、蚣（虫夏）、蛟螭。木栏亦施丹绿。桥之两头入陆处，皆为八字翼墙以护之。”② 朴趾源饶有兴味地记录了桥梁的雕刻工艺：如通州潞河上的永通桥，“长数百丈，广十余丈，虹空高十余丈，左右设栏，栏头坐数百狻猊，雕刻之工，类图章细钮，桥下舟楫。直达朝阳门外”③。又如在青石岭所见：“桥梁皆有栏干，石栏则天禄、狻猊之属，呀口如生，木栏则丹碧璀璨。”④ 在古代，桥梁的建造水平标志着一个国家的发展成就。中国素有“桥梁的故乡”之称，中国古代桥梁形式

① 《热河日记卷一·盛京杂识·十三日己丑》，第52页。

② 《热河日记卷二·驲汛随笔·桥梁》，第68页。

③ 《热河日记卷二·关内程史·八月一日丁未》，第105—106页。

④ 《热河日记卷三·还燕道中录·十七日癸亥》，第150—151页。

多样，不仅为满足交通运输的需要，还十分注重结构和艺术的结合，在建筑上极富特色。朴趾源所提及的这些形似虹霓的桥，大多是拱桥。拱桥在我国南方北方都有，占桥梁的大多数，往往跨水架桥，雕琢装饰，姿态优美，成为体现我国人民审美观的一种民族传统。此外，朴趾源还在从热河返京途中记录了滦河、潮河设置数十大船而形成的浮桥。道路四通八达、车船技术先进，加之康乾时期稳定的时代环境，于是才有了朴趾源所见的通州运河码头的壮观：

至河边，河广且清，舟楫之盛，可敌长城之雄。巨舶十万艘，皆画龙。湖北转运使……试登一船，略玩其制度。船皆长十余丈，以铁钉装造。船上铺板，建层屋，谷物皆直泻于舱艎中。屋皆饰以雕栏画栋，文窗绣户，制如陆宅。下库上楼，牌额柱联，帷帘书画，渺若仙居。屋上建双樯，帆则以细藤簟联幅。浑船以铅粉和油厚涂，上加黄漆，所以点水不渗，上雨亦无所忧也。船旗大书浙江山东等号。沿河百里之间。密若竹林。南通直沽海。自天津卫会于张家湾。天下船运之物，皆凑集于通州，不见潞河之舟楫，则不识帝都之壮也。①

自明末清初开始，京杭大运河贯通南北，漕运商贾盛极一时。京杭大运河北起通州，逶迤南去，直讫杭州。绿浪拍京津沙岸，跨冀鲁平原，掠苏浙绿野，连海河，穿黄河，过淮河，越长江，再接钱塘，沟通了 5 大水系，全长 3500 余里，是世界上开凿最早、最长的一条人工河道。“通州”之得名本来就与漕运有关，取漕运通畅周济之意。历史上，大运河一直是南北货运的大动脉，共分五段，自北端通州至天津段定为北运河。朴趾源所见的正是这一段“舟楫之盛可敌长城之雄”的胜景壮观，他还注意到了运河水灾给沿岸百姓带来的危害。朴趾源对漕运的观察是

① 《热河日记卷二·关内程史·三十日丙午》，第 104 页。

细致的。他晚年所著的《课农小抄》中提到："臣尝见中国漕河及陆地运谷者，其船板库箱皆直受粒谷，不用驴负驼载者乃用布囊，而其在仓宇则又以栋宇为器，直泻其中，故一仓所积可以从外推测，而不差斗斛。"① 朴趾源的燕行对其影响如此深远，直至晚年他仍以当年中国考察的经验心得为依据，向正祖献策献计。

在岸边所见的大运河如此壮观，乘船所见自是别有一番景象了。朴趾源与三使齐登一船，从船上望去，"窗外斑竹栏干映纱玲珑，邻船鼓乐喧咽，鸥鸟烟云，楼台之胜，透窗映带，沙堤浩渺，风帆出没，悠然忘其为浮家泛宅，若寓身阛阓华堂之间，而兼有江湖景物之乐"②。朴趾源的燕行之旅虽然经历了各种难以预见的困难和艰辛，但也不乏奇观胜景的体验，苦乐兼而有之。

（三）关于建筑技术的记录

朝鲜使团途经辽东时，凤凰城正在新筑，朴趾源察看凤凰城的工地后感叹当时先进的工程技术说："城周不过三里，而砖筑数十重，制度雄侈，四隅正方若置斗然，今裁半筑，则其高低虽未可测，门上建楼处设云梯，浮空驾起。工役虽似浩大，器械便利，运甓输土皆机动轮转，或自上汲引，或自推自行，不一其法，皆事半功倍之术，莫非足法，而非但行忙，难以遍观，虽终日熟视，非造次可行。良可叹也。"③

由于旅途仓促而无法遍观中国建筑技术的"事半功倍"，这令朴趾源叹惋不已，其燕行之用心，由此可见。

在《黄图纪略》《谒圣退述》《盎叶记》等篇章中，朴趾源

---

① 《课农小抄》，《燕岩集》卷十六，景仁文化社，第394页。

② 《热河日记卷二·关内程史·八月初一日丁未》，第105页。

③ 《热河日记卷一·渡江录·二十八日乙亥》，第18页。

以惊异的目光记录了北京的宫殿、寺刹、道观等各种建筑制度。他看到北京街市的建筑设计后赞叹道：“大约皇都之制，前朝而后市，左庙而右社，九门正而九衢直，一正都而天下正矣。”①朴趾源特别注意到以南北贯通的紫禁城中轴线为中心，如棋盘井然有序的北京交通网，以及在中轴线两侧对称建造大规模华丽建筑物的都城设计。朴趾源在《黄图纪略》中记录了各种京城景胜，“车马阗咽，游人杂沓”的金鳌桥、“覆以黄琉璃瓦”的文华殿、“遍刻龙螭”的太和殿、“筑城如烟台”的虎圈、“屋顶圆如铁钟”的天主堂，“制样绝奇”的回子馆等共计38处门馆、殿阁、岛池、店铺等都有详略不等的描绘、记述。此外还有《谒圣退述》中对顺天府学、太学、学舍、历代碑、明朝进士题名碑、石鼓、文承相祠、观象台、试院、朝鲜馆等的记录和评议。《盎叶记》中记载的弘仁寺、报国寺、天宁寺、白云观、安国寺、药王庙、大隆善护国寺、火神庙、北药王庙、崇福寺等寺庙、道观也在朴趾源的笔下展示着各自的风韵。

在栅门时，朴趾源考察了中国民间的碑制：“碑之两旁不磨滑，砖筑夹碑为墙，没碑顶，因瓦覆为屋，碑在（穴坎）中，以备风雨”，这碑不过是边关普通百姓家所建，却“精致古雅”，朴趾源指出：“碑制极佳，功费甚省，此可为法。”②“法”是效法、学习的意思，“法”中国的理念贯穿了朴趾源的燕行之旅，是他观察中国、记录行程的出发点。在辽东，他对火炕的结构与原理进行了细致描写，并指出朝鲜“温堗”的六个劣处，并希望“我念东家贫好读书百千兄弟，鼻端六月恒垂晶珠，愿究此法以免三冬之苦”③。警醒朝鲜效法中国，改进落后局面，《热河

① 《热河日记卷五·黄图纪略·皇城九门》，第317页。
② 《热河日记卷一·渡江录·二十七日甲戌》，第13页。
③ 《热河日记卷一·渡江录·初五日辛巳》，第26页。

日记》的字里行间体现着朴趾源“厚生利民”的思想，他关注朝鲜贫寒书生的冷暖，探索改进取暖设施的具体建议。此刻的朴趾源颇有杜甫“安得广厦千万间，大庇天下寒士俱欢颜”的普世关怀精神。

朴趾源仔细观察了中国民居结构的特点：两侧有厢房，前后平行排列长方形的正房，拥有共同围墙的四合院等。“屋三重四重则，门为六重八重，洞开则自室内门至外室门，一望贯通，其直如矢……一闭正中一门，则自成壁垒城堡，室中之物都似柜藏”①，四合院的建筑格局起到自动防备外来侵入的作用。朴趾源发现，当时中国建筑材料广为用砖，这一个与朝鲜有着巨大差别。朝鲜筑屋“屋上厚铺泥土，故上重；墙壁不砖筑，四柱无倚，故下虚；瓦体过大，故过弯。过弯故自多空处，不得不补以泥土，泥土厌重，已有栋挠之患，泥土一干则瓦底自浮，鳞级流退，乃生罅隙，已不禁风透雨漏、雀穿鼠窜、蛇缪猫翻之患”，如此看来，中国民居多使用砖筑的优点就很明显了：“不须许多土木，不烦铁冶墁工，甓一燔而屋已成矣。”② 朴趾源在使行沿途中偶尔住宿民家，他所目睹的大部分民家庭院，均有各种花草、果树、奇石等装饰，而且室内家具、器物都精致讲究、格调雅致。如抚宁县富户“徐进士”家中所藏的西画及古董品“有非东国宰相所比拟”③，又如密云苏姓吏目“家舍侈丽、无异行宫”④。朴趾源将目睹的发达中国记录下来，精细描绘，给朝鲜社会带去崭新的信息：在“蛮夷”统治下的清朝并不是“腥膻满地，茹毛饮血”，而是一个文明先进的发达中华。

① 《热河日记卷一·渡江录·二十八日乙亥》，第15页。
② 《热河日记卷一·渡江录·二十八日乙亥》，第16页。
③ 《热河日记卷二·关内程史·二十五日辛丑》，第86页。
④ 《热河日记卷二·漠北行程录，初六日壬子》，第119页。

三、《热河日记》中的清代文化生活

朴趾源在中国期间，不仅详细考察了清代政治、经济发展的情况，而且考察了中国北方民族的文化生活及风俗习惯。在《热河日记》中，对民间的工艺品收藏、戏剧表演艺术，以及北方民族的服饰、婚嫁、丧礼等方面的风俗习惯等，都有翔实的记录，为清代北方民族民俗文化研究提供了重要的资料。

（一）关于民间文化的记述

《热河日记》记述了当时中国无论城镇还是乡下都流行以庶民为对象的戏剧表演。《驲汛随笔》中描述了当时中国北方戏台的形状、规模、搭建技术：“寺观及庙堂对门必有一座戏台，皆架七梁，或架九梁，高深雄杰，非店舍所比。不若是深广，难容万众。凳卓椅丌，凡系坐具动以千计，丹雘精侈。”① 女子不论老少皆盛妆，热衷于观戏：

尝于古家铺道中，车乘连络不绝，女子共载，一车不下七八，皆凝妆盛饰。阅数百车，皆村妇之观小黑山场戏，日暮罢归者。②

不但民间流行戏剧演出，就连皇宫内庆贺乾隆皇帝万寿节也在热河行宫举行了盛大的戏剧演出：

八月十三日乃皇帝万寿节，前三日后三日皆设戏。千官五更赴阙候驾，卯正入班听戏……另立戏台于行宫东，楼阁皆重檐，高可建五丈旗，广可容数万人。设撤之际，不相罥碍。台左右木

---

① 《热河日记卷二·驲讯随笔·戏台》，第67页。

② 同上。

假山，高与阁齐，而琼树瑶林蒙络其上，剪彩为花，缀珠为果。①

为皇帝祝寿搭建的戏台结构精美、装饰华丽、容纳广阔，朴趾源在《戏本名目录》中记录了乾隆皇帝万寿节上演的80部戏本名目。其中，《九如歌颂》《罗汉渡海》《函谷骑牛》《缑山控鹤》《灶神既醉》等28部，见于傅惜华先生的《清代杂剧全目》中，而《瑞呈花舞》《山灵应瑞》《劝农宫》《檐滘舒香》《献野瑞》等52部，在《清代杂剧全目》中并未收入。另有些剧目还有待同清宫档案进一步核实、归类。朴趾源记录的内容为研究清代宫廷戏剧文化提供了宝贵的参考。

值得特别注意的是，《九如歌颂》一剧的作者就是使节团的陪同官尹嘉铨。在访华的这段时间里，朴趾源和他朝夕相处，建立了深厚的友谊，两人在一起讨论过多方面的学术问题，包括中国戏曲的起源问题。尹嘉铨是直隶博野人，号亨山，通奉大夫、大理寺卿致仕，当年已经七十，与乾隆帝同岁。"纂《大清会典》时翰林编修官，皇帝同庚，故尤被眷遇，特召赴行在听戏。时进《九如颂》，皇帝大悦，八十一本首演此颂。盖皇帝平生诗朋云。送余《九如颂》一本，盖已自刊印。"② 如前所述，《九如歌颂》已被傅惜华先生《清代杂剧全目》收录，但作者姓名却付阙如，《热河日记》的记载正好准确地回答了这一问题，这是很有价值的。

此外，朴趾源还观察到当时中国民间盛行《水浒传》《三国志》《西厢记》等小说的说唱表演形式。在《渡江录·关帝庙记》中，记述了在旧辽东城门外的关帝庙所看到的《西厢记》的口演场面："庙中无赖游子数千人，闹热如场屋。或习枪棒，

① 《热河日记卷四·山庄杂记·戏本名目记》，第251页。

② 《热河日记卷三·倾盖录》，第162页。

或试拳脚，或像盲骑瞎马为戏。有坐读《水浒传》者，众人环坐听之，摆头掀鼻，旁若无人。看其读处则火烧瓦官寺。面所诵者，乃《西厢记》也。目不知字而口角溜滑，亦如我东巷肆中口诵《林将军》传。读者乍止，则两人弹琵琶，一人响叠钲。”①在玉田县外的“龙泣庵”，朴趾源写道：“庵前大树下，十余闲汉纳凉。有弄兔者，又有弹吹，方演《西游记》。”②

（二）关于北方民族风俗的记述

《热河日记》中记录了北方民间的婚俗、丧俗。朴趾源问商楼的李龟蒙（东野）：“中国四民虽各分业，却无贵贱，婚嫁仕宦，不相拘碍否？”东野答：“我朝有禁，仕宦家不得与商工通婚，以清仕路，所以贵道贱利、崇本抑末。吾辈俱是家世做买卖的，未得士家为婚，虽纳赀输米，权补生员，以不许乡贡为举人。”③ 这说明当时中国封建社会士农工商差别意识很浓厚，士商不能通婚就是一例。在《渡江录，初三日》中详细记载了娶亲时的“迎亲礼”队伍。④

在《盛京杂识·十四日庚寅》⑤ 中记录了朴趾源过鸦鹘关以后所见的丧礼。汉族的葬礼最重礼制，朴趾源记录了葬礼的摆设、奔丧、哭丧的形式，迎送宾客的礼仪等。这些记录体现出当时中国北方依旧实行儒家观念为主导的丧葬仪式。在《驲汛随笔·车制》中记载了“丧舆”，在《关内程史，八月初一日》中，朴趾源在潞河漕运码头看到一只归乡尸体船，此船系湖北人秦璟运载其父尸体的“归乡尸体船”。朴趾源和三使登船后观察

① 《热河日记卷一·渡江录·关帝庙记》，第32页。
② 《热河日记卷二·关内程史·二十八日甲辰》，第97页。
③ 《热河日记卷一·盛京杂识·商楼笔谈》，第68页。
④ 《热河日记卷一·渡江录·初三日乙卯》，第23页。
⑤ 《热河日记卷一·盛京杂识·十四日庚寅》，第54页。

了舱内设置：

左右设彩栏，屋前设帷帐为桀门，左右竖仪仗旗帜、刀枪剑戟，锋刃皆木造。屋中置一柩，前设椅卓，摆列奠具。丧人据椅碧纱窗下，身披一领绵布衣，头发不削，长得数寸，如头陀形，不肯与人酬酌。①

秦璟之父官至翰林修撰，死后乾隆钦赐此船“返骸故乡”，副使询问秦璟中国是否“行三年之制”，秦璟回答“圣人缘情制礼，不肖者跂而及之”，并告诉副使丧制“一遵文公”。

朴趾源认为，“一国万事，莫不简便，而无一冗费，此最不可晓，非可取法也”，批评中国丧葬仪式过于隆重，铺张浪费。

《热河日记》记录了清朝的服饰文化，其中不乏对中国妇女服饰的描写。从辽阳赴沈阳的途中，见到“妇人一老一少，褰帘纳凉，皆衣莺哥绿袄，朱黄色袴，以玉簪花、石竹、石榴花为头上繁饰。似是汉女。”② 在《驲汛随笔·二十一日丁酉》中有通过祝姓汉人得知邓州女性的服饰的记录。③ 朴趾源对中国女性的观察和记录有时颇为详尽，如七月初一日丁丑，因为清晨为大雨滞留，使行团停留在前一晚所住宿的通远堡，旁人在赌纸牌打发无聊，朴趾源则在一边安坐饮酒，“时闻间壁妇人语声嫩啭娇诉，燕燕莺莺，意谓主家婆娘必是艳代佳人。及为历玩堂室，一妇人五旬以上年纪，当户据床而座，貌极悍丑，道了‘叔叔千福’，余答道：‘托主人洪福。’”朴趾源故意延迟，观察了这位内室夫人的服饰制度：

满髻插花，金钏宝珰，略施朱粉；身着一领黑色长衣，遍锁银纽；足下穿一对靴子，绣得草花蜂蝶。盖满女不缠脚，不着弓

---

① 《热河日记卷二·关内程史·八月初一日丁未》，第105页。

② 《热河日记卷一·盛京杂识·秋七月初十日丙戌》，第36页。

③ 《热河日记卷二·驲汛随笔·二十一日丁酉》，第79页。

鞋。帘中转出一个处女，年貌似是廿岁以上。处女髻发中分绾上，以此为辨，貌亦杰悍但肌肉白净。把铁旋子，倾绿色瓦盆，满勺了蜀黍饭盛得一碗，和镟沥水，坐西壁下交椅以著吸饭。更拿数尺葱根，连叶蘸酱，一饭一佐。项附鸡子大瘦瘤，啖饭吃茶略无羞容。盖岁阅东人，寻常亲熟故也。①

朴趾源首先注意到这名妇女的发式，尽管已“五旬以上”，还是“满髻插花”。满族妇女除头饰、簪子以外，普遍喜欢在发髻上插饰花朵，将硕大的花朵戴在头上历来是满族妇女的标志性装扮。纽扣是清代妇女服饰的显著特征，朴趾源所见的这位满族妇人的黑色长衣上“遍锁银纽”。满族妇女没有缠足的习惯，平民妇女都穿着靴子或者平底布鞋，宫廷贵族妇女喜着“花盆底”绣鞋。这位普通妇人的靴子上绣满草花蜂蝶，可见其精致讲究。清代的刺绣技术承袭明代，达到了很高的水平，今人可在诸如龙袍、旗袍、靴子、香囊等各类的纺织品中看到各种精美的图样。处女髻发中分绾上，以此作为与已婚妇女的区别。朴趾源更关注了这位满族未婚少女，描述了她的动作举止。以葱醮着酱佐饭，这是典型的满族饮食习惯。朴趾源的描写凝练传神，语言细腻，为今人再现了一个充满生活气息的历史瞬间。除此之外，《热河日记》中还记载了官员、商人、道士、高僧、仕林等的服饰，为我们深入观察清代文化提供了佐证。

《热河日记》中保存了关于清代妇女缠足的记录。朴趾源对于中国的文物制度总体上是高度肯定的，但他不认可烦冗的丧葬仪式，同时也否定了中国妇女的“缠足”之举。《太学留馆录·初十日丙辰》中，朴趾源对王民皞说：“汉女弯鞋，不忍见矣，以跟踏地，形如种麦，左摇右斜，不风而靡，是何貌样。”鹄汀说：“明时，至罪其父母，清朝禁令至严，终禁他不得，盖男顺

① 《热河日记卷一·渡江录·七月一日丁丑》，第20—21页。

而女不顺也。”朴趾源问：“貌样不雅，行步不便，何故若是?”鹄汀说：“汉女耻混鞑女”，“抵死不变也”。王民皞的意思是，虽然汉人投降于满人了，在民间仍然流行“十从十不从”。“从”就是遵从清朝的规定，“不从”就是保持明朝的规制习惯。这十不从第一条就是男从女不从，即男人屈服了，剃头梳辫，而妇女却不顾朝廷的三令五申而继续缠足。朴趾源认为汉族妇女的缠足行走“如鸭饱食，十颠九仆”，“远不如鞑女甚”①。朴趾源对于中国文物制度并不是全盘接受，他是批判地、有所选择地考察了清朝的方方面面，呼吁朝鲜社会接纳、效法中国的先进之处，但是对于诸如大肆操办丧葬仪式、缠足等恶习，朴趾源是明确反对的。同时，朴趾源也意识到了清朝社会并不完美，其中依旧隐藏着某些弊端及危机。

朴趾源在燕行途中记录了康乾盛世时文明先进、安居乐业的太平景象。但是，作为一名朝鲜实学家，他又是一个冷静的观察者，发现了乾隆时期盛世光辉下掩藏的种种危机。在前往中国栅口的途中，他“路逢五六胡人，皆骑小驴，帽服褴褛，容貌疲残”，询问后得知这几人皆被雇佣的“凤城甲军，往戍爱剌河”。朴趾源意识到中国的东部边疆虽无大的危险，但中国边备“可谓疏矣”②。边防守卫人员由雇佣而来，这虽然可视为乾隆时东北边疆稳定的体现，但同时也暴露了清朝边防的疏漏，是为日后帝国被大肆入侵的隐忧。朴趾源在热河见到了乾隆朝大名鼎鼎的和珅，“今户部尚书和，皇帝宠臣也，兼九门提督，贵振朝廷”，朴趾源这样形容和珅的形貌：“眉目清秀，俊峭轻锐，而但少德器。”在中国，朴趾源了解到这位权倾朝野的人物的情况。乾隆寿诞时，朴趾源在避暑山庄外看到各种贡献之物，皆覆以“黄

① 《热河日记卷二·太学留馆录·初十日丙辰》，第132页。

② 《热河日记卷一·渡江录·二十七甲戌》，第8页。

禩”，均为金佛或玉器，而和珅却进献了一架巧夺天工的珍珠葡萄，乾隆龙颜大悦，认为和珅倾其所有而进献。朴趾源指出，乾隆也可能会认为：“朕以四海之富，无此珍珠葡萄，珅安从得此?”朴趾源以高度的政治敏感，对和珅做出了“其危哉”的判断。[①] 后来事情的发展果然证实了他的预感，嘉庆四年正月初三，89 岁的乾隆寿终正寝，富可敌国和珅遭软禁，而后被赐死。另外，《热河日记》中有一篇意味深长的《十可笑》，十可笑为“广禄寺茶汤、太医院药方、神乐观祈禳、武库器刀枪、营缮司作场、养济院衣粮、教坊司婆娘、都察院宪纲、国子监学堂、翰林院文章”[②]。这“十可笑”并非传统意义上的笑话，而是讥讽当时名实不副的官署。如光禄寺本应出好茶汤，翰林院里本应有好文章，武库司该藏着好刀枪，而现在一切都名不副实，弄虚作假，故京师有此之讥。朴趾源的这则记录显示出当时清朝很多官署徒有虚名，影射了当时吏治之腐败。

（三）关于“清心丸”的记录

饶有趣味的是，《热河日记》中始终伴随着一种名为“清心丸”的朝鲜药材的影子。使行团在太子河无船可渡时，沿河上下的渔艇“千呼万唤，终不回头”，一直到天将昏黑，才有五六小艇“要索高价”，“待人竭急，然后始肯来济”，朴趾源认为“其情可恶”[③]。七月初二日，朴趾源在通远堡向以才名著称的满洲秀才“富先生”借书时，这位先生却索取“真真的丸子”和“高丽扇子”作为“面币”，朴趾源反感而归。在朴趾源看来，提出这种要求的富秀才“鄙悖庸陋，无足与语”，临到门口，富

---

① 《热河日记卷五·铜兰涉笔》，第 352 页。

② 《热河日记卷四·口外异闻·十可笑》，第 304 页。

③ 《热河日记卷一·渡江录·初八日甲申》，第 29—30 页。

秀才临门揖送而追问“贵邦明绸可得买卖么”。燕行使常到北京琉璃厂采购图书，这或许是朴趾源借看书目的原因。但“正使曰：‘彼既有求，何可吝一丸一箑耶？第不妨借看书目。’遂使时大送清心元（丸）一丸、鱼头扇一柄”。对于这份出自北京鸣盛堂的书目，朴趾源评价道：“此不过数页所录，而要索厚价，其无耻甚矣。”一位在当地德高望重的镶蓝旗秀才，却如此不顾身份地向朝鲜使团索要清心丸，可见当时文人阶层中也有些功利意识浓厚的人。

七月二十七日，朴趾源等人在丰润城胡迥恒家，受到胡迥恒和林皋的热情款待，“胡生赠《松下仙人图》，林生亦赠书扇一柄，各以一扇一丸答之”①。八月初七日，受伤的昌大租用驴子赶路，“给钱二百，清心丸五丸”。八月初八日夜，在桦榆沟一家小店内，“以一清心丸易烧酒痛饮”。清心丸可以代替租钱或酒钱，充当了交换物的作用。八月十四日，朴趾源与王鹄汀在时习斋观看乐器。“有一美少年，忙入斋内，瞋目视余，夺手中小琴，急急妆裹。鹄汀大恐，目余起出。其少年忽笑而挽余，请清心丸。余答以无有。即起出，其人色甚愧。余果有十余丸系在腰，而其无礼，不给之。其人一揖鹄汀而去，余问：‘彼是何人？’鹄汀曰：‘是尹大人跟带，从京里来者。’余曰：‘彼管乐器甚事？’鹄汀曰：‘毫无干此，专一探讨高丽丸子，不顾大体，欺负先生，先生休挂。’”② 这位跟班从京城来到热河，四处从朝鲜使臣手中谋求清心丸，从一个侧面反映出清心丸的价值。八月十七日，在返回北京的途中，遇到两位闹事的僧人。“春宅拔一砖欲打之，两僧都笑走匿，即持两个山楂，陪笑来献，且求清心丸。当初起闹，盖讨清心丸也。究厥心术，可谓无良。余即与一

---

① 《热河日记卷二·关内程史·二十七日癸卯》，第95页。

② 《热河日记卷二·太学留馆录·十四日庚申》，第143页。

丸。其僧叩头无数，无耻甚矣。”[①] 朴趾源一行去看北京的象房，“余畀象奴一扇一丸，令象呈伎。象奴少之，加征一扇。余以时无所携，当追给，第先使效伎。则象奴往谕象，象目笑之，若落然不可者。使从者增畀象奴钱，象睥睨久，象奴数钱纳囊中，然后象乃肯”。[②] 收了清心丸之后，象奴才让大象开始表演。

在上述涉及清心丸的事例中，有各种不同的情况，既有朝鲜使臣主动打赏和主动交易者，也有因所求而被迫交易者。在清朝民众一边，既有出资购买者，也有人因赠送物品而收到回赐，还有主动索求者，更有欺诈要赖而索取者。在一个重义轻利、注重仪礼的国家中，为几颗清心丸，多次出现“不顾大体”的情况，一方面体现出清心丸的珍贵与重要，另一方面也体现出清朝民众商业意识的逐步增强，对待贵重的异国珍宝，他们的欲望显得更为直接。

燕行使团一般由三使率领，往往携带朝鲜的名贵特产，其中包括人参、腊药等贵重药材。燕行使的药材中有清心丸、九味清心丸、苏合丸等朝鲜特制的药丸。[③] 清心丸不仅是宫廷和贵族所用的名药，而且是过年送礼的佳品，颇受时人欢迎。患者遇到急病时，往往首选清心丸，尤其是在遭遇流行性的疾疫时，清心丸有救急活命的功效。清心丸的神奇功效使其在中国受到关注，在中国药材市场上朝鲜清心丸的价值也是相当不菲。所以使行团所到之处，往往以清心丸为馈赠礼品进行交际，或用以兑换所需的物资和费用，而对于中国人来说，不论什么阶层大都充满了对清心丸的渴望，其中不少人采取并不十分光彩的手段。

---

① 《热河日记卷三·还燕道中录·十七日癸亥》，第 155 页。

② 《热河日记卷五·黄图纪略·象房》，第 327 页。

③ 三木荣：《朝鲜医学史及疾病是》（补订本），日本思文阁，1991 年，第 294 页。

第四节 “北学”思想中的改革精神

朴趾源的燕行之旅与《热河日记》的成书均绝非偶然。在来中国之前，朴趾源便已长期关注来自清朝的信息，并与到过中国的友人和弟子交流，了解隔海的清朝发展的情况，讨论李朝社会的弊端和改革措施，探索朝鲜国富民强的未来。与这些人的交流，奠定了朴趾源实学思想的基础，也促使他进行了具体改革措施的实践，比如在燕岩峡隐居期间，他曾躬耕种桑，摸索农业生产的方法。借着燕行之旅，对中华文明充满憧憬的朴趾源亲自踏上中华大地，考察中国的山川形胜、古迹遗址，钩沉考订，辨伪存真，大大地拓展了其认知视野和思维高度。沿途所见所闻的一切触动了他的变革冲动，他不停地思索中华文明的历史承继及清朝的继往开来，探求朝鲜社会在时代嬗变中的调适与定位。“北学”思想本身有蕴含着改革精神和清朝的繁荣强盛这两方面内外结合，完成了朴趾源改革思想的构建。

一、改革精神的哲学基础

（一）对“华夷观”的批判

《热河日记》中随处可见朴趾源对“华夷观”的反思和批判。18 世纪的朝鲜处在一个社会、经济、政治、文化上都显示出“转折性”的关键时期。在这个时期，社会经济、政治危机总爆发，统治集团和农民的矛盾、市民与官僚的矛盾越发凸显；资本主义萌芽潜滋暗长，各地还爆发了相当规模的平民反抗运动。从中国传入的西学也悄然改变着朝鲜保守的风气。大批士子被卷入统治集团内部斗争旋涡，才能无处施展，甚至惨遭杀戮，这一历史大变革引起了经世思潮的遇时而兴。朴趾源意识到时代的变化和当时潜在的社会危机，为挽大厦之将倾而不懈探索。

基于对中国农业、商业以及对清朝统治术的观察，亲身体验了清王朝如日中天的盛世景象，参加了乾隆70岁庆典之后返京途中的朴趾源路过古北口一带时，对比了该地在中国历史上的今昔巨变，颇为触动，大发感慨：“今升平百余年，四境无金革战斗之声，桑麻莞然，鸡狗四达。休养生息乃能如是。汉、唐以来所未尝有也！”朴趾源认为康乾之治逾越汉唐，这一论点给予“夷狄”所建王朝如此高度的评价，这对当时的朝鲜产生了振聋发聩的效果，也撼动了朝鲜根深蒂固的“华夷观”。

首先需要明确的是，虽然作为“北学”派代表的朴趾源一直主张学习清朝，但也并非是“全盘清化”的，反而《热河日记》中不少内容在申“华夷之辨”。如卷一的《渡江录》、卷二的《秋七月十五日辛卯》、卷三的《行在杂录序》等文中都在论述“华夷之别”的由来和必然性。《渡江录》开头的小序题记为“后三庚子”：

曷为后三庚子？记行程阴晴，将年以系月日也。曷称后？崇祯纪元后也。曷三庚子？崇祯纪元后三周庚子也。曷不称崇祯？将渡江故讳之也。曷讳之？江以外清人也。天下皆奉清正朔，故不敢称崇祯也。曷私称崇祯？皇明中华也，吾初受命之上国也。①

崇祯十七年，毅宗烈皇帝殉社稷，这距离朴趾源的燕行已经一百三十余年。朴趾源却依旧使用明代的年号来开篇，意在表达对东亚政治伦理传统的尊重。“普天之下都要依照王朝历法所制

① 《热河日记卷一·渡江录序》，第1页。

定的时间节奏进行生产生活，并依靠文治武功将王朝历法推行远方。奉正朔成为王朝治权实现的重要标志。这使天文历法在王朝政治的层面上表现为一种政治神学的知识形态。”① 在“华夷”想象的宇宙论天命正统政治神学之时空秩序中，华夏年号的“正朔”所代表的真理与正义性即是天所生发的依据“理”，而在蛮族军事暴力的压迫下使用蛮族非“正朔”年号则是“势”。朴趾源因此才说清朝入主中国后，“先王之制度变而为胡”，虽然朝鲜力不足以“攘除戎狄肃清中原”，但仍以“尊崇祯”的方式来表达对真正“中国”的怀念。他无奈地表示自己在进入清朝领土后必须隐匿对“大明”和“中华”的尊崇。和其他《燕行录》相似，这是“尊周思明”的一个体现。此外，这段文字笔法与《公羊传·隐公元年》酷似，令国人读来不禁莞尔。②

《热河日记》中也着意记载一些中国人的“华夷之辨”，如卷二写朴趾源向举人王民皞问到中国汉族妇人何以尽缠小脚之事，王举人云：“耻混鞑女……抵死不变也。旋即抹去。”③ 这是朝鲜人留意的动作。朴趾源甚至刻意挑逗，想一窥普通汉人是否“思明”，他又问道：“明朝立国如何?”王举人答以“礼称胜国”，“始终本末，终是光明，无一苟且”。但紧接着又说“本朝得国之正，无憾于天地”。朴趾源也只好乱以他言。④ 这种心态

① 韦兵：《头顶的星空和身边的日子》，《读书》2007 年第 3 期。

② 《公羊传·隐公元年》开端有如下表述：“春王正月，元年者何？君之始年也。春者何？岁之始也。王者孰谓？谓文王也。曷为先言王而后言正月？王正月也。何言乎王正月？大一统也。公何以不言即位？成公意也。何成乎公之意？公将平国而反之桓。曷为反之桓？桓幼而贵，隐长而卑，其为尊卑出微，国人莫知。”这段与《渡江录序》绝似。

③ 《热河日记卷二·太学留馆录·初十日丙辰》，第 132 页。

④ 《热河日记卷四·鹄汀笔谈》，第 233—234 页。

大约是不少有过燕行经历的朝鲜文臣共有的。作为明清易代背后的文化意蕴，华夷想象一直贯穿了整个李朝的集体记忆。朝鲜乐以“小中华”自称：“吾东方自箕子以来，教化大行，男有烈士之风，女有贞正之俗，史称小中华。”① 进入曾经是“天朝上国”的“华夏”而今却沦为“腥膻满地”的“羯胡之窟”，尤其容易唤起朝鲜文人这种强烈的情感体验。在华夷秩序的天道伦理之应然性中，“华夏”即意味着对高尚文化与族群的止义性，对中华的彻骨认同即是对文化与族群尊严的彻骨认同。在明朝灭亡一百多年后，朴趾源在《热河日记》中写道：“呜呼！皇明，吾上国也。上国之于属邦，其锡赉之物虽微如丝毫，若陨自天，荣动一域，庆流万世；而其奉温谕，虽数行之札，高若云汉，惊若雷霆。感若时雨。何也？上国也。何为上国？曰中华也。吾先王列朝之所受命也。故其所都燕京曰京师，其巡幸之所曰行在，我效土物之仪曰职贡，其语当宁曰天子，其朝廷曰天朝，陪臣之在庭曰朝天，行人之出我疆场曰天使，属邦之妇人孺子语上国莫不称天而尊之者，四百年犹一日，盖吾明室之恩不可忘也。”② 朴趾源的话语代表了朝鲜的心声，一丝一毫微小的恩义，在这个自古“知礼”的国家都可以产生强烈的感恩的情节，而曾经在壬辰战争中付出巨大牺牲去挽救朝鲜的大恩自然会使朝鲜对大明产生无可比拟的认同和支持。

虽然朴趾源回顾大明的恩德和重申“华夷之辨”，但恐怕还是为提倡“北学”做挡箭牌。明亡清兴之后，朝鲜国内的舆论风潮很盛，认为清朝是“夷狄”所建，不是正统的中国王朝。有人甚至扬言“北伐”，反清复明。在朴趾源看来，传统的“华夷论”是一个严重的思想障碍。只有扫除了这个障碍，才能正

---

① 《成宗实录》卷二十，三年七月十日（乙巳）。

② 《热河日记卷三·行在杂录序》，第187页。

确认识清朝统治下的中国文化，学习中国文化，促进朝鲜的富强。朴趾源在反复申诉“华夷观”的极大弊害。他从实际出发，正视满族一统华夏的现实，打破传统的“华夷论”，承认汉文化在清朝统治下正在延续和发展，指出清朝文化的诸多先进之处，主张学习中国：

吾东之士，得偏气于一隅之土，足不蹈函夏之地，目未见中州之人，生老病死，不离疆域，则鹤长乌黑各守其灭，蛙井蚡田独信其地，谓礼宁野，认陋为俭。所谓四民仅存名目，而至于利用厚生之具，日趋困穷，此无他，不知学问之过也。如将学问舍中国而何然甘言曰，今主中国者，夷狄也，耻学焉，并与中皆国之故常而鄙夷之。①

朝鲜人长期固守国内，视野狭隘，思维僵化，迂腐教条地拒绝清朝的先进甚至幻想“反清复明”，在这个盲目的过程中日渐贫困，而中国却越来越强大。因此，“以我较彼，固无寸长，而独以一撮之结，自贤于天下，曰：今之中国非古之中国也，其山川则罪之以胜膻：其人民则辱之以犬羊；其言语则诬之以侏离。”② 朴趾源称持这种观点的人是善读“春秋”者。但是，在他们百年不变的“尊”与“攘”之中，中国却有其自身的历史发展，朝鲜却没有进步，因此，朴趾源呼吁要北学中国。

同样，在《审势编》他毫不留情地批判了朝鲜仗着“华夷”尊明斥清，妄自尊大的心理：“礼俗文物，四夷莫当，故无寸长可与颉伉中土，而独以一撮之髻自贤于天下”，乃是一大妄。那就是说，“华夷之辨”还是要讲，但讲有讲的方式，“未闻愤夷狄之猾夏，并与中华可尊之实而攘之也”；并不是排斥中国的好的器用、制度、办法，先学来中华的耕蚕陶冶以至通工惠商，坚

① 《北学议序》，《燕岩集》卷七，第105页。

② 《北学议序》，《燕岩集》卷七，第105—106页。

兵利器，再说“攘夷”。也就是说，清廷自是清廷，士农工商、山河大地以至农艺器用，仍然是华夏，像陈寅恪说的“所践之土，乃禹贡九州相承之土；所茹之毛，非女真八部所种之毛”①。朴趾源郑重表明，他既不是上层士大夫，也不是中层士人，而是一名普通的下层知识分子，他不认可朝鲜统治阶层有关斥清尊明乃至反清复明的不切实际的想法，严肃指出：

一部《春秋》，乃尊华攘夷之书……我东士大夫之为《春秋》尊攘之论者，磊落相望，百年如一日，可谓盛矣。然而尊周自尊周也，夷狄自夷狄也。中华之城郭、宫室、人民固自在也，正德、利用、厚生之具固自如也，崔、卢、王、谢之氏族固不废也，周、张、程、朱之学问固未泯也，三代以降圣帝明王、汉唐宋明之良法美制固不变也，彼胡虏者，诚知中国之可利而足以久享，则至于夺而据之，若固有之。为天下者，苟利于民而厚于国，虽其法之或出于夷狄，固将取而则之，而况三代以降圣帝明王、汉唐宋明固有之故常哉！圣人之作《春秋》，固为尊华而攘夷，然未闻愤夷狄之猾夏，并与中华可卑之实而攘之也。故今之人诚欲攘夷也，莫如尽学中华之遗法，先变我俗之椎鲁，自耕蚕陶冶以至通工惠商，莫不学焉。人十己百，先利吾民，使吾民制梃而足以挞彼之坚甲利兵，然后谓中国无可观可也。②

朴趾源认为，看待清朝应该一分为二，即将王朝本身与其文化分开来看。衡量先进文化的标准，就是看它能否富民强国。来到中国之后，朴趾源亲身感受到中国的富庶强大乃“汉唐以来所未尝有”。清王朝确系“夷狄”建立的政权，但这个王朝内的人民、成果、学术思想、科学技术、良法美制，与过去是一脉相承并无实质变化的，中国悠久的文化传统在清朝统治下正在延续

① 陈寅恪：《柳如是别传》，台北里仁书局，1985 年，第 1024 页。

② 《热河日记卷二·驲汛随笔·秋七月十五日辛卯》，第 61 页。

和发展。尊华攘夷固然重要，但绝不能因“夷狄”统治中国而将中华固有的先进文化盲目排斥。他大声疾呼：朝鲜要想富强起来，就要学习中国的先进文化。即使这种文化出于“夷狄”王朝，为了国家和民族也要向清朝学习。朝鲜要理性看待中国在“利用厚生”方面诸多可取之处。他呼吁引进中国的先进技术，裕国利民，富强朝鲜。即使朝鲜要“北伐”，要将“夷狄”从中原赶出去，也得先向中国学习。吸收中国的先进文化，使朝鲜富强起来之后，才能实现“北伐”攘夷的目的。

随着在中国考察的不断深入，他进一步指出：“夷狄之主函夏者，未尝不袭其道而有之矣……然若其功利之享，虽其法之出乎夷狄，集其众长，莫不以精一为师也。故向所谓才智力量震天动地者，所以成中国之大，而二十一代、三千余年之间成法遗制可得以考焉。”[①] 既然如此，“正德、利用、厚生之具固自如也”。这种“师夷长技以制夷”的呼吁，在当时的朝鲜社会已是极有胆量且有分量的论调。它打破了传统的华夷观念，纠正了朝鲜国内“尊明斥清”的思潮，为中国文化在朝鲜的传播扫除了障碍。

（二）“农与士非别人，食与教非二道”

在《课农小抄》中，朴趾源指出：

圣作神兴，人文淑阐，物则融昭，丕显丕承，式至于今，开物成务之功靡不固矣，厚生利用之法靡不修矣。[②]

“正德、利用、厚生”，是儒家民本哲学的基本观念。朴趾源首先强调了“利用厚生”是“圣作神兴”的标志，圣学得以隆兴，人道得以发扬，物产得以开发，发扬光大，以至于发展到今，“开物成务”，“利用厚生”是最重要的内容。

① 《热河日记卷二·关内程史·八月初一日辛未》，第108页。

② 《课农小抄》，《燕岩集》十七，第336页。

朴趾源主张“利用厚生”之道，但他不单是从器物利用的角度理解的。在他看来，“利用厚生”本身是“道”，是“实体”，所以他从“食”即“器”与“教”即“道”的“合一”意义上理解“利用厚生”①。他说：

故古者农与士非别人，食与教非二道。管子曰：农之子恒为农，野处而不昵，则其秀民之为士者，必足赖也。汉有孝悌力田之科，必并言而不相离者，盖以是也。后世浇漓，士不出于农，而农者无学，故牧民者无纯实可用之材，而耕播之法亦以莽蔑，虽有神农之说，亦未如之何也。②

“农”与“士”不能分离，“士”从“农”来，才可“足赖”。汉“孝悌”即“教”，“力田”即“农”，“并言不相离”，正是依据管仲的主张。而后世使二者断离，“农者无学”，“学”离其“实”，因而“牧民者无纯实可用之材”，为农者也“莽蔑无能”，即使祖宗留下“神农之说”，也只是一沓废纸。

在朴趾源看来，“食教二道”是互为的，他看到了精神道德与物质生活的互为关系，此中不乏深刻之处。而他处理二者的关系时又是出于“民本”思想的。他指出：

《记》曰：人情者，圣人之田。《易》曰：不耕获，未富也。明君在上，苟能播教于国中，则戴获济济，烝我髦士，于万斯年，将至登平之休，万箱千仓，又何足哉！③

如若明君“播教于国中”就必定“载之耕获”，“万斯年将至登平之休”，带给人间以和乐幸福。相比之下，“万箱千仓”就不是最终追求之“道”了。

朴趾源还从反证的意义上论证“食教二道”的一致性。他

① 葛荣晋：《韩国实学思想史》，首都师范大学出版社，2002 年，第 319 页。

② 《课农小抄》，《燕岩集》十七，第 387—388 页。

③ 《课农小抄》，《燕岩集》十七，第 388 页。

举例说：

苟能得其时，得其利，则盗跖之所树，与伯夷之所树何以异也？然而齐景公之言曰，父不父，子不子，虽有粟得以食诸若是者，虽尽得李悝、赵过之术，真获瓯娄污邪之祝，亦无益也，故又继之以二言曰，谨身节用以养父母，此所以禹叙六府无非利用厚生之资，而利用厚生又必以正德为本也。[①]

盗跖与伯夷栽的树虽然都会“得其时”而成长，但是，“父不父，子不子”，就是有吃有穿，得了“李悝、赵过之术”，即使衣食丰足又有什么以为足用呢？所以既要足衣足食，又要谨身节用以养父母，这样才会有“登平之休”。

北学派实学是朝鲜朝后期实学思想史发展的一个重要阶段，即“利用厚生”实学，这个阶段实学的主要代表是朴趾源。如果说洪大容在“北学派”中，处于从“经世致用”实学向“利用厚生”实学转换的过渡期的话，朴趾源则完成了“利用厚生”实学。可以说洪大容提出了问题，但没有充分展开系统论述。而朴趾源则把“利用厚生”问题，从哲学、道德、社会、政治、农业、工商业、国防诸领域予以展开，建构了比较完整的“利用厚生”实学体系。

二、限民名田，耕耘树艺

（一）富足、安定的农耕生活图景

清朝从康熙开始，国家就已经基本进入了稳定发展的格局，此后的一百多年间，直至乾隆时期，清朝社会的经济文化发展达到顶点，国力也达到了鼎盛。百姓生活安定，国库收入增加，整

① 同上书，第387页。

个社会在政治、经济和文化上都是处于上升状态，因此称为“康乾盛世”。朴趾源所见的清朝正是这个已经过了150年休养生息的强盛王朝。清朝北方地区百姓安居乐业、富足稳定的生活图景，发达的商业文明和积极进取的民众风貌给朴趾源以强烈的心灵震撼。

朴趾源一直留心清朝的农业政策和发展成果，他在新民屯永安桥周围看到，“以连抱大木编成为梁，梁高数丈、广五丈，两沿木头齐整，如一刀裁划。梁下沟浍，缘水无际，青泥润烂，若辟此为万区水田，不知岁收得几亿万石红稻香粳?”但是，朴趾源却由此体察出清朝的“深长之虑”。他写道：“或曰康熙皇帝为《耕织图》《农政》诸书，今皇帝实是老农家子弟，非不知关外青黛土为上上田，第以关外之地为自家根本之乡，水稻腴香，饭颗润烂使民恒服，则筋解骨软，难以用武，不如常食黍粱、旱稻，教民善耐饥、壮血气而忘口腹也。宁弃千里膏沃之野，令作膺土向义之民，此其深长虑也。”① 朴趾源认识到清朝的良苦用心，也从另一个侧面反映出中国北方的富庶丰足，已经大可不必去开垦每一寸可耕作的土地。一踏进中国土地，未入栅门，朴趾源就望见“羊豕满山，朝烟缭青”，从栅外遥望栅内“门户整齐，街术平直。两沿若引绳然，墙垣皆砖筑。乘车及载车纵横道中，摆列器皿皆画瓷，已见其制度无村野气”②。这奠定了朴趾源中国印象的基调。又在观察碑制时赞叹“此不过穷边民家所见，然其精致古雅不可当也”，③ 凤凰城的繁华更让朴趾源“不意中国之若是其盛也”④。“左右市廛连亙辉耀，皆雕窗绮户，画

① 《热河日记卷一·渡江录·十三日己丑》，第51页。
② 《热河日记卷一·渡江录·二十七日甲戌》，第9—10页。
③ 同上书，第13页。
④ 《热河日记卷一·渡江录·二十八日乙亥》，第15页。

栋朱栏，碧榜金扁，所居物皆内地奇货。边门僻奥之地，乃有精鉴雅识也。"① 经过辽阳后，朴趾源总结了对辽东地区的总印象：

自入辽东以来，村闾不绝。路光数百步，沿路两旁皆种垂杨，闾阎栉比，处对其门。中间潦水不泄，往往自成大池，家养鹅鸭，千百浮泳。两边村舍尽成临水楼台，红栏翠槛，映带左右，渺然有江湖之想。②

渐近沈阳城，朴趾源望见"乌牛数百头，其色正黑如漆"，又有"大池百顷潋滟，红莲盛开，鹅鸭无数浮泳池边，白羊千余头方饮水，见人皆矫首立"③。在小黑山看到"绿芜中马骡牛羊千百为群"④。在通远堡，使行团因雨滞留，朴趾源在民家看到门口所铺整饬美观的石子，不禁感慨："河边水磨小石如棋子、大黄雀卵者，本无用之物，而拣其形色相类者，当门处错成九苞飞凤，以御泥淖。其无弃物，推此可知。"⑤ 又见其停留客栈主人"目不识丁"而"兀上犹有《杨升庵集》《四声猿》"，还有"尺余正蓝瓷瓶斜插赵南星铁如意、腊茶色小香炉、云间胡文、明制椅桌屏障，俱有雅致，不似穷边村野气"。⑥ 朴趾源又见抚宁县徐鹤年的宅邸"有非东国宰相所可比拟"。中国辽东地区村闾连绵不绝，建制整齐，牛羊满山，鸡鸭成群，居民住宅庭院考究，器物精美。《热河日记》中类似的描写很多，这些宁静、恬适的田园景观足以说明清朝的长期稳定及适宜的农耕政策对农业经济的恢复。

---

① 同上。

② 《热河日记卷一·渡江录·初九日乙酉》，第30页。

③ 《热河日记卷一·盛京杂识·秋七月初十日丙戌》，第36页。

④ 《热河日记卷一·盛京杂识·十四日庚寅》，第55页。

⑤ 《热河日记卷一·渡江录·七月初一日丁丑》，第21页。

⑥ 《热河日记卷一·渡江录·七月初二日戊寅》，第21页。

（二）限民名田的主张

由于朴趾源做过地方官的缘故，他特别关注朝鲜农民的生活，长期积极思索朝鲜的土地问题，其限田主张在朝鲜实学派的思想体系颇具异彩。《限民名田议》是朴趾源表达其土地主张的一篇重要论文。这篇献给正祖的奏章首先描写了两班统治者对土地的掠夺以及农民悲惨的生活境况。他计算了所管辖的沔川郡的耕作面积、户数和人口，假设将耕地平均分配给农民，即使岁稔年丰，农民辛勤劳作，除去交纳地租和各种苛捐杂税之外，依旧所剩无几。他写到，一个“年收三十三石十斗八升谷物”五口之户，怎么能应付一年之中“薪苏盐酱之费”“夏葛冬绵之资”“婚嫁丧制之具”和“风霜螟雹不虞之患”呢?[①] 农民只好离开故乡，四处流浪，导致了李朝愈来愈严重的“流民”问题。造成这种现象的原因，朴趾源认为是“豪富兼并”“法制不立”，“是必豪富兼并不以实，而吏法有所壅蔽也”[②]。李朝的土地兼并，与其说是两班的贪欲导致，不如说是当时制度促使。土地兼并加速了贫富差距和大批的流民群体，这种混乱的局面会导致社会动乱，严重干扰统治秩序。他还将耕作比作绘画，“画者丹青虽具，摹画虽工，不有纸绢之质为本焉，则毫墨无可施之地”[③]。朴趾源认为朝鲜长期以来土地界线混乱，重新测定耗时耗力，所以他并不主张“井田”，而是“限民名田”，即从某一个特定时间起，李朝国民占有的土地便不得超过一定限度。“限民名田”比“井田”要容易施行，而且也不失井田的平等原则。朴趾源虽然渴望消灭不平等的封建制度，但是他企图用限制大

① 《课农小抄·限民民田议》，《燕岩集》卷十六，第 397 页。

② 同上书，第 398 页。

③ 同上书，第 399 页。

规模财产占有的办法来改革，显露出其阶级的局限性。尽管如此，朴趾源的土地改革方案仍是具有一定历史意义的，因为他的方案包含着对封建社会基础制度进行攻击、批判甚至否定的因素。①

（三）耕耘树艺的措施

土地是农业最基本的生产资料，因而对土地的利用在封建生产方式中堪称头等大事。朴趾源竭力提倡发展农业生产，改善农业经营。在《课农小抄》中，他对农事的气候、节令、农具、耕垦、土壤、肥料、水利等各个环节都做了精细的论述。如果说《限民名田议》是论述土地改革主张的政论，那么《课农小抄》就是农业经营法的科学著作。《课农小抄》结合文献和农民的经验以及朴趾源的直接观察，叙述和概括了中国和朝鲜自古以来的农业生产经营法。它几乎囊括了有关农业的各种问题，其篇名为“占候”“田制”“农器”“耕垦”“粪壤”“水利”“播谷”“锄治”等农学术语便体现了这一点。比如在《粪壤》一章中，中国百姓在途中捡拾牲畜粪便以肥田的行为引起了他的关注：“粪涵，至秽之物也，为其粪田也，则惜之如金。”他“尝经过燕蓟之间，每见居民腰悬一篮，手持铁搭，伺偻于来牛去马之后而拾其所遗，可谓勤苦之甚。到处粪堆方圆棱隅，整整如亭台，未见其狼藉差池，庄生所谓道在粪壤者良觉是矣”。② 之所以细微如粪肥之事朴趾源都详加记录，是因为他长期都在思考探索朝鲜农业增产的良方。

水是人类社会中最基础最重要的资源。日常生活、农业浇灌都离不开水。朴趾源燕行期间很注意观察中国的用水情况，并留

---

① 李敦球：《韩国北学派思想研究》，1999年博士学位论文，第92—96页。

② 《课农小抄·粪壤》，《燕岩集》卷十六，第369页。

心记录。一踏进辽东，朴趾源便记录了当地的饮水井：“有井砖瓷，又磨治全石为覆盖。穿其两旁，劣容汲器，所以防人堕溺，且障尘土。又水性本阴，故使蔽阳，养活水也。井盖上设辘护，下垂双埂，结柳为棬，其形如瓢而深，一上一下，终日汲不劳人力。”① 朴趾源对此甚感新奇，认为这是中国人利用水资源的一个范例。当时朝鲜很少见到这种井制，“唯平壤有此法”。朴趾源还留意到，中国人“汲水皆肩担而行，谓之扁担。其法，削一条木，如臂膊大，其长一丈，两头悬桶，去地尺余。水滚窣不溢”。平壤虽有此井，但平壤人“不肩担而背负之”。朴趾源认为，背负“甚妨于窄路隘巷，其担法，又此为得之”。他认为中国人用扁担担水的方式颇有值得借鉴之处。朝鲜多山，干旱之时，“咫尺虽有衰衷之流，地势暂高，则立视其枯涸而末如之何”。为了解决农田灌溉问题，朴趾源在中国期间，很注意观察中国的农田浇灌及水车的构造：“四轮车上置一座大木槽，槽中置大铜器，铜器中置两座铜筒。铜筒中间立乙颈水铳，水铳为两股，通于左右两筒。两筒有短脚而底有暗户，以铜叶为扉，令随水开阖。两筒之口有铜盘为盖，圆径紧适筒口。盘之正中串铁柱，架木以压盘，亦以举盘，盘之出入升降，随木架焉。乃灌水铜盆中。数人互踏木架，则筒口铜盘一陷一涌。大约纳水之妙在于铜盘。铜盘涌齐筒口，则筒底暗户倏翕自开，以吸外水。铜盘陷入筒里，则筒底暗户翢盍自阖，于是筒里之水膨胀无所归，乃自铳脚走入乙颈，忿薄上冲而喷之，直射为十余仞，横噀可三四十步。”② 用此种水车，即可以将水由低处引向高岗，充分利用水源。《热河日记》中关于农业灌溉水车的记载，还有“龙屋车”“龙骨车”“恒升车”“玉恒车”等，后来朝鲜依照朴趾源

① 《热河日记卷一·渡江录·二十七日甲戌》，第13页。

② 《热河日记卷二·驲汛随笔·车制》，第65—66页。

提供的样式仿做造车，解决了农田灌溉问题。

三、鼓励工商，贸易富国

（一）“农工商贾，各有其学”

工商业活动在朴趾源所处的18世纪李朝虽已显示出越来越强大的社会功能，“利用厚生”不可离此一途。但在当时理学主导的朝鲜社会中，对从商、商人都十分排斥，如果士阶层经商那更是犯天下之大忌。因此，发展工商业以“利用厚生”，必须首先转变旧观念。朴趾源提出了“农工商贾，各有其学”的思想，为工商业活动正名：

古之为民者四：士、农、工、贾，士之为业尚矣。农、工、商贾之事，其始亦出于圣人之耳目心思。继世传习，莫不各有其学……然而士之学，实兼包农工贾之理，而三者之业必皆待士而后成。夫所谓明农也，通商而惠工也，其所以明之通之惠之者，非士而谁也？故臣窃以为，后世农工贾之失业，即士无实学之过也。①

儒家主张以礼义治国，反对斤斤计较的等价交换，强调重义轻利。所谓“君子唯义而已矣，何必曰利”，“君子喻于义，小人喻于利”，讲究仁义礼信等道德准则，而贬低物质利益，其结果就是造成东方重道而轻农工商。“君子不器”成为儒家的规训。尤其是商业，排在士农工商四民之末，在传统儒家文化中最没有社会地位，而“士”之为“最尚”者。朴趾源提出农、工、商、贾也是圣人心目中所看重的事业，而且这些关系民生的实业必须由真正有才能的“士”来担当完成。士、农、工、商等业

① 《课农小抄》，《燕岩集》卷十六，第344页。

当初都是圣人所创立。他们之间“各有其学”，本没有什么高下的差别。但是后来人们的观念在“士”的引导下渐渐偏离了圣人之学，把士看成了最高等级的职业，把农看成了“本”，把商视为了“末”。因此，士“必从‘农工商贾’之事即‘明农、通商、惠工’做起。”[①]。朴趾源关于商贾之事乃圣人之学的基本思想，意在说明商业活动的正当性、合理性和必要性。儒学是要引领道德与经世的，应该具有“裕民益国之效”的品质。要见实效必从“农工商贾之事”做起，农工商贾之事”就是实事，与此有关的“明农、通商、惠工”则是实学的内涵，因为实事是通过农工商之事得以具体化的。长期以来形成士之为业为“尚”，而农、工、商贾之事遭贬抑的原因是什么呢？朴趾源认为这是人们长期以来偏离圣人实学所致。他说：“后世农、工、贾之失业，即士无实学之过也。惜乎古所称农家者流，今皆放失不传。”[②]“士无实学”是对千百年来士以谈虚为尚、偏离实学的反思与批判，朴趾源不仅阐述了工商业活动的正当性，而且正本清源，提出“利用厚生”实学才是圣学之本。工商业技术活动历来被贬损为奇技淫巧，是造成朝鲜乃至整个东亚社会近世落后于世界史进程的重要原因之一。朴趾源从“利用厚生”的实学视角为工商业技术科学立言，给予其很高的地位，是符合时代发展潮流的。朴趾源发展工商业的思想是有较深刻的时代指向性的。《许生传》里记述的许生寄予了朴趾源的理想。许生开始欲做两班，苦读七年，结果一事无成，穷困潦倒，被妻子一番数落后幡然醒悟，毅然决定投身商海，靠财富的力量建起了“富贵共之”的理想国。朴趾源通过《许生传》为无所事事、游手好闲的两班指出了从商的光明出路。在朴趾源的观

① 尹丝淳：《实学意蕴及其嬗变》，《当代韩国》1997 年第 1 期。

② 《课农小抄 · 诸家总论》，《燕岩集》卷十六，第 344 页。

念中，物质财富不仅可以一般性地富民，而且是改造社会的基础和手段。

（二）发达、繁荣的清朝商业贸易

朴趾源在中国期间，很注意考察中国的商业情况。其《热河日记》中，有许多关于市场、集市、商业街、商队、当铺、商店、酒楼、商人的记载。同时，朴趾源也把商业活动当作了一个地区繁荣与否的标志。清代的商业活动也在康乾时期快速繁荣，比较有代表性的为北京的市集。这些小型的商业集中地向着专门化、多元化发展，而且全年中几乎每隔几天就有各种庙市举办，大大扩充了市集所占据的地域。北京的“大栅栏、珠宝市、西河沿、琉璃厂之银楼缎号，以及茶叶铺、靴铺、药铺、洋货铺皆雕梁画栋，金碧辉煌，令人目迷五色，至酒楼饭馆，张灯列烛，猜拳行令，夜夜元宵，非他处所及也”①。《热河日记》中有大量直观描写中国18世纪生机勃勃的商业活动的内容。对于沿路所经过的大大小小的城市、村镇，朴趾源都尽力都给予热情的描写。中国边境的栅门小城“毫无村野气”，又见到凤凰城“若是其盛”，随后赶到“十倍于凤城”的辽阳：

还辽阳城，车马轰殷，聚观者到处成群。酒楼红栏高临大道，扬出出一面金字酒旗，书着“闻名应驻马，寻香且停车”……环观者弥众。人肩相磨。②

而到了盛京，“入外郭门，郭内民物之繁华、市肆之侈盛，十倍辽阳矣”③。这些记载对于商品经济发达的大城市，多侧重

① 万青黎、周家楣修，张之洞、缪荃孙纂：《光绪顺天府志·京师志十八·风俗》，光绪十二年刻本。

② 《热河日记卷一·渡江录·初八日甲申》，第29页。

③ 《热河日记卷一·盛京杂识·秋七月初十日丙戌》，第36页。

于反映其繁华富丽，人潮如织的盛况，可见 18 世纪中国北方城市经济的极大发展，如沈阳的街市，“毂击肩摩，热闹如海。市廛夹道，彩阁雕窗，金扁碧榜，货宝财贿冲其中”①。在山海关使行团见到“闾舍市井胜于盛京，车马最盛，士女尤为都冶，其繁华富丽沿道莫比”②。在北方物资交流的重要枢纽——通州通运码头，朝朴趾源感叹：“舟楫之盛可敌长城之雄，巨舶十万艘皆画龙。”③ 他们不但记载下了潞河漕运的繁荣景象，同时也描绘了通州城以及城中市集的繁盛。在北京，朴趾源见识到京城中“市廛夹道”“百货凑集”的盛况，如“廛铺罗列，车马闹热”的报国寺集市和“百货盈庭”的隆福寺：

卿士大夫连车骑至寺中，手自拣择市买。百货盈庭，珠玉珍宝之物磊落宛转于履屐之间……前年李懋官游此寺，值市日，逢内阁学士嵩贵，自选一狐裘，挈领披拂，口向风吹毫，较身长短，手揣银交易，大骇之……贫士家虽乏无尺僮者，未尝敢身至场市间，与贾竖辈评物高下，为鄙屑事也，宜其大骇于我人之目。

嵩贵（1733—1789），为蒙古正白旗人，字抚棠，乾隆二十六年进士。乾隆四十四年正月由翰林院笔帖式入值，曾任礼部侍郎，蒙古副都统，内阁学士，身份如此尊贵的朝廷重臣亲自在隆福寺集市上选购，不得不令朝鲜使臣“骇”之。朴趾源在市场中也见到“吴中名士”“翰林庶吉士”为“访亲旧，问讯家乡”来往穿梭，他们“亲手停当为愉快，选择去就之际，亦见其简易质直”，所以“中国人人能有精鉴雅赏”。又如在盛京朴趾源见到“额阔鼻长，丰采烨然”的田仕可，“朗然读书，声出金

① 同上书，第 37 页。

② 《热河日记卷二 · 驲汛随笔 · 山海关记》，第 84 页。

③ 《热河日记卷二 · 关内程史 · 八月初一日丁未》，第 104 页。

石”的李龟蒙，“工书画，善雕刻，异能谈说经义”的费稚，“美须髯，善饮酒，笔翰如飞”裴宽等人①，他们虽为商人，却博洽多闻，下笔成章，风流儒雅，器宇不凡。

朴趾源在此反思了朝鲜的士大夫阶层耻于接触商业的观念，这种闭塞保守的思想造成了工商业落后封闭。“走出国门的朴趾源，通过贫富两种情况的对比，认识到只有发展工商业，‘四业’并举，才能实现‘利用厚生’的价值目标，实践圣人的古训。”②

朴趾源把“利用厚生”学说解释为：“工制什器，商通财货，以利民生，使衣食图谋民之厚生”，因而更“重视实用和实践，主张同等对待农工商各行业，以保证其‘生业’”③。工商业是“利用厚生”学说的一个重要范畴，在朴趾源的《热河日记》中，记述了许多乾隆年间中国的商业情况，如市集、商队、商人等，其重视工商业的思想与正统的以儒家思想为核心的朝鲜实学是不同的，这也正是朴趾源“利用厚生”学说的进步性所在。

朴趾源对清代商业繁荣的观察贯穿其整个燕行之旅。在看到沈阳街貌后，朴趾源评价其为“入外郭门，郭内民物之繁华、市肆之侈盛，十倍辽阳矣”④。到新民屯时，朴趾源又记道：“新民屯，市肆闾阎，不减辽东。”⑤ 又有“小黑山，野中平坡稍阜而有拳大小山，故名，闾阎栉比，市肆繁华，不减新民屯。”⑥朴趾源总结道：“今行千余里之间，所经市铺，若凤城、辽东、

---

① 《热河日记卷一·盛京杂识·粟斋笔谈》，第39页。
② 葛荣晋：《韩国实学思想史》，首都师范大学出版社，2002年，第322页。
③ 全海宗：《中韩关系史论集》，中国社会科学出版社，1997年，第381页。
④ 《热河日记卷一·盛京杂识·秋七月初十日丙戌》，第36页。
⑤ 《热河日记卷一·盛京杂识·十三日己丑》，第51页。
⑥ 《热河日记卷一·盛京杂识·十四日庚寅》，第55页。

盛京、新民屯、小黑山、广宁等处，不无大小奢俭之别，而盛京为最，皆纹窗绣户，夹路酒肆，金碧尤盛。”① 市集不仅是商品交易的场所，同时也是百姓社会交往、休闲娱乐的集散地，朴趾源用一个外国人的眼光记录中国的市集和庙会，以及这些场合中诸如说唱表演、戏曲艺术、杂技等文化娱乐活动。繁华的城镇、集市，琳琅满目的商品，摩肩接踵的人群，这些充满生机和活力的场景说明清朝商业贸易的高度发达。朴趾源用褒赞的笔调描绘着中国繁荣的商业，主张朝鲜要像中国那样发展商业。他的理论体系尊崇工商、抑制两班特权，这不同于传统的义利之辩，具有崭新的时代精神。发展工商是朴趾源看到的社会历史方向，工商实业是未来财富的主要来源。他认为历史必将发展，其方向是工商实业，历史的主人、未来的新两班、君子、仁者、义者、智者是工商业者，此见不乏敏锐与深刻。②朴趾源的商业思想具时代性、先见性，也是他“利用厚生”理论的重要组成。朴趾源记录的典当铺门柱上的对联颇能反映其实学主张的商业精神：“《洪范》九畴先言富，《大学》十章半论财。”③

四、因地制宜，发展实业

如果说“北学中国”是朴趾源实现“富国裕民”理想的重要途径之一，那么“利用厚生”的观念就是衬托他这一重要途

① 《热河日记卷二·驲汛随笔·市肆》，第67—68页。

② 姜日天：《燕岩朴趾源》，《东方著名哲学家评传》（韩国卷），山东人民出版社2000年版，第493—496页。

③ 《热河日记卷一·渡江录·七月初一日丁丑》，第20页。

径的理论根基。[①] 朴趾源不仅提出了发展商业，而且对工业、林业、矿业和畜牧业等都予以积极关注。他指出："人知有货之可以不饥，而不知徒货之不足恃也。家犹如此，而况国乎？"[②] 单纯发展商业对于富国强民来说远远不够，而是应该推进各种实业齐头并进。因此，面对朝鲜国内自然资源和生产物质的凝固化和被忽略，朴趾源尤为痛心。他提出：

利用然后可以厚生，厚生然后德可以正矣。今夫水，蓄泄以时，值岁旱干，溉田以车，通漕以闸，则水不可胜用矣。今子有其水，而不知用焉，是犹无水也。今夫火，四时异候，刚柔殊功，陶冶耕耨，各适其宜，则火不可胜用矣。今子有其火，而不知用焉，是犹无火也。至于我国百里之邑三百有六十，高山峻岭十居七八，名虽百里，其实平畴不过三十里。民之所以贫也！彼崒然而高大者，四面而度之，可得数倍之地，金银铜铁往往而出，若采矿有法，鼓炼有术，则可以富甲于天下矣。至于木也，亦然。宫室、棺椁、车舆、耒耜各异其材，虞衡以时养其条肄，则足用于国中矣。[③]

这段文字出自《洪范羽翼序》，系朴趾源为禹汝楙所著的《洪范羽翼》所作的序文。《洪范》为《尚书》篇名，传为箕子向周武王陈述的"天地之大法"。今人或认为系战国后期儒者所作，或认为作于春秋。《汉书·五行志》曰："禹治洪水，赐《洛书》，法而陈之，《洪范》是也。"故亦称"洛书"。《洪范》一篇假托武王与箕子问答，言禹治水有功，上帝予其"洪范九畴"，意即治国的九种基本方法，其中首先提出水、火、木、

① 李岩：《朴趾源〈热河日记〉的北学意识和实业方略》，《东疆学刊》2007年第1期。

② 《课农小抄》，《燕岩集》卷十六，第337页。

③ 《洪范羽翼序》，《燕岩集》卷一，第14页。

金、土“五行”及其性能作用。朴趾源说自己儿时苦于《洪范》“难读”，塾师告诉他造成《洪范》艰涩难懂的原因在于“世儒乱之也”。“利用厚生”一词来自《尚书·大禹谟》：“於！帝念哉！德唯善政，政在养民。水、火、金、木、土、谷唯修。正德、利用、厚生、唯和。”[①] 朴趾源认为，《洪范》无非讲述在遵循自然规律的前提下，合理地利用改造自然，推进社会发展。“五土异粪，五谷殊种，而明农之智寄在愚夫，任地之功不识何事，民安得不饥也？故曰：既富方谷，先明其日用常行之事，则富且谷，而九畴之理不出乎此矣。”[②] 治国之道乃是“日用常行”的生民之业，“利用”以“厚生”，才是朝鲜国富民强的正确道路。

使行团一路进京，所乘者车，路途中所见也是车马最众，“沿道千里，日阅万车”，所以首先吸引朴趾源关注的，必然是中国的造车制度。他记录道，清代载人车太平车，“轮高及肘，三十辐共一毂，枣木团成，铁片铁钉围遍轮身。上为圆屋，可容三人。屋以青布，或续缎，或羽缎。为帐，或垂细帘，用银钮开闭，左右傅玻璃为窗。屋前设横板，以坐御者。屋后亦坐从者，驾一驴而行，远道则益马与骡”[③]；“载物曰大车，轮高稍逊于太平车。辐为廿字形，载准八百斤，驾两马。八百斤以外，量物加马。载上以革为屋，如船篷……御者号称看车的，高坐载上，手执一条长鞭，系两绦，长可二丈。挥绦打中不用力者，中耳中胁，手惯妙中。鞭打之响，震动如雷。”[④] 朴趾源还记录了独轮车的构造。进入北京京城，他看见“车马塞路”，“独轮车数万，

① （汉）孔安国传，（唐）孔颖达等正义：《尚书正义》卷四，见（清）阮元刻《十三经注疏》上海古籍出版社，1997 年，第 135 页。

② 《洪范羽翼序》，《燕岩集》卷一，第 14 页。

③ 《热河日记卷二·驲汛随笔·车制》，第 63—64 页。

④ 同上书，第 64 页。

填塞无回旋处”[①]。中国用车已经非常普遍，“关陕、川蜀、江浙、闽广之远，巨商大贾及挈眷赴官者，车毂相击，如履门庭，訇訇轰轰，白日常闻雷霆之声”[②]。看到中国的社会发展状况，朴趾源醒悟：“中国之货财殷富，不滞一方，流行贸迁，皆用车之利也。”在来中国以前，朴趾源与洪德保、李圣载讨论朝鲜的车制，为中国之行的考察奠定了基础。朝鲜虽然有车，但是“轮未正圆，辙不入轨”，朴趾源从朝鲜的实际情况出发，认为急需推广中国先进的车制。朝鲜“岭南之儿不识虾盐，关东之民沉磕代酱，西北之人不辨柹柑，沿海之地以鮧鳅粪田，而一或至京，一掬一文，又何其贵也！今夫六镇之麻布、关西之明䌷、两南之楮纸、海西之绵铁、内浦之鱼盐，俱民生日用而不可阙者也。……然而此贱而彼贵，闻名而不见者何也？一言而蔽之曰：车不行域中”[③]。朴趾源呼吁，车对一国社会发展至关重要，“有国之大用莫如车”，“至于乘车、载车，尤系生民先务”。除了载人载物之车外，救火车有虹吸、鹤饮之制，战车有炮车、冲车、火车”，朴趾源指出这些车制都记载在《泰西奇器图》、康熙所造《耕织图》，以及《天工开物》《农政全书》等书籍中，积极学习采用，才能建立朝鲜四通八达的交通，确保国内物流顺畅。朴趾源观认为中国的车制为“利生民之日用，而有国之大器”，并为自己的发现且“惊”且“喜”。

朴趾源自号燕岩，缘于其曾在燕岩峡隐居，而选择该地的用意乃“有意于畜牧也”。朝鲜的畜牧业很不发达，在农耕社会中，牛马等牲畜既可做耕地之用，又可骑乘，还能供应食用，因而畜牧业发展得好坏，制约着农业、运输业的发展。朴趾源留心

① 《热河日记卷二·关内程史·八月初一丁未》，第105页。
② 《热河日记卷二·驲汛随笔·车制》，第65页。
③ 《热河日记卷二·驲汛随笔·车制》，第65页。

观察了当时中国发达的畜牧业。朴趾源记录了在热河看到的一幕：一日，“偶出门外，有马群数百匹过门而去。一牧童骑绝大马，持一蜀黍柄而随之，又有牛三四十头，不穿鼻，不稽角，角皆长尺余，半多青色，驴数十头随之……盖朝日放牧也。于是闲行察之，家家开门，驱出马驴牛羊辄不下数十头”，朴趾源再看驿馆外朝鲜使行团马匹，令其“寒心”[①]。相比之下，朝鲜的畜牧业存在很多问题，朴趾源将其总结为“寒心者”共有七项：“马皆元世祖所放之种，四五百年不易其种”，“无土产，皆辽沈间所购”，“陪扈之班，百官多相借骑，又乘驴从驾，不成仪典”，“文臣乘轺以上无所事骑，又难喂养，已去其骑”，“三营哨官，月三操习，或有临时贳骑者”，“八道所置骑士名存实亡”，“马死日多而马价益增”[②]。面对这种局面，朴趾源提出畜牧业的主张：第一，马要大不要小，宜健不宜弱，求骏不求驽，首先从中国进好品种。“今两国升平之日，诚求牝牡数十匹。大国必无爱此数十匹。若以外国求马私养为嫌，则岁价潜购……以易其种。”[③] 第二，熟悉马性。“凡物之性，亦与人同，劳则思逸，郁则思畅，曲则思舒，痒则思蒯。虽饮吃待人，亦有时乎自求愉快，故必时解其羁绁，放之水泽之间，以散其愁郁之气。”[④] 然而，朝鲜当时的牧马之道不是这样。“吾东牧马之法，唯恐绊系之不固。驰骤之时，不离牵控之苦；休息之际，未获展蒯之乐。人与马不相通志。人轻呵叱，马常怨怒。”[⑤] 第三，改善朝鲜“官昧攻驹”的情况。朝鲜并非没有识马之伯乐，但是舆论和士林不但不予以认可，甚至予以嘲讽。这最终导致领班

① 《热河日记卷三·太学留馆录·十四日庚申》，第 143 页。

② 《热河日记卷三·太学留馆录·十四日庚申》，第 143—144 页。

③ 《热河日记卷三·太学留馆录·十四日庚申》，第 144—145 页。

④ 同上书，144 页。

⑤ 《热河日记卷三·太学留馆录·十四日庚申》，第 144 页。

对牧马之事重视不够，“付之仆隶之手，虽职居监牧，人是流品，而固不识牧马之方”。朴趾源认为朝鲜国内养不出好马，“非不能，乃不肯学也”，“国俗所以贫者，盖由畜牧未得其道耳”①。

朴趾源积极探索改进生产工具，主张学习中国的用磨、窑制、砖制等。在中国三河县，曾见过水磨，他建议利用水动力磨谷、缥茧。他详细记录了中国转磨的制度，认为其“动足甚微而收功甚巨”，相较朝鲜妇女“一篵数斗之轮，则一朝鬓眉皓白手腕麻软”，中国转磨的原理更为先进可取。朴趾源认为缫车“宜可效”，朝鲜的“唯知手汲，不识用车”的抽缫之法显得过于落后。朴趾源一直不满于陶户对松木的消耗，因为“松一剪则非再蘖之树”。朝鲜之窑是“卧灶”而非“窑”也。“初其烧坚之费，先已多矣。窑长而不能高，故火不炎上；火不炎上，故火气无力；火气无力，故必爇松取猛；爇松取猛，故火候不齐；火候不齐，故瓦之近火者常患苦窳，远火者又恨不熟。”加之松木乃“不可再蘖”之树。而“一遇陶户，四山童濯，百年养之，一朝尽之……而国中之良材日尽，陶户亦日困矣”②。来到中国后，中国的窑制启发了朴趾源：“今观此窑，砖筑灰封，初无烧坚之费，任意高大，形如覆钟，家顶为池，容水数升。旁穿烟门四五，火能炎上也。置砖其中，相支为火道，大约奇妙在积。”朴趾源想到，如果像中国这样制窑，朝鲜的松木就会大量节省。回国后，朴趾源也向国王献策献计，推广中国窑制。朴趾源也关注中国的制陶技术，认为它与人类的物质生活关系极其密切。他发现，中国的民居多为砖筑。砖窑随处可见：“数家相聚，必有一座大窑以烧砖。范印晒曝，新旧蟠烧。处处山积，盖甓为日用

① 《热河日记卷二·太学留馆录·十三日己未》，第143页。

② 《热河日记卷一·渡江录·七月初一日丁丑》，第22页。

先务也。”[①] 朴趾源比较了砖与石的优劣：“我国城制不砖而石，非计也。夫砖，一函出矩则万砖同样，更无费力磨琢之功。一窑烧成万砖坐得，更无募人运致之劳。齐匀方正，力省功倍，运之轻而筑之易，莫砖若也。今夫石，劚之于山当用匠几人。辇运之时当用夫几人，既运之后当用匠几人以琢治之，其琢治之功又当再费几日，筑之之时，安排一石之功又当再用夫几人，于是，削崖而被之，是土肉而石衣也。外似峻整，内实鶂甋”，“砖得灰缝，如鱼膘之合木、鹏砂之续金，万甓凝合，胶成一城。故一砖之坚诚不如石，而一石之坚又不及万砖之胶”。朴趾源肯定了中国的砖制，归国后任地方官期间亲自践行摸索。

朴趾源毕生建构的“利用厚生”学说结合了他在中国的考察所得，促使他在归国后的很长时间内进行了实践。他广泛应用各种新技术，身体力行，成绩卓著，用实际行动证明了自己在《热河日记》的高亢宣言：

余下士也，曰壮观在瓦砾，曰壮观在粪壤。夫断瓦，天下之弃物也。然而民舍缭垣肩以上，更以断瓦，两两相配，为波涛之纹，四合而成连环之形，四背而成古鲁钱，嵌空玲珑，外内交映。不弃断瓦，而天下之文章斯在矣。民家门庭，贫不能铺砖，则聚诸色琉璃碎瓦及水边小砾之磨圆者，错成花树鸟兽之形，以御泥淖。不弃碎砾而天下之画图斯在矣。粪溷至秽之物也，为其粪田也，则惜之如金。道无遗灰拾马矢者，奉畚而尾随，积庤方正，或八角或六楞，或为楼台之形，观乎粪壤，而天下之制度斯立矣。[②]

这段“壮观论”堪称朴趾源改革精神的精髓。细微至瓦砾、粪壤，一切有利于民生之事都该是士人所关注的本业，是学问的

① 《热河日记卷一·渡江录·二十九日丙子》，第20页。

② 《热河日记卷二·驲汛随笔·秋七月十五日辛卯》，第61页。

最终归宿。1792—1796年（正祖十六年至正祖二十年），朴趾源任安义县监期间便将平素深入研究的科学技术进行了实践，“潜心致力于‘利用厚生’学的先生，即任起就把在北京获得的知识直接传授给工匠，创造性地制作使用了风具、织机、龙尾、水转、轮碾即织布机、扬水机、水碾等生产器具，修建了作为官衙的附属建筑物的百尺梧桐阁、孔雀馆、荷风竹露堂、莲花池等。这也是将自己在北京学过的制砖技术，实际运用于建筑物中”①。其次，“先生由衷地爱护关心此地居民，倾心注力于民生。遇凶年大灾，救恤饥饿流离的饥民多达一千四百余人，在咸阳水灾多发地区，筑造堤堰以防洪水，力推敬老之风，以使教化风俗”②。朴趾源坚决反对两班暴政，积极呼吁改革社会制度。他提出，为政者应“盛农桑、增户口、兴学校、修军政、均赋役、简词讼、息奸猾”③；他主张四民平等，废除身份嫡庶差别，地区差别和各类酷刑，宣传解放奴婢，支持寡妇改嫁，反对束缚人民精神的宗教教条，将耶稣教理讥为“悖说”“佛氏糟粕”，这一切都体现出他思想的先进性。可以说，朝鲜“北学派”观念的产生，是基于对清朝繁荣强盛的接触和了解，而朴趾源对清朝社会的亲身体察，是他本有的北学观念的深化和系统化。通过燕行之旅，他更加确定了自己“利用厚生”理论的正确性和可行性。朴趾源对两班沉迷于性理学的“空理空谈”极度不满：“文灭其质，末倾其本，士或高谈性命而遗于经济，或空尚词华而罔于有政”，他大声疾呼道：“呜呼！今以浮华不学之士，率其惰窳无知之氓，即何使醉人相瞽哉？”④ 他的这种论说，不仅有启迪和

① 李佑成：《燕岩朴趾源先生事迹碑》，见《热河日记》第388页。

② 同上。

③ 《咸阳郡兴学齐记》，《燕岩集》卷一，第23页。

④ 《课农小抄·诸家总论》，《燕岩集》卷十六，第345页。

唤醒众人的功效，且还起着警示社会良知、除弊思进的作用。在“空谈心性”的社会弊端尚未根除，国家和人民极度贫穷落后的历史背景下，朴趾源高举“利用厚生”的大旗，无疑有着极重要的批判意义和现实改革作用。

五、利用厚生，富国强兵

在“北学派”的改革措施中，有一点最为重要：为缓和日趋尖锐的社会矛盾，必须安定民生，进而实现国家富强，而达到这个目标的唯一手段就是“利用厚生”。“利用厚生”始见于《书经·大禹谟》：“禹曰：于帝念哉。唯善政，政在养民。水、火、金、木、土、谷，唯修。正德、利用厚生，唯和。”《左传·文公七年》说：“六府三事，谓之九功。水、火、金、木、土、谷，谓之六府。正德、利用、厚生，谓之三事。”这是“正德利用厚生”最早的两个出处。历代儒家学者都把正德作为教化人心的首要标准。而至宋儒，理学家将主要精力用于形而上的哲学思辨，从而使道德架空于“利用厚生”之上。在朝鲜，由于朱子学被李朝统治者当作维护封建秩序的手段而成为绝对权威，“正德”越发成为两班津津乐道、博取名利的工具，“利用厚生”却被当作“小道”和“末技”。这种错误的认识给朝鲜社会生产、经济发展和百姓生活带来了巨大障碍，阻滞了社会前进的脚步。朴趾源打破了这一禁锢的思想体系，他说：“利用然后可以厚生，厚生然后正其德矣。不能利其用而能厚其生，鲜矣。生既不上足以自厚，则亦恶能正其德乎?”① 与经世致用学派消极地看待自然不同，朴趾源将自然看作是开发的对象，并主张合

① 《热河日记卷一·渡江录·二十七日甲戌》，第12页。

理地利用自然，发展农业工业生产。[①] 韩国史学家全海宗先生著文列举了朝鲜时期最有代表性的五位实学家，并对他们进行比较研究。在将朴趾源与李饵、柳馨远、李瀷、丁若墉比较后他得出结论：“唯独燕岩以‘利用厚生’来代替‘经世致用’。他的这一主张是有根据的。在经典上也可找出‘利用厚生’一词，但是解释为‘工制什器，商通财货，以利民生，使衣食图谋民之厚生’。如此看来，我们不难理解燕岩将农工商相提并论，不谈修己治人，提倡‘裕民益国之效’；无须执迷于‘六经’，主张‘利用厚生’的原因。”[②] 与李洱等四人相比，朴趾源重视实用和实践，主张同等对待农工商各行业，以保证其“生业”，他的观点显得与众不同。“由此看来，燕岩实学，即北学派实学是游离于以儒家思想为核心的（正统派）实学的一种理论。”[③]

终其一生，朴趾源都在为研究和实践“利用厚生”、促进18世纪朝鲜的文明化和先进化而奔走呼号，呕心沥血，“在流通与技术革新领域做出了超凡的贡献”[④]。朴趾源的“北学”主张中包含彻底而全面的改革精神，在他亲睹中国的先进文明之后，对照朝鲜的贫穷落后及民生凋敝，提出了针对性的改革理论并践行之。他的行为已经超越了早期“经世致用”理论层面的实学思想家，而“利用厚生”的理论体系凭借关系国计民生的各项具体改革措施而充实饱满，即使在今人看来，依旧闪烁着思想的光辉。虽然由于朝鲜当时封闭落后的思想桎梏和两班的疯狂抵制，《热河日记》及朴趾源的主张只能星火般在民间流传，但是在朴

---

① 朴忠锡：《韩国政治思想史》，三英社，1982年，第117页。转引自李英顺：《朝鲜北学派实学研究》，中国社会科学出版社，2011年，第181页。

② 全海宗：《中韩关系史论集》，中国社会科学出版社，1997年，第382页。

③ 全海宗：《中韩关系史论集》，中国社会科学出版社，1997年，第382页。

④ 李佑成：《燕岩朴趾源事迹碑》，见《热河日记》第388—389页。

趾源及其《热河日记》影响和激励之下，诸如朴齐家等“北学派”后继者一次又一次发出“力学中国”的时代强音，他们深爱着祖国和民族，满怀忧患，孜孜不倦，用智慧和心血推动沉重的历史车轮，求索着朝鲜的未来。

第四章　杂录的内容及艺术形式

《热河日记》的编排主要由日记和杂录两部分构成。日记部分记录了使行团的每日行程，而由于日记体例的限制而不易展开的专题、重点内容则编排为单篇的“杂录”。《热河日记》中杂录的比重远远大过于日记内容，皆为朴趾源燕行的重大发现或心得。“杂录”的“杂”并非杂乱、杂陈的意思，而是指文章题材广泛，写法自由，不拘一格，是多样化的同义词。《热河日记》中的杂录上至军政大事、历史风云，下至市井民生，草木虫鱼，或记叙，或议论，或抒情，好比零散的珍珠串联镶嵌在朴趾源的整个燕行之旅中。任何成功的散文都不会拘泥于绝对的范式，《热河日记》中的杂录将开阔的内容和开放的形式融合起来，散而不乱，气脉中贯，取得了较高的思想艺术成就。

第一节　《行在杂录》《审势编》的论述艺术

一、《行在杂录》：朝贡关系内在问题的审视与反思

八月十五日辛酉，这日天气转凉，使行团即将返回北京，商议礼部私自篡改朝鲜使节团的谢恩奏章之事，他们认为如果不辨明此事，会“大关方来之弊”，于是呈文礼部诘问此事。礼部惊

恐“褫魄”，指责使行团的奏表“辞旨糊涂，全没叩谢之实”，潜改是为朝鲜“备为周全”，并派人督促朝鲜使团立即启程以避免此事继续扩大。[①] 此次事件并未获得最终解释，引起了朴趾源对于中朝朝贡过程中固有弊端的思考。

首先，朴趾源回顾了朝鲜与明清的朝贡关系。顺治元年（仁祖二十一年，1644），清朝建立了对中国大陆地区的统治后，延续了明朝的朝贡体系，要求朝鲜、越南、琉球等国缴还明朝的封诰，重新领取清朝封诰，并且明确将与周围部族的往来事务划入理藩院和礼部来管辖。蒙古、西藏等与内地的往来视为国家内务，归由理藩院管辖；朝鲜、日本等国的来往，视为独立的外国，由礼部管辖。朝鲜本作为明朝的册封国，在明朝与后金（清朝）的战争中一度支持明朝，后来在丙子之役战败后成为清朝的册封国。虽然明清易代，朝鲜的宗主国已然改变，但“大明”在朝鲜人心目中的神圣光环却并未泯灭：

呜呼！皇明，吾上国也。上国之于属邦，其锡赉之物虽微如丝毫，若陨自天，荣动一域，庆流万世；而其奉温谕，虽数行之札，高若云汉，惊若雷霆，感若时雨。何也？上国也。何为上国？曰中华也，吾先王列朝之所受命也。故其所都燕京曰京师，其巡幸之所曰行在，我效土物之仪曰职贡，其语当宁曰天子，其朝廷曰天朝，陪臣之在庭曰朝天，行人之出我疆场曰天使，属邦之妇人孺子语上国，莫不称天而尊之者，四百年犹一日，盖吾明室之恩不可忘也。昔倭人覆我疆域，我神宗皇帝提天下之师东援之，竭帑银以供师旅，复我三都，还我八路，我祖宗无国而有国，我百姓得免雕题卉服之俗，恩在肌髓，万世永赖，皆吾上国之恩也。[②]

---

① 《热河日记卷三·还燕道中录·秋八月十五日辛酉》，第 149 页。

② 《热河日记卷三·行在杂录》，第 187 页。

在朝贡体系下，朝鲜视明朝为“天朝父国”，对明朝处处效仿，在朝鲜半岛建立了明朝的翻版。明庭被朝鲜称为“天庭”，明朝军队被称为“天兵”，明使臣被奉为“天使”等，“天”这一至高无上的称谓，昭示着朝鲜人对明朝无以复加的感戴与尊崇。朝鲜国王对明朝皇帝极其忠诚，以至于每年必在景福宫朝向北京三跪九叩山呼万岁举行“拜阙”大礼。就像日本人对中国的文化想象主要停留在唐代一样，朝鲜人对中国的印象最终被定格在明代。明朝虽然为清朝取代，但明朝礼乐制度与服饰佩裳却完整地保存在了朝鲜半岛，首尔现今还保留着世界上唯一一座祭享明太祖的大报坛。在韩国的影视文化中今人仍可找寻到大明的痕迹——束发、网巾、深衣、儒冠、表字，甚至始于唐代的千秋节都被保存了下来。尤其是明万历二十年（宣祖二十五年，1592），日本丰臣秀吉入侵朝鲜，攻下王京，进逼平壤，朝鲜国王逃至义州，不得不向明朝求援。明朝派出李如松率军援朝，最终打败日军，收复在部分领土，使朝鲜复国。万历二十五年(宣祖三十年，1597)，明朝再次出兵援朝，驱逐驻留在釜山的日军。明朝对朝鲜救国图亡的援助之情在朝鲜人看来是“恩在肌髓，万世永赖”。清朝建立后继承了明的朝贡体系，并且对朝鲜的重视远大过于对越南、琉球等国。根据清朝的规定，朝鲜册封使的品位为正三品以上，而越南、琉球的册封使为正五品以下、从七品以上，可见清朝对朝鲜的礼遇。历代清统治者都“加惠”于朝鲜，蠲免进献物品，简化朝鲜对清朝敕使迎送礼仪，安排军机大臣迎接使行团入热河，在朝廷上命使臣并立于大臣之列。这些都是“旷世盛典而固所未得于皇明之世”，只是朝鲜对于清朝的这些举动并不领情，因为清朝并非他们心目中的“上国”。

其次，朴趾源分析了朝鲜不必为清朝的优待而感恩的原因。朝鲜接受清的册封并继续朝贡，是在蛮族军事暴力的强“势”

之下而“力屈而服彼”，这种行为缺失了华夏文明中华夷秩序的正义性之“理”。朝鲜迫于清朝的野蛮暴力而在形式上屈从，但私下则仍称清皇为“犬羊禽兽”“胡皇”，称清使为“虏使”。清朝给予朝鲜的“赐赉之宠，蠲免之谕，”无非是“恤小柔远”的策略，是“惠”非“恩”，怀柔的背后掩盖着深层危机：

噫！戎狄之性如溪壑，不可厌也。皮币之不足而犬马焉，犬马之不足而珠玉焉。今乃不然，慈谅而款至，体恕而委曲，不施烦苛，无所违拒。虽吾事大之诚足以感彼而驯其性，然彼其意亦未尝一日而忘吾也。何则？彼寄居中国百有余年，未尝不视中土为逆旅也，未尝不视吾东为邻比也。及今四海升平之日，所以阴狃我人者多矣。遇之厚，欲其市德也；结之固，欲其弛备也。他日归巢，压境而坐，责之以旧君臣之礼，饥瘵焉求其周，军旅焉望其助，安知今日区区纸席之蠲，不为异时犬马、珠玉之需乎？故曰可以忧而不荣者，此也。

《热河日记》作为朴趾源“北学”思想的宣言，贯穿着对清朝盛世的展现及肯定，使用“戎狄”这类贬低性词汇在全书中极为少见。此处朴趾源的用意，恐怕还在于为《行在杂录》的立论张本。他指出，虽然清朝政权今日入主中原，但是在其心目中，中原为“逆旅”，朝鲜为其邻居，礼遇朝鲜的真实目的是“市德”以缓解清朝的边备压力。如若发生重大历史变故，清朝政权重返东北，将会重新对朝鲜索取繁重的贡品和军事援助，眼前的纸张、席子将会变本加厉为犬马、珠玉。朝鲜多年来为清朝“私厚”，“人心晏然而易忽”，于是朴趾源全文记录清朝与朝鲜使团之间的奏章和敕谕，以期引起“先天下之忧而忧者”的重视。

中朝两国之间的奏章和口谕主要是告知使行团的日程，通报了使行团参见班禅额尔德尼事，安排朝觐祝寿仪式的细节，以及使行团的谢恩表奏。八月十二日传来乾隆的口谕，褒奖朝鲜

"世守藩封，素称恭顺，岁时职贡，只慎可嘉"，将朝鲜使行团附贺寿表奉献的土物作为正贡以示"优恤"。乾隆称，中朝两国"推诚孚信，中外一体，又何必为此繁缛之节耶?"这个洋溢着赞赏与关爱之情的口谕强调，虽然收受了朝鲜使团的此次进贡，但嗣后"除岁时庆节正贡仍听其照例备进，其余陈谢表章，所有随表贡物，概行停止，毋庸备进"，以表达乾隆"柔惠远人"之意。朝鲜使行团接到口谕后，上奏表谢恩，《热河日记》收录的该条奏章如下：

臣德、臣曹奏：为据情代奏恭谢天恩事。据朝鲜国使臣锦城尉朴、吏曹判书郑等呈称"伏以恭遇皇上万寿节届，九域庆溢，本国不胜欢忭之祝，略效进贺之忱"。礼部添"瞻望圣僧，获沾福佑"。乃者格外恩赏，特沾小邦，至及于陪臣之贱。礼部改"加赏国王陪臣并从人等缎匹银两"。荣光所被，旷绝前后。谨当归奏国王，礼部添"另行具表陈谢"。感戴皇恩，呈请礼部大人，代为转奏等情具呈前来。为此谨具奏闻。乾隆四十五年八月十四日。奏奉旨："知道了。"钦此。①

使行团发现这则由"笔帖式"收录在文簿中的奏章与原本大异，原来是礼部转奏时在未通告的情形下私自添改，使臣惊骇之下令往礼部朝房诘问缘由，于是有了本节开头的一幕。所谓"笔帖式"，是中国清朝官名，此官职配置于朝廷或地方的辅助部门，品等为正六品至正九品不等，负责翻译汉、满章奏与文书抄写，清初还负责奏章满汉文间的校注。使行团呈交的本来奏章朴趾源并未记录，也应不出感恩赞颂之语，但却引起了关于中朝朝贡方式的反思。

最后，朴趾源剖析了外交呈文的固有弊端。朝鲜使行团在中国的大多活动都与礼部相关，礼部为六部之一，考吉、嘉、军、

① 《热河日记卷三·行在杂录》，第 191 页。

宾、凶五礼之用，管理教育事务、科举考试及藩属和外国之往来事。礼部下设四司之一主客清吏司，专门掌宾礼及接待外宾事务，故而与朝鲜使行团的接触至为密切。在《行在杂录》中，朴趾源陈述了关于使行团呈文中存在的问题。

第一，礼部经常强求使臣递交奏章以博帝王悦豫。朝鲜使臣向皇帝谢恩的奏章本应遵照使臣的意愿撰写呈交，但每逢皇帝施恩，礼部随即“迫令呈文”为之转奏，“唯恐呈文之后时”，甚至为了讨皇帝欢心，“不询使臣，潜改句语，不顾大体，只要一时悦豫之资，自陷罔上之科而甘取外国之侮”①。以礼部的行为参照，清朝其他诸部的作风可以想见，这种好比“委巷小人炫功德色”的处事风格在朴趾源看来颇失大国风范。

第二，居安思危，礼部对朝鲜使团的阳奉阴违不可久恃：

又有所深可忧者。礼部之所以奔趋我事，非畏我也，特畏皇帝之严急也。使臣之坐督礼部，事无难易，唯期速成。此无他，自不觉其有恃乎接遇之厚也，比年以来，已成规例。通官序班无所操纵于其间，久已积不平于我使矣。若皇帝一朝不视朝，而礼部之假借承奉，少有差池，则一序班足以制我使之进退矣。又况礼部所以奔趋者，本出于悦豫弥缝之事乎？为使臣者，不可以不察也。②

“序班”为中国古代文官官职名，明始置，清沿置，在清朝之位阶为从九品。序班职能通常是负责朝会和宴飨等礼节，管理宴享及各项活动中侍班、齐班、纠班及传赞等事，为配置于鸿胪寺或会同馆官署的基层官员。《明史·职官志三》：“序班典侍班、齐班、纠仪及传赞。”《清史稿·职官志二》：“序班掌百官班次。”礼部对朝鲜使团的优待根源在于清帝对于中朝关系的重

① 《热河日记卷三·行在杂录》，第192页。

② 同上。

视，其内心对朝鲜早积有“不平”，一旦帝王降低了对朝鲜的厚待，那么官职卑微的序班也会影响朝鲜使臣在清廷的处境。因此，出使中国的朝鲜使臣不能因通官序班表面的“奔趋”而妄自尊大，麻痹大意。

第三，译官虽然身份卑微却盘踞要津，不能忽视其关键作用和潜在危机：

凡使事进退，专关礼部。使臣之所以督成，不过任译而已。任译不过图嘱通官，通官不过图嘱衙门。所谓衙门，即四译、提督及大使也。提督、大使之於礼部堂官，等威截严，非可造次干托也。然而使臣之疑怒恒在译官者，盖由言语莫能自通而只凭彼此译舌故也。使臣既疑其受欺，而任译常怨其难明，上下情地否隔，不得相通。使臣之督责任译逾急，则序班通官之操纵逾甚，进退缓急，始在掌握，动辄索赂，岁增年加，遂成前例。今其所被操纵，不过回期之暂滞、文书之差退而已。万一有事且急，而大国之所以慰接使臣者，未保其恒如前日，则深坐馆中者，不过外国之陪臣耳，将谁恃乎？惟得仰成于序班，而凡系礼部者，始得沛然而公行其操纵矣。为使者，不可以不虑也。[①]

使行往来，译官是两国沟通的关键。朝鲜士大夫在明清易代后开始排斥中国语的，甚至认为中国“言语侏离”而加以鄙视。朴趾源发现：朝鲜使臣由于语言不通，能读写却无法听说，遇事只能督责朝鲜译官，朝鲜译官又只能找中国通官，通官报告给四译提督及大使，而四译提督和大使与礼部堂官地位相差悬殊，不可造次干预请托，所以不但不能顺利解决，而且导致通官索贿成为惯例。平日里译官、通官所能操纵的无非是使团回程日期早晚和例行文书是否违例等无关紧要的小事，但是万一有大事发生，那么使臣只能徒坐馆中，全赖译官与中国通官交涉，其中隐患甚

① 《热河日记卷三·行在杂录》，第192页。

大。所以朴趾源强调："使臣之于任译，太疑则非情，而过信亦不可，如有一朝之虞，则三使者其将默然相视，而徒仰任译之口而已哉。为使者不可以不讲。"① 在约五十年之后，道光八年（纯祖二十年，1828）到中国的朴思浩也同样注意到这个问题，认为将使行事务全部交给译官处理的做法极为不妥，"计之疏漏，莫此为甚"②。他对这个弊端的描述几乎与《热河日记》如出一辙："每有事焉，任译图嘱通官，通官图嘱四夷提督，提督于礼部堂官，等威截严，非可以干托也。事不谐，则使臣疑怒于任译，任译怨其难明，于是乎上下情志不相孚，而督责益急，则通官之操纵益肆，不虞之银两开焉。银一开而事愈阻，若有微细之葛藤，则任译、通官遑遑奔走，推胸叩心，隐若有天下大机关者，然使臣深坐馆中，默默相视，忧悸万端。兹曷故焉？士大夫妄尊自便，言语不通之过也。"③ 朴趾源使用了"为使臣者，不可以不察也""为使者，不可以不虑也""为使者不可以不讲也"，三个形式接近的句子贯穿全篇，感情激烈，表达着朴趾源的深思远虑。

二、《审势编》：清朝思想政治统治术的阐释与剖析

朴趾源来到中国后，无时无处不在观察，他曾批评游历中国的朝鲜人在考察清朝社会时容易陷入六大误区。一不可入别国后面对路人"遽有所询访"；二是"言语相殊，造次之间，无以达辞"；三是不可"有形迹之嫌"；四是不可言语突兀，"语浅则无

---

① 《热河日记卷三·行在杂录》，第 192 页。

② 朴思浩：《燕纪程地》，林基中编：《燕行录全集》98，东国大学校出版社，2001 年，第 538 页。

③ 同上书，第 539 页。

以得情，语深则恐触忌讳”；五不可“问所不问，迹涉窥侦”；六是在不了解中国风俗民情的前提下，不可问“满汉用舍，皇明故实”。尤其是他国的将相是否贤良，吏治如何，都不可以问；乃至“钱谷甲兵、山川形胜”因为关系国家的“关阨险要”“虚实”“强弱”，所以不宜问答。朴趾源总结外邦人窥探异国，应该“得之言语问答之外”，并概述了燕行之旅中他对中国形势的观察与思索。

（一）对朝鲜妄自尊大意识的批判

自清朝建立以来，朝鲜人固守着“华夷观念”排斥清朝，对清朝的文明和风土人情一味否定，从而导致无法对清朝客观认识和评价。朴趾源批评了朝鲜游历中国者的“五妄”：

燕岩氏曰：游中国者有五妄。地阀相高，本是国俗之陋习，有识之居国也，且耻言两班。况以外藩土姓，反陵中州之旧族乎？此一妄也。中州之红帽蹄袖，非独汉人耻之，满人亦耻之。然其礼俗文物，四夷莫当，顾无寸长可与颉伉中土，而独以一撮之髻自贤于天下。此二妄也。昔月汀尹公根寿奉使皇明，道逢御史汪道昆，屏息路左，瞻望行尘，犹以为荣。今函夏虽变而为胡，其天子之号未改也，则阁部大臣乃天子之公卿也，未必加尊於昔而有贬于今也。奉使者自有见官之礼，而耻其公庭拜揖，辙图宽免，遂成规例。时有接遇，率以亢简为致、恭谦为辱，彼虽不与苛责，安知不侮我之无礼乎？此三妄也。自知文字以来，莫不借读于中州，谈说历代，无非梦中占梦，乃以功令之余习，强作无致之诗文，忽谓中土不见文章。此四妄也。中州之人士，康熙以前皆皇明之遗黎也，康熙以后即清室之臣庶也，固将尽节本朝，遵奉法制。若造次谈论，输情外藩，是固当世之乱臣贼子也。然而一遇中州之士，见其夸张休泽，则辄谓一部《春秋》

无地可读，每叹燕赵之市未见悲歌之士。此五妄也。[①]

李朝的身份制度等级森严，某些出使者以两班自居，蔑视中国平民或没落贵族，此为其一妄自尊大之处。其二，清朝服饰为汉人和满人共同排斥，但只凭服饰便否定清朝全部文明制度是极为不妥的。周边的小国在各方面都难以与清朝抗衡，又怎能凭“一撮之髻”而傲视天下？“一撮之髻”又称为“椎髻”，形状如椎，是古代少数民族的一种装束。《汉书·陆贾传》后颜师古注曰：“椎髻者，一撮之髻，其形如椎。”朴趾源用“一撮之髻”来形容夷族的落后与禁锢。其三，朝鲜使者对明清两朝官员的态度大相径庭，对明官员望尘而拜且犹以为荣，而对清朝官员却以恭谦为辱，缺乏礼致。同为中国的公卿大员，清官员之尊贵并不逊色明代官员，朝鲜使者厚此薄彼、前倨后恭的做法大失风范。其四，否认清朝的文学成就与进步。朝鲜文学历来深受汉文学的影响，渗透其精神，效法其技艺，汉文学可谓是朝鲜文学的厚土根基。朝鲜人对清朝的拒绝蔓延到文学领域，自己文学水平低下竟然认为中国“无文章”，清朝是中国文学文化的集大成时代，朝鲜人不顾事实地贬损清朝的行为实属夜郎自大。其五，进入康熙朝后，汉人已然接受清朝的统治，遵纪守法，效忠本朝，对外邦人士自然不敢枉然批判朝廷，朝鲜人因此批判中华大地再无慷慨守节之士是过于片面的。朴趾源纠正了朝鲜人对清朝的错误认识，同时褒奖了中国的三点难能可贵：“一为举人，则全史全经，随事辨证，百家九流，略涉源委，酬答如响”；“宽雅娴礼，休休有容，不施骄倨，虚怀接物而不失大国之体”；“小大远近，莫不畏法，畏法故慎官，慎官故制度如一，而四民分业莫不自修”[②]。朝鲜人的五种狂妄，其实是自取其辱，这“自侮”的根

---

① 《热河日记卷四·审势编》，第 217 页。

② 同上书，第 217—218 页。

源在于清朝中国的繁荣强大和朝鲜的落后闭塞。

（二）对清朝思想统治术的剖析

朴趾源自幼饱读经史，对中国历史掌故灿若批掌。他引用陈庆之游洛阳的典故，批判了朝鲜人对清朝认识的局限与错位。陈庆之自魏南还，甚重北人，朱异在而问之，庆之曰："自晋宋以来，号洛阳为荒中，此谓长江以北尽是夷狄。昨至洛阳，始知衣冠士族并在中原，礼仪富盛，人物殷阜。耳目所识，口不能传。"[①] 这个故事出自《洛阳伽蓝记》，493 年，北魏孝文帝拓跋宏率数十万大军离开都城平城（今山西大同）南下中原，四十多天后到达汉魏故都洛阳。拓跋族来自漠北草原，习惯于戎马生活，定居洛阳生活后贵族们依然保留着巡行、亲征等传统。孝文帝假托继续南伐，力驳群臣，迁都洛阳，推行汉化，大刀阔斧地推进制度变革，如革衣服之制，禁鲜卑语，改定代人籍贯，采用汉人姓氏，联姻汉人大族等。孝文帝义无反顾改造北族，成效也颇为显著。又过了三十多年，陈庆之这位南朝官员在洛阳短暂逗留，回到南方便对北魏推崇备至，驳斥了南朝关于长江以北尽是"夷狄"的谬论。洛阳文物灿烂，塔寺林立，冠盖云集，当时已是四海仰慕的国际大都市，远非"稍僭华典，胡风国俗，杂相糅乱"的平城旧都可比。不少拓跋氏的贵族更是一扫游牧民族的粗犷习气，成为"文雅从容"之士。朴趾源因这个典故"望洋发叹，今古同情"，但是很多朝鲜使者不能考察清朝时政之得失、民情之向背，根源在于朝鲜使者交游方式的错误：

何也？盖中州之士，性喜矜夸，学贵该洽，出经入史，挥麈风发。然我人类多未闲辞令，或急于质难，迳谈当世；或自夸衣冠，观其愧服；或直问思汉，使人臆塞。此等非但彼所忌讳，在

① 《热河日记卷四·审势编》，第 218 页。

我疏失亦自不细。故将要得其欢心，必曲赞大国之声教，先安其心；勤示中外之一体，务远其嫌。一则寄意礼乐，自附典雅；一则扬扢历代，毋逼近境。逊志愿学，导之纵谈，阳若未晓，使郁其心，则眉睫之间诚伪可见，谈笑之际情实可探。此余所以略得其影响于纸墨之外也。①

朝鲜人交往清朝士大夫，往往自视甚高，动辄发难，就衣冠、华夷等敏感问题以羞辱汉族士人，对此朴趾源极为反对。他指出，“观其礼而知其政，闻其乐而知其德”，朝鲜使者本无子贡之艺、季札之智，虽使“笙镛干羽日陈于前”，也难以揣摩政德之所出，何况泛论上律吕，又怎能识“当时之污隆”？故而，朝鲜人与中国人的交流要不避烦琐，“寄意礼乐”，“扬扢历代”，在“迂阔诞漫之间”观察清朝士人的各种倾向及深层内心。这段议论使人不禁联想起朴趾源在盛京、热河等处与中国士大夫的尽情笔谈，《商楼笔谈》《倾盖录》《忘羊录》《鹄汀笔谈》等篇章中满纸皆是朴趾源与清朝各界人士关于历史变迁、礼乐制度、文学艺术的讨论，原来渗透着朴趾源对于清朝制度“诚伪”“情实”的窥探。漫谈闲话中，朝鲜使者收获了清朝思想统治术的信息。

清朝借朱子学立国，以钳天下人之口。朴趾源指出，清入主中国后，观察中国学术的主流以及当时文人的倾向，大力推崇朱子学，列朱子为“十哲”，向天下昭示朱子学为清朝的“帝室之家学”。然而，清统治者对朱子学是“阳浮慕之”，其真正的用意在于观察中国思想界的大趋势，借用朱子学以钳制天下人的言论，摆脱“夷狄”的身份：

何以知其然也？朱子尊中国而攘夷狄，则皇帝尝著论而斥宋高宗不识《春秋》之义，讨秦桧主和之罪；朱子集注群书，则

---

① 《热河日记卷四·审势编》，第218页。

皇帝集天下之士、徵海内之书，为《图书集成》《四库全书》，率天下而唱之曰："此紫阳之绪言而考亭之遗旨也。"其所以动遵朱子者，非他也，骑天下士大夫之项，扼其咽而抚其背，天下之士大夫率被其愚胁，区区自泥于仪文节目之中而莫之能觉也。①

清康熙帝《御制文集》第三集卷十九有《宋高宗父母之仇终身不雪论》一文，指出在降金乞和的问题上，肯定宋高宗"偏安社稷，犹存一线之脉络"的政策，秦桧作为高宗的重臣，康熙肯定宋高宗自然包含对秦桧的认可。康熙又称"上无惯战之良将，下无用命之士卒"，当然也就将岳飞、吴玠、韩世忠、刘锜等将一概否定，认为岳家军等并不能击败金军，所谓"必胜金兵于朱仙"，"朕实不信也"。清帝王借批判宋朝抗金以申明清朝入主中原的历史必然。为了效仿朱子，清朝编纂《图书集成》《四库全书》等大型类书，声称此为圣人的遗志，而其中的用心在于禁锢天下士大夫，更为借朱子之名扼住天下人的口舌舆论，维持思想界学术界的稳定。时论有批评清政府虽尊尚中华的文化礼仪，却为何不改变满族旧俗，统治者解释说："吾非利天下也，吾为明室复大仇、雪大耻。而天下无久旷之理，则吾为天下守。中土有主，则吾亦将卷而东归，故不敢变祖宗之旧制也。"② 清朝阳奉中华理学正统，实则是为了缓解汉族对"华夷观"的抵触，安抚民心尤其是士人阶层的民族情感。

清朝疆域广阔，历代皇帝都非常重视对内对外的绥靖之策。康熙、乾隆多次巡视江南，清帝热河狩猎，目的在于凭帝王之威严稳定南北的局势；大修寺院，将藏传佛教的领袖迎到热河，隆重礼遇，分封名号以维持民族团结；对中原地区百姓减免赋税以

① 《热河日记卷四·审势编》，第219页。

② 同上。

博民心，同时进行大型编纂活动“阴弱中土之士”，这些措施均为清政府的宁边之术。朴趾源激烈地批判清政府的图书编纂事业，称其为“非秦之坑杀而乾没于校雠之役，非秦之燔烧而离裂於聚珍之局”，类书的整理工作皓首穷经，褫夺了大批文人的精力并控制了不利于统治的大量书籍，导致的恶劣后果与秦始皇焚书坑儒可堪比肩。清统治者“愚”天下之术，精巧深邃。中国有如毛奇龄等人高调反对理学，实乃深察清朝思想控制之用心：

噫！朱子之道如日中天，四方万国咸所瞻睹。皇帝私尊，何累朱子？而中州之士如此其耻之者，盖有所激于阳尊而为御世之资耳，故时借一二集注之误以泄百年烦冤之气，则可徵今之驳朱者，果异乎昔之为陆耳。然而吾东之人不识此意，乍接中州之士，其草草立谈，微涉朱子则瞠然骇听，辄斥以象山之徒，归语国人曰：“中原陆学大盛，邪说不熄。”听之者又不究本末，若见此等谈论，先怒于心。噫！斯文乱贼之讨，虽莫远施于中土；容默异端之过，固难见恕於士林。罨溪花下少饮，阅次《忘羊录》及《鹄汀笔谈》，因滋笔花露为此义例，使后之游中国者，如逢肆然驳朱者，知其为非常之士而毋徒斥以异端。善其辞令，征质有渐，庶几因此而得觇夫天下之大势也哉！[①]

朴趾源指出了朝鲜人对清朝学术倾向的错误判断。理学自宋以来确立了思想主导地位，为“四方万国”所尊崇。而清朝偏要一再加封朱子，无非是托朱子的正统地位为清朝政权正名，“阳尊而为御世之资”，故而才有先知先觉的士人著书立说，借批判朱子表达对清朝统治者的不满。朝鲜人不明真相，踏入中土后听闻一些对朱子的非议，便断定中国学术已经流入“邪学”，以讹传讹，导致肤浅而错误的认识在朝鲜广泛流行。朴趾源游历

① 《热河日记卷四·审势编》，第220页。

中国之后，呼吁朝鲜人若再遇中国激烈批驳朱子之人，不应将其视为离经叛道的异端分子，而应看作远见卓识的“非常之士”。正确判断这些闳识孤怀之士并与之交流，于细微处便可窥探清朝思想统治的机巧。

三、理势与语势映衬下的政治使命感

朴趾源擅长多种文体，议论文更是闪光点。他的议论文善于捕捉要害的概念进行分析、对事理有力论证、引人入彀的方法、排比式的层层递进，均赋予文章雄辩的力量和充畅的气势。朴趾源注重说理的立论、逻辑、形式、方法，如对清朝帝王统治术的剖析：

东南开明，必先天下而有事情，喜轻浮而好议论，则康熙六巡淮浙，所以阴沮豪杰之心，而今皇帝踵而五巡矣。天下之患常在北虏，则迨其宾服，自康熙时筑宫于热河，宿留蒙古之重兵，不烦中国而以胡备胡，如此则兵费省而边防壮，今皇帝身自统御而居守之矣。西藩强悍而甚畏黄教，则皇帝循其俗而躬自崇奉，迎其法师，盛饰宫室以悦其心，分封名王以析其势。此清人所以制四方之术也，独于中土似若无所用心，然其心以为天下之小民，薄其赋敛则安矣，安知不反便乎我之帽服而不欲变我之制度乎?①

《审势编》立论明确，批判朝鲜人对于清朝形势的错误认识，并以此为根基，审时度势，条分缕析，一针见血地点破清朝帝王南巡、热河避暑、礼遇班禅、编纂图书等策略的根本用心。朴宗采评价其父的政论“切时之言，如汉之贾山，唐之陆贽，

① 《热河日记卷四·审势编》，第219页。

行文却甚雅洁”[①]。贾山为西汉颍川人，仅留《至言》一篇，借秦为喻言治乱之道。其后，汉文帝下铸钱令，贾山又上书谏阻。贾山为文言多激切，然终不获罚。陆贽是唐代政治家，文学家，苏州嘉兴（今属浙江）人，曾于贞观八年出任宰相，有《陆宣公翰苑集》二十四卷行世。陆贽以政论闻名，所写诏书、奏议等，善于将诚挚的感情同精当的议论融合在一起，气势极盛，具有感人的力量。贾山、陆贽的文章都切合当世，情感充沛。尤其是陆贽的文章奏疏，朴趾源十分钟爱。“在衙朱墨有暇，常读朱书、陆奏”[②]，晚年卧病在床，气郁情滞，便让朴宗采为其诵读《资治通鉴》、“陆宣公奏章”，听之以解病痛，是可见朴趾源对陆贽文章之偏爱。[③] 陆贽为德宗起草的《奉天改元大赦制》，情辞恳切，深自痛责，据与他同时代的权德舆说：“行在诏书始下，虽武人悍卒，无不挥涕激发”，他写的奏议《均节赋税恤百姓六条》《论裴延龄奸蠹书》等均为近万字的政论文，分析朝政时事，剖明是非得失，情理结合，骈散相衬，才冠当世。不单如此，贞元八年，他主持进士科试，韩愈、欧阳詹、李观等八人登第，时称“龙虎榜”，誉为“天下第一”，而他便为韩愈等人座师。宋代苏轼的奏议，也深受陆贽影响。朴趾源喜读陆贽，又称自己“平生梦想文公”[④]，他汲取了陆贽、韩愈、苏轼这一系列古文家的创作风格，写出了大批切合当世、鞭辟入里的议论文。

缘于朴趾源实学文学家的胸怀和学养，字里行间饱含时代意识与政治关怀是《热河日记》议论文的显著特征。朝鲜的实学

① 《燕岩集卷二·贺金右相履素书》，第 29 页。
② 朴宗采著，金润兆译：《过庭录》，太学社，1997 年，第 426 页。
③ 同上书，第 435 页。
④ 《热河日记卷二·关内程史·秋七月二十四日庚子》，第 87 页。

派文学是在清初实学运动的传播影响下产生的。清初的散文理论以沉重的态势开局，正统的文章观承载着清初文人的失国之痛而成为理论主调，并且这一基调对有清一代产生延续影响。尽管支撑理论的思想内涵随着时势而不断变化，但由于清初特殊的民族情感之灌溉，散文理论一直充盈着政治内涵及时代责任感，及至晚清又因异国入侵而发展为激愤的救国之情，概言之，清初散文理论中的蕴含的庄严之气酿就了清代散文理论正规严肃的基本品性。朴趾源的散文涉及各种题材，技巧手法多种多样，但对于他的议论文，尤其是政论文而言，以政治使命感为主导的用世意义是其核心价值。《行在杂录》着眼于使者，是对中朝朝贡关系的审视与反思，提醒朝鲜关注朝贡关系中的隐患，及时采取应对措施。《审视编》定位于更广大的朝鲜士人，意在阐释清朝的政治统治术，警告朝鲜人万不可为表面现象迷惑而做出错误判断。两篇的关注点都定位于眼前时下，句句都是远见卓识，是“以文益世”的有用之文。

苏轼曾形容为文好比“万斛泉源”，“与山石曲折，随物赋形”，具体的技巧难以捉摸，但“常行于所当行，常止于不可不止。”（《自评文》）朴趾源的议论文与这段比喻堪称绝似。朴趾源的散文继承了韩愈古文运动的精神，反对浮靡雕琢和怪僻晦涩。不单《行杂录》《审势编》《热河日记》中的议论文，如《黄教问答》《鹄汀笔谈》《忘羊录》等篇中也均不见复杂的文学技巧，文章简而有法，语言不蔓不枝，论证切中要害，文风流畅自然，议论纡徐有致，富有内在的逻辑力量。朴趾源的议论文广泛地汲取了中国前代文学的艺术营养，其中最重要的渊源应是孟子和战国纵横家的雄放风格，韩愈、陆贽的充实内容和旺盛气势。值得一提的是，朴趾源偏爱的贾山、陆贽二人，虽时代相隔久远，但却有突出的共同特征。首先，文风务实，切时经世；其次，二人铮铮傲骨，直言敢谏，贾山自称“尽忠竭愚，以直谏主，不避死亡之诛者，臣山是也”。又说“臣闻忠臣之事君也，言切直则不用而身危，不切直则不可以明道，故切直之言，明主所欲急闻，忠臣之所以蒙死而竭知也”[①]。朴趾源对不屈权贵、匡扶时弊之文人的钟爱，也彰显了他不与俗流的人格操守。

第二节　《山庄杂记》的内容特色与创作手法

《山庄杂记》由《夜出古北口记》《一夜九渡河记》《乘鬼仙人行雨记》《万年春灯记》《梅花炮记》《腊嘴鸟记》《万国进贡记》《戏本名目记》《象记》9 个单篇组成，记叙了赴热河途中的古北口、白河，以及在避暑山庄参加庆典时的各种见闻。随着朴趾源的笔锋，使行团途中经历的关口、险滩、声势浩大的进贡队伍以及精彩的庆典演出，均活灵活现地呈现在读者眼前。

一、纪行散文：《夜出古北口记》《一夜九渡河记》

朴趾源自小接受汉文化的熏陶，对中国和朝鲜的历史文化都有深入钻研，他的纪行散文凭借敏锐的观察和深刻的思索而凸显出浓厚的学者风范。这也是他的纪行散文的“审美追求与写作风格不同于一般墨客骚人的根本原因所在”[②]。从北京到热河避暑山庄，如若取道昌平则出居庸关，取道密云则出古北口，使行团此次奔赴热河选择了经由京城东北的古北口关。朴趾源抓住了所经古北口的人文内涵，以简练流畅的语言描述了古北口的历史渊源和地理位置的重要：

---

① 贾山《至言》。

② 李岩等著：《朝鲜文学通史》，社会科学文献出版社，2010 年，第 1376 页。

自燕京至热河也，道昌平则西北出居庸关，道密云则东北出古北口。自古北口循长城，东至山海关七百里，西至居庸关二百八十里。中居庸、山海而为长城险要之地，莫如古北口。蒙古之出入，常为其咽喉，则设重关以制其阨塞焉。罗壁《识遗》曰：燕北百里外有居庸关，关东二百里外有虎北口。虎北口即古北口也，自唐始名古北口。中原人语长城外皆称口外，口外皆唐时奚王牙帐。按《金史》：国言称留斡岭，乃古北口也。盖环长城称口者以百计，缘山为城，而其绝壑深涧，呿呀窦陷。水所冲穿则不能城而设亭鄣。皇明洪武时，立守御千户，所关五重。余循雾灵山舟渡广硎河，夜出古北口。时夜已三更，出重关，立马长城下，测其高可十余丈。出笔砚，噀酒磨墨，抚城而题之曰："乾隆四十五年庚子八月七日夜叁更，朝鲜朴趾源过此。"乃大笑曰："乃吾书生尔，头白一得出长城外耶?"昔蒙将军自言："吾起临洮，属之辽东。城堑万余里。此其中不能无绝地脉。今视其堑山填谷。信矣哉!"噫！此古百战之地也。后唐庄宗之取刘守光也，别将刘光濬克古北口。契丹太宗之取山南也，先下古北口。女真灭辽，希尹大破辽兵，即此地也。其取燕京也，蒲苋败宋兵，即此地也。元文宗之立也，唐其势屯兵于此，撒敦追上都兵于此。秃坚帖木儿之入也，元太子出奔此关，趍兴松。明嘉靖时，俺答犯京师，其出入皆由此关。其城下乃飞腾战伐之场，而今四海不用兵矣，犹见其四山围合，万壑阴森。①

朴趾源对北京以北长城的走向、关隘的分布及沿革了如指掌，此一段描述堪称京北长城地图。古北口在居庸关以东，位于密云东北，是燕山中段的一处隘口。燕山山脉自西迤逦而来，至此中断，形成了这个中通南北的关口，自古为北方边防要地。古北口在山海关与居庸关中段，山陡路险，地势险要，汉代就已在

① 《热河日记卷四·山庄杂记·夜出古北口记》，第244页。

此驻兵戍守以防匈奴，历代为北京城的锁钥重塞。古北口两侧山崖壁立，下临滔滔河水，谷深道狭，只通人马，不可行车，其特殊的地理位置和形势注定成为著名的古战场。特别是12世纪后，辽和金的军队多次在此展开殊死搏斗。到了清代，国家一统，内陆绝少战事，古北口失去战略意义，只是作为北京赴承德的交通要道而存在。这段文字梳理了古北口的历史战事，文字简洁利索，内容丰富厚重。由此，也可推断朴趾源写作《古北口记》并非一蹴而就，而是归国后查阅了大量的资料而创作。朴趾源一行在夜色中经过险要的古北口："时月上弦矣，垂岭欲坠，其光淬削，如刀发硎"，在凝洁的月光下，山岭陡峭，倍感阴森，"月益下岭，犹露双尖。忽变火赤，如两炬出山，北斗半插关中，而虫声四起，长风肃然，林谷俱鸣。其兽嶂鬼巘，如列戟总干而立"①。寂静冰冷的夜景，加之萧瑟的虫鸣和远处的几声鹤唳，此时古北口的变得格外寂静可怖，令人心惊胆寒。月落河鸣，风凄磷飞，冷寂的景色和凌厉的声响使朴趾源"可惊可怖，可奇可诡"，但同时也"奇兴勃勃"。整篇文章将景物的外观特征和人文内涵完美结合，描写繁复而有条不紊，层次分明，环环相扣，内容饱满，写景、抒情和议论相结合，富有感染力。

游记是远程游历中的仓促操笔，往往见闻驳杂而成文琐碎，不成篇章。而《热河日记》不论是在全篇结构安排，抑或细部雕琢描绘上都缜密安排，别具匠心。《古北口记》以景观的历史沿革、文化意蕴为着力点，刻画了朴趾源夜色下独特的审美感受。《一夜九渡河记》集中于旅途中夜间渡河一事，不仅细致地描写了河水的形态与状貌，而且还展现了渡河者复杂紧张的心理状态。由于暴雨，朴趾源一行在密云滞留多时，至夜才得渡白河。此时的白河一改往日的平静，变成汹涌的湍流：

① 《热河日记卷四·山庄杂记·夜出古北口记》，第244—245页。

河出两山间，触石斗狠，其惊涛骇浪、愤澜怒波、哀湍怨濑，奔冲卷倒，嘶哮号喊，常有摧破长城之势。战车万乘、战骑万队、战炮万架、战鼓万座，未足论其崩塌溃压之声。沙上巨石屹然离立，河堤柳树窅冥鸿蒙，如水祇河神，争出骄人，而左右蛟螭试其拿攫也。或曰："此古战场，故河鸣然也。"①

本段文字把暴雨过后白河水奔腾汹涌的情景描绘得淋漓尽致。此时的白河，其势、其态、其声、其色，在作者笔下融为一体，汇成气势磅礴的洪流，向着下游奔腾而去。河滩巨石、暗夜柳影都恍如鬼魅，惊悚恐怖。朴趾源山水游记的过人之处，在于他能超越自我直观的耳目声色的感觉，力求理性的感悟和精神的升华：

今吾夜中渡河，目不视危，则危专于听，而耳方惴惴焉不胜其忧。吾乃今知夫道矣。冥心者，耳目不为之累。信耳目者，视听弥审，而弥为之病焉……昔禹渡河，黄龙负舟至危也。然而死生之辨，先明于心。则龙与堰蜓不足大小于前也。声与色，外物也。外物常为累于耳目，令人失其视听之正如此，而况人生涉世，其险且危有甚于河。而视与听辄为之病乎？吾且归吾之山中，复听前溪而验之，且以警巧于跻身而自信其聪明者。②

夜渡暴雨之后的汹涌白河，"其惊涛骇浪、愤澜怒波、哀湍怨濑，奔冲卷倒，嘶哮号喊，常有摧破长城之势"。从白河大峡谷倾泻而下的咆哮声震山撼谷，强烈刺激着渡河者的听觉，但因为是夜晚，河水的形势无法看清，加之过河之人心情过于紧张，河水的咆哮声并不能入耳。"渡水之际，人皆仰首视天"，朴趾源开始以为诸人"仰首默祷于天"，后来发现其实不然。人渡险河，"视水回驶汹荡，身若逆溯，目若沿流辄致眩转堕溺"，所

① 《热河日记卷四·山庄杂记·一夜九渡河记》，第245页。

② 同上书，第246页。

以其仰首"避水不见"，朴趾源从中悟出："冥心者，耳目不为之累。信耳目者，视听弥密而弥为之病。""冥心"意为专心致志，摒除外扰，使心境宁静。声与色乃外在之物，它刺激人们的耳目，扰乱心绪，如果不能控制得当，会影响正常思维和言行。作者由此推及人生：人生一世充满了各种艰难和危险，犹如今夜渡河。如果不能适应外界的刺激，控制自身，便会产生不堪设想的后果。朴趾源的山水游记景中有人，情理结合，写景越多奇险，审美主体的心理体验的也越丰富。由此可见，朴趾源的游记追求超越模山范水的审美观感，而注重理性体验的深入。

《古北口记》在自然环境描写中极力拓展人文蕴涵和主体心理体验，而《一夜九渡河记》的着力点在于栩栩如生地描绘河水的汹涌，景观的恐怖。黑暗、险恶的环境及渡河人遇险时的惊恐失态，很能调动起读者的人生经验，使读者与文中人物同惊悸共欢悦，强化了文章的审美魅力。该篇可与中国明代程敏政的《夜渡两关记》一文比照阅读。两篇游记均非有意之文，而文字颇为奇恣。由沿道纪实而起，不欲奇而自奇，文章曲折迂回而切合情理，毫无斧凿痕迹。

二、宫廷之戏：《戏本名目记》《万年春灯记》《梅花炮记》

《热河日记》中记录了清代的宫廷戏剧演出。清朝的宫廷戏剧演出十分兴盛，乾隆时期尤其登峰造极。朴趾源详细记录了在热河所见的宫廷戏剧演出名目，并描绘了演出盛况：

八月十三日，乃皇帝万寿节，前三日后三日皆设戏。千官五更赴阙候驾，卯正入班听戏，未正罢出。戏本皆朝臣献颂诗赋若词，而演而为戏也。另立戏台于行宫东，楼阁皆重檐，高可建五丈旗，广可容数万人。设撤之际，不相罥碍。台左右木假山，高与阁齐，而琼树瑶林蒙络其上，剪彩为花，缀珠为果。每设一本，呈戏之人，无虑数百，皆服锦绣之衣，逐本易衣，而皆汉官袍帽。其设戏之时，暂施锦步障于戏台。阁上寂无人声，只有靴响。少焉撤帐，则已阁中山峙海涵，松矫日翥，所谓《九如歌颂》者即是也。歌声皆羽调倍清，而乐律皆高亮，如出天上，无清浊相济之音，皆笙、箫、篪、笛、钟、磬、琴、瑟之声，而独无鼓响，间以叠钲。顷刻之间，山移海转，无一物参差，无一事颠倒。自黄帝、尧、舜，莫不像其衣冠，随题演之。①

朴趾源此处所记，是为乾隆帝祝寿的演剧场面，演出地点为热河行宫福寿园清音阁戏台。其建筑规模宏伟，富丽堂皇。演员阵容强大，行头讲究，布景设置有很高技巧，音乐表现力也很丰富。剧中人物为黄帝、尧、舜以下的古人、官员、武士、黎庶、童子、渔家以及士林中人，以及仙子、罗汉、玉女、灶神，此外还有麟、凤、仙鹤等，先后登场，热闹非凡。这些剧目故事性不强，但在戏曲表演、戏曲音乐、舞台布景等方面做了很多尝试，积累了不少经验，当然所付出的代价也是惊人的，与民间演剧不可同日而语。除去戏剧演出，《山庄杂记》还收录了《万年春灯记》，这是乾隆寿诞庆典的一个组成部分——清代宫廷的“灯火之戏”。

烟火（火戏）与舞灯（灯戏）都是上元节节庆活动，它们通常同时举行，在中国古代宫廷与民间都非常兴盛。上元节在汉代就已具雏形，其主要的节庆内容为张灯、观灯。至唐宋，出现了极富装饰性的灯树、鳌山。最迟到清代，宫廷出现了由上千人舞灯而拼出吉祥文字的灯戏，这类似于现代的大型团体操表演。在火药出现之后，放烟火也是元宵节的重要内容，最迟不晚于宋代，已经有了烟火表演；到了明代，制作复杂、能够表现一定主

---

① 《热河日记卷四·山庄杂记·戏本名目记》，第251页。

题的烟火戏出现了。[①] 清朝入关以后，继承、发展了汉族的上元节俗活动。清宫上元节以及夏秋之际在避暑山庄举行的灯火戏表演在乾隆朝尤为兴盛。灯火之戏既是一项节庆娱乐活动，同时又有一定的政治意义。

清朝定鼎中原后，灯火之戏成为皇朝伟业之缩影。乾隆帝在多首诗里，将烟火表演称为“火戏”，如乾隆二十年（1755）乾隆帝所作《上元灯词》之二[②]：“去年万树园中景”句之自注：“去年都尔伯特亲王策凌、辉特亲王阿睦尔撒纳等先后归附，宴于避暑山庄万树园，皆设火戏，赋灯词纪之。”乾隆帝四十七年（1782）乾隆帝所作《上元灯词八首》之五[③]有“太乙神权助青帝，得教火戏烘春融”句。“火戏”不仅出现在乾隆帝御制诗中，也出现在这些诗的注解中，当为烟火之戏的正式称呼。而在朝鲜使臣的文献中，出现更多的是“灯戏”这个词，如嘉庆三年（1798）朝鲜正史金文淳、副使申耆给朝鲜国王的报告：“嘉庆三年正月十四日，旋设灯戏于山高水长……又设灯戏于山高水长。”[④] 由此可见，乾隆帝所指侧重于烟火表演，朝鲜使臣所指侧重于舞灯表演，它们实为同一表演场景的两个方面。《梅花炮记》描述了烟火表演的壮观：

日既黄昏，万炮出苑中，声震天地，梅花四散，如扇炭而火矢迸流也。窥镜嫣然，迎风敧斜，鲁钱欲古，兔嘴未敷。继以瓶史月表，女士殿最，跗绶分明，蕊靥廉纤，皆火而飞也。纤而鸟兽虫鱼之族，飞走蠕跃，咸具情状。鸟或展翅而伸，或以咮刷羽，或以爪刮目，或趁蜂蝶，或衔花果；皆腾骧拿攫，呀口张

① 郭正谊：《中国烟火史料钩沉》，《中国科技史料》1990 年第 4 期。

② 《御制诗二集》卷五四，《钦定四库全书·集部·别集类》。

③ 同上。

④ 吴晗选编：《朝鲜李朝实录中的中国史料》（下编）卷一二《正宗实录三》，第 4950 页，《朝鲜李朝实录中的中国史料》，中华书局，1980 年。

尾，千态万状。皆赫赫火，飞至半空，冉冉而销。炮声益大，火光益明，而百仙万佛迸出飞升，或乘槎，或乘莲舟，或骑鲸驾鹤，或擎葫芦，或负宝剑，或飞锡杖，或跣足踏芦，或手抚虎顶，无不泛空徐流，目不暇视，闪闪羞明。①

这段文字形象生动地描述了烟花绽放瞬间的丰富形态。五彩斑斓，造型各异的烟花幻化成“鸟兽虫鱼”，“千态万状”，盛大绚丽的演出令朝鲜使者“目不暇视”，惊叹不已。乾隆与朝鲜使者、班禅一起观看了烟火表演，结束后乾隆“起而顾班禅少话”，乘辇而归。朴趾源记录的烟火演出81出戏，以“梅花炮”终结，所以烟火表演又名为“九九大庆会”。“火戏”之外，还有灯戏演出。《万年春灯记》对灯戏的表演做了生动的描述：

日既曛，悬黄色大柜于红阙，柜底忽落一灯，其大如鼓，灯联一绳。绳端火忽自燃，缘绳而走，上及柜底，柜底又垂一圆灯，绳火烧其灯落地，自柜中又垂铁笼帘子，帘面皆篆“寿”“福”字，着火青莹。良久，“寿”“福”字火自灭落地。又自柜中垂下联珠灯百余行，一行所联为四五十灯，灯中次第自燃，一时通明。②

朴趾源的记述，为我们保存了灯火戏表演的所需物品，如黄色大柜、铁笼帘子、篆体吉祥字、联珠灯等，并描绘了灯火戏表演过程。灯火戏表演主要有两项内容：放烟火和舞灯（灯戏）。灯戏是清宫大型的娱乐节目之一，是万寿节（皇帝、太后生日）、上元节重要表演节目。每逢上演时分，身着彩衣的伶人，手持彩灯，踏着欢快的节奏载歌载舞，并排出各种吉祥寓意的队形，如吉祥文字或美丽的图案等。清宫上演的灯戏有《万年如

① 《热河日记卷四·山庄杂记·万年春灯记》，第247—248页。

② 同上。

意灯》《福禄寿灯》《三阳开泰灯》《万代喜庆灯》《万年长春富贵灯》等。舞灯表演通过舞灯人的动作，拼出吉祥文字造型：

又有千余美貌男子，无髭须，衣锦袍，戴绣帻，各持丁字杖，两头皆悬小红灯，进退回旋，作军阵状。忽变而为三座鳌山，忽变而为楼阁，忽变而为方阵。既黄昏，灯光益明，忽变而为"万年春"三字，又变而为"天下太平"四字，忽变而为两龙，鳞角爪尾蜿蜒转空。①

舞灯表演具体所拼之字是灵活的，根据一定的场合选择一定的吉祥用词。朴趾源所见的灯戏拼字表演为"万年春"与"天下太平"，舞灯人达到了上千之众。灯火之戏寄寓对外藩、属国的怀柔与威慑之意。历朝的文治与武功总是相辅相成的，战场上的胜利成果需要文治手段来巩固，具有高超政治手腕的乾隆帝当然能明白其中的奥秘。为了拉近与外藩、属国的心理距离，乾隆帝殚精竭虑，采用各种怀柔手段。乾隆四十七年（1782），"命朝鲜陪臣一体与上元筵宴见灯，以示怀柔"，到乾隆四十八年（1783），这样的高规格接待成为惯例。乾隆帝对于朝鲜使臣的礼遇乃"醉翁之意不在酒"，其主要的"公关"对象其实是朝鲜国王，嘉庆三年（1798）正月十九日在圆明园看完灯戏、火戏后，乾隆帝通过朝鲜正使金文淳、副使申耆向朝鲜国王传话：太上皇使和珅传言曰："你们还归，以平安以过之意，传于国王可也。"②

上元灯火之戏所营造的喜庆氛围，外藩首领、属国使臣心目中所产生的受重视感，通过使臣向其国王的捎话问候，以及说外藩语言以增加亲近感，乾隆帝这些友善举动综合起来，使灯火之

① 《热河日记卷四·山庄杂记·万年春灯记》，第247—248页。

② 吴晗选编：《朝鲜李朝实录中的中国史料》下编卷一二《正宗实录三》，中华书局，1980年，第4951页。

戏的怀柔效应产生很大影响。但对于乾隆帝来说，光有善意是不够的，还必须在友善中体现出大清的威严。因当时盛大的烟火表演不是寻常的娱乐活动，其恢宏场面具有震撼人心的力量，可以借此在蒙古、回部等少数民族首领以及藩属国使臣前展示大清威势，而亲临乾隆帝灯火戏之宴的外藩及属国使臣，感受着宏大场面给人的压迫与振奋感，受到了大清盛世武功的震撼：

此斯须之戏耳，其纪律之严有如是者。以此法临军阵，天下孰敢婴之哉？然而在德不在法，况以戏示天下哉！①

从舞灯表演看出大清“纪律之严”，并进而想到“以此法临军阵，天下孰敢婴之哉?”但最终落脚到“在德不在法”，大清皇帝之用心被朴趾源极好地领会与诠释了。乾隆朝热河庆寿灯火之戏等节庆活动，通过邀请外藩首领、属国使臣与会的方式，实现了武力所不能及的政治功效，或者说通过文治的手段巩固了战争成果：第一，在这些节庆活动中，高规格接待、打通语言隔阂、创造节日气氛等都有助于拉近清政府和皇帝本人与外藩首领、属国使臣的心理距离，进而拉近与其统治集团、人民的心理距离，这是纯粹之“柔”。第二，通过宏大的节庆表演气势，继续展示大清的实力，对参与盛会的外藩首领、属国使臣产生心理威慑，并通过他们，把这种心理威慑传递到各地，此为“柔中带刚”。因此，我们可以说，灯火之戏等节庆活动，其娱乐功能为表，政治目的为里。

此外，朴趾源还记录了在热河的各种“诡异之观”。《万国进贡记》记录了京承道上运送各地贡品的“车可万辆”，其中包括种类众多，“不可殚记”的珍禽异兽。他曾经见到驯熊、虎、狼、俄罗斯犬、鸵鸡、着女装的猿猴等，这些动物都被驯养得俯首帖耳，形象可怜。《象记》记述了在避暑山庄西部见到两头大

① 《热河日记卷四·山庄杂记·万年春灯记》，第 247 页。

象。他离大象只有十多步远，只见大象“一身蠕动，行如风雨”，“浅毛灰色，仁形悲声，耳若垂云，眼如初月。两牙之大二围，其长丈余。鼻长于牙，屈伸如蠖，卷曲如蛴……挟物如镊，卷而纳入口”①。清代地理著作《小方壶斋舆地丛钞》曾记载当时送到承德避暑山庄里的有虎、豹、熊、驯鹿、俄罗斯犬、驼鸡、猿猴、四不像、貂鼠、灰鼠等，与《山庄杂录》的记录吻合。朴趾源还看见“长才二尺余”的矮人表演，“腹大如鼓彭涨，类所画布袋和尚，口眼皆尾低。无腕无径，即有手足，含烟昂藏而行，张手回旋而舞，视人辄大笑，独不薙发。为髻于脑后。系仙桃巾。布袍袖阔。坦然露腹。状貌臃肿”②。《腊嘴鸟记》记载了“灰色而翠羽”“能晓人语”的蜡嘴鸟表演：“凡有指使，莫不应声听承……以骰牌三十二箇贮器中，以掌摩平，令观者取牌一箇，识其为某牌，然后以其牌与驯鸟者，则驯鸟者遍以示众，然后还置器中。再抚摩使乱之，呼鸟取其牌则鸟即就器中，以嘴含其牌飞上叉木，取视之，果所识某牌也。”③《幻戏记》记录了待诏热河祝寿表演的魔术艺人的各种杂技。朴趾源为这些前所未见的“难以言语尽其形容之诡奇”的稀奇事物而震撼，慨叹造物的“太嗜诙谐”④。

《山庄杂记》作为使行团的热河见闻录，内容涉及途中所经的古北口遗址，凶险白河，在景物描写中展现了人文蕴涵，丰富了游记散文的内蕴。在险境描写后进行理性思考，哲理意味浓厚。《梅花炮记》《万年春灯记》《戏本名目记》《万国进贡记》《象记》《幻戏记》为在热河见到的各种奇闻，记事名篇，杂而

① 《热河日记卷四·山庄杂记·象记》，第251页。
② 《热河日记卷四·山庄杂记·万国进贡记》，第250页。
③ 《热河日记卷四·山庄杂记·蜡嘴鸟记》，第248页。
④ 《热河日记卷四·山庄杂记·万国进贡记》，第250页。

不散，内容丰富，形式灵活，语言洁净流畅，铺张款陈，读来趣味横生。

第三节 《口外异闻》《谒圣退述》《盎叶记》的人文蕴涵

《热河日记》中有大量文字精练、内容丰富的笔记文。“笔记”二字，本指执笔记叙而言。如《南齐书·丘巨源传》中所说“笔记贱伎，非杀活所待”的“笔记”，即系此意。由于南北朝时崇尚骈俪之文，一般人称注重辞藻、讲求声韵、对偶的文章为“文”，称信笔记录的散行文字为“笔”。梁刘勰《文心雕龙·总术》云：“今之常言，有文有笔，以为无韵者笔也，有韵者文也。”[①] 所以后人就总称魏晋南北朝以来“残丛小语”式的故事集为“笔记小说”，而将其他一切用散文所写零星琐碎的随笔、杂录统名之为“笔记”。至于以“笔记”两字作书名，则大约始于北宋的宋祁，他著有《笔记》三卷。《热河日记》在卷四之后安排了《口外异闻》《黄图纪略》《谒圣退述》等一系列篇幅短小的笔记体内容。这些篇章往往以地名、人名、物名、书名、事件作为标题，内容多见闻辑录、历史琐闻、考据辨证、丛考杂辨等，可称为朴趾源的“学术笔记”和“史料笔记”。

一、《口外异闻》：燕行途中的见闻考辨

魏晋到明清的笔记，大致可以分为三大类。一是小说故事类

① （梁）刘勰著，王运熙注：《文心雕龙》，上海古籍出版社，2010 年，第 208 页。

的笔记。如晋干宝的《搜神记》、南朝宋刘义庆的《世说新语》到清纪昀的《阅微草堂笔记》等，都属于这一类。二是历史琐闻类的笔记。记野史、谈掌故、辑文献的杂录丛谈，从晋人伪托汉刘歆的《西京杂记》、唐刘悚的《隋唐嘉话》到清王士稹的《池北偶谈》、褚人获的《坚瓠集》等，都属于这一类。三是考据、辨证类的笔记。始魏晋迄明清的读书随笔、札记，从晋崔豹的《古今注》、唐封演的《封氏闻见记》、宋沈括的《梦溪笔谈》、戴埴的《鼠璞》等到清钱大昕的《十驾斋养新录》、孙诒让的《札迻》等，都属于这一类。《口外异闻》以朴趾源燕行途中的见闻为基础，结合他个人的学术修养，将沿途所见所闻进行记录、评价与考证。

《热河日记》的笔记文的首要特征是其客观真实性，其中记录一部分为朴趾源耳闻目睹，另一部分为其阅读笔记，加之其亲自考订而写成。《口外异闻》内容丰富，但绝无志怪猎奇之倾向，应看作历史琐闻和考据辨证的综合体。

首先，《口外异闻》中记录了各种稀奇罕见的动植物，如《盘羊》记载了“鹿身细尾，两角盘，背上有蹙文”蒙古为乾隆祝寿进献的盘羊①；《彩鷂·虾蝶》记载了“喇里达番头人”进献的彩鷂、青翅蝴蝶一双鷂能擒虎。蝶能捕鸟。②《荷兰鹿》记载了如拳头般大小，“苍质雪斑”的荷兰鹿③，《朝鲜牡丹》的涉及药草名含“朝鲜”一词引发了朴趾源的兴趣：

《六街花事》云：荷包牡丹，《本草》一名朝鲜牡丹。花似僧鞋菊而深紫色，其以牡丹名者，因其叶相类也。京师槐树斜街慈仁寺药王庙花市恒有之。所谓荷包者，中国人以绣圆囊相赠遗

① 《热河日记·口外异闻·盘羊》，第285页。

② 《热河日记·口外异闻·彩鷂·虾蝶》，第288页。

③ 同上。

曰荷包，即囊名也。僧鞋菊未知何状，要之皆草花也。既名朝鲜牡丹，而我东独不见，何也?[①]

“朝鲜牡丹”又名“荷包牡丹”，朴趾源描述了荷包牡丹的形状、色泽，之所以名为“牡丹”，实则因为其叶类似牡丹。朝鲜并不见这种植物，因而朴趾源不禁思索何以叫“朝鲜”牡丹。

其次，《口外异闻》中记录明清各族名人及其奇闻逸事，如康熙朝“相业文章学问”都首屈一指的伊桑阿和乾隆朝的舒赫德[②]，又如长城外白云塔石龛中的“辽时入定僧”[③]和“尤善汉话”的哈密王[④]。《当今名士》中记录当时中国闻名之士：当今海内名士，梁国治、彭元瑞、纪昀号晓岚，吴圣钦、戴衢亨、其兄心亨，俱吴人；祝德麟，李调元，并蜀绵竹人。余有戴心亨所书柱联一对：“开帙群言守其雅，抚琴六气为之清。”[⑤]其中，《曹操水葬》一则更是饶有趣味：

乾隆戊辰，渔於漳河，泅水者腰断浮水。帝发卒数万，堑河傍别疏之。视河中，万弩俱张，其下有冢。遂掘得其棺。银海金凫，具帝者冕服，乃曹操尸也。帝亲至关庙昭烈像前，跽其尸而斩之。此举非但雪千古神人之愤，快破七十冢之疑。[⑥]

这个事件虽为朴趾源所闻，但依作者的学者特征，且有发现的具体时间，即“乾隆戊辰”，故其所记必有所本，因而这则记述仍具有相当高的史料价值。在朴趾源之前，中国文献中也有谓曹操墓在漳河水下者，似乎未引起人们的太多注意。褚人获在《坚瓠续集》卷二《漳河曹操墓》中记道：“国朝鼎革时，漳河

① 《热河日记·口外异闻·朝鲜牡丹》，第304页。

② 《热河日记卷四·口外异闻·伊阿桑·舒赫德》，第286页。

③ 《热河日记卷四·口外异闻·入定僧》，第289页。

④ 《热河日记卷四·口外异闻·哈密王》，第298页。

⑤ 《热河日记卷四·口外异闻·当今名士》，第292页。

⑥ 《热河日记卷四·口外异闻·曹操水葬》，第286页。

水涸。有捕鱼者，见河中有大石板，旁有一隙，窥之黝然，疑其中多鱼聚，乃由隙入……有石床，床上卧一人，冠服俨如王者，中立一碑，渔人中有识字者，就之，则曹操也……故云，疑冢之外，尚有一冢藏君尸也。”将此文与上文对比，就可以看出《热河日记》中所说不像抄自此文。首先是时间不同，《坚瓠续集》称在国朝鼎革时，当指清朝初年，后来《全健笔录》的作者沈松在引述此文时则直接称为顺治初，《口外异闻》中所说为“乾隆戊辰”很确切，即乾隆十三年。从其他地方也可看出曹操墓在漳河水下的一些蛛丝马迹，例如曹操之子魏文帝曹丕在《止临淄侯植求祭先王诏》中说：“欲祭先王于（漳）河上，览省上下，悲伤感切。”他的弟弟曹植要于“漳河上”祭奠曹操，被曹丕制止。无疑（曹丕）曹植是最清楚曹操葬于何处的，曹植要到“（漳）河上”去祭，而不是到陆上某一陵园去祭，从中隐然可以暗示出曹操墓就在漳河水下。各种历史文献记载，曹操墓就在今河北临漳一带，但是曹操之死距今已近二千年，其间不知有多少人千方百计地寻找曹操墓址皆无所得，据有关材料记载，当地人对疑冢进行过多次公开或非公开的盗掘，尤以清朝前期为多。朴趾源这则关于曹操墓在漳河水下的记载可为解决这桩公案提供一条新的途径。

第三，考据辩证类的笔记。清代是笔记集大成的时代，各种笔记都在前人基础上进一步发展。其中历史考据类笔记的内容尤为充实而多样化，较明人记叙的范围更广。康熙、雍正、乾隆三朝对进步文人严酷镇压，大兴文字狱；对触及清朝忌讳的野史、诗文尽量搜集，查禁焚毁；甚至连较流行的现实性的笔记小说，亦加禁毁。同时极力宣扬程朱理学和封建伦理道德，鼓励那些宣传封建道德的小说和戏剧的传播。因此，一般笔记的作者，都怕以文字引祸，讳言明末清初的史事，不敢讥评朝政或流露讥讽，只是记记掌故、风俗，谈谈文学与士大夫言行之类。此外，由于清初顾炎武、王夫之等人提倡经史的研究，以及一般学者为了逃避现实而整理、考证古籍，乾隆、嘉庆以来考据之风就盛极一时，考据辨证类的笔记在数量和质量上均超越明代。朝鲜的学术风气转换很大程度上受中国影响，“燕行录”中出现越来越多的笔记体裁，朴趾源《热河日记》更处处体现其严谨的考据精神。关于朝鲜著名的“三学士”成仁的时间，《口外异闻》中也做出了崭新的结论：

弥串佥使张超日记：吴学士达济、尹学士集以丁丑四月十九日被害云，故两家据日记，以十九日祭之。丁丑乃皇明崇祯十年，而两学士遇害于清人之在沈阳时也。洪学士翼汉不载日记，则不详其成仁之日的在何辰，故亦从两学士，祭以十九日。今览请人所撰清太宗文皇帝特书，“崇德二年三月甲辰，杀朝鲜臣洪翼汉等，以正败盟构兵、倡议袒明之罪”。崇德乃清太宗年号，而叁月甲辰，考之日干为初六日，以所谓“等”字观之。吴、尹两学士之遇害亦当同是三月初六日也。①

“三学士”指“丙子之乱”中三位义士。“丙子之乱”指的是1636—1637年之间清军进攻朝鲜国的事件。这是历史上后金第二次进攻朝鲜，在朝鲜史书中又被称为“丙子胡乱”。丙子胡乱又与之前发生的“丁卯胡乱”统称为“丙丁虏乱”。1636年四月，皇太极称帝，改国号为大清，并以朝鲜违背盟约为由，亲率12万清军进攻朝鲜。朝鲜仁祖将王族迁于江华岛避难，自己则退守南汉山城。随后清军主力渡镇江，占领郭山城，定州、安州皆不战而降。崇德二年（1637），全罗道、忠清道等地的援军也先后被清军击败，仁祖向清军求和。皇太极担心朝鲜再次反清，派多尔衮攻破江华岛，俘虏朝鲜王妃、王子、宗室、群臣等人。皇太极要求仁祖出城投降。仁祖将亲明反清的“主战派”

① 《热河日记·口外异闻·三学士成仁之日》，第291页。

人物弘文馆校理尹集、修撰吴达济及台谏官洪翼汉缚献清军，随后出城，脱去王服，改穿青衣，在三田渡拜见皇太极，行三跪九叩之礼。清朝将50万朝鲜人作为俘虏押回国充作奴隶，并掠走大量物资。根据协议，朝鲜被迫与明朝断交，接受清朝的册封，成为清朝的藩属国。朝鲜停用明朝年号而改用清朝年号。洪翼汉、尹集、吴达济三人被清军抓往沈阳，清朝以“斥和”为由将其杀害，在李朝历史称为“三学士”，后代国王不断加封，尽享祭祀。朴趾源从《清太宗实录》中读到三学士就义之日为三月初六日而非十九日，提醒国人，以期纠正。《太宗本纪二》所载崇德二年三月初五甲辰，“以败盟故”“杀朝鲜台谏官洪翼汉、校理尹集、修撰吴达济”①，《清太宗实录》也这样记载。而在朝鲜史书中，尹、吴被杀日乃四月十九日戊子，《李朝仁祖实录》等典籍均言之凿凿。② 中国也有学者认为应该以朝鲜史书为准，而否定三月初六的记载。“三学士”具体成仁日期尚待考订，但朴趾源谨严的学术精神可见一斑。

二、《谒圣退述》：清代官学设置的名实不副

所谓“谒圣退述”，指朴趾源游览参拜过顺天府学、太学、文丞相祠、试院之后，对中国的官学设置与科举制度进行记录与评价。《顺天府学》简要记述了顺天府学的历史变迁与基本建制。顺天府学位于东城区府学胡同，始建于明洪武元年(1368)，名大兴县学，府学内原有明洪武年间的“学制碑”。永乐元年

① 赵尔巽，柯劭等原撰，《清史稿校注》编纂小组编纂：《清史稿校注》第一册，1986—1991年，台湾“国史馆”，第53页。

② 《仁祖实录》十五年四月戊子；朝鲜《沈阳日记》丁丑年四月十九日；朝鲜《沈阳状启》丁丑年五月二十四日；朝鲜《沈馆录》卷一；朝鲜《大东遗闻》卷三。

(1403) 改北平为顺天府，改称顺天府学。清顺治初年复加修葺，后世不断重修、续建。清代顺天府学西为学宫，东为文丞相祠、文昌祠，学署旁有名宦、乡贤、忠孝等祠。朴趾源进而关注了中国官学中的最高学府——太学。

太学是清代官学教育的最高机构。我国古代专门的教育行政机构创设于隋文帝初年，始称国子寺，隋炀帝时改名为国子监。国子监的教育行政职能一直延续到清代学部成立以前。到明清时期，国子监常与国学、太学混称，国子监既有教育行政职能，又是国家最高学府。现今北京国子监的二门上仍悬挂“太学”匾额。清代以前，国子监隶属礼部，清代则由皇帝直接过问，国子监的地位也随之提高了。清代历代统治者都对国子监表现出高度重视。顺治九年 (1652)，清世祖福临亲自视察国子监，此后历代相沿，成为定制，称为“临雍讲学”；康熙年间，清圣祖玄烨为国子监题写“彝伦堂”匾额，重修国子监；雍正九年 (1731) 清世宗胤禛批准祭酒孙嘉淦的请求，将国子监以南方家胡同的 142 间官房拨给国子监，成为“南学”，大门悬挂“钦赐学舍”的匾额，朴趾源另有《学舍》[①] 一篇，对其进行了详细描述。乾隆四十八年 (1783) 清高宗弘历亲自命礼部、工部仿照《礼经》旧制，在国子监彝伦堂南面建造辟雍，又在辟雍南面为“向学重教”专门建造一座毫无宗教色彩的琉璃牌坊。乾隆五十年 (1785) 弘历再次亲临辟雍，举行了隆重盛大的讲学典礼，其临雍之仪、讲学之礼又为后代相沿，成为定制。不仅如此，顺治皇帝还为国子监开列教条教规；康熙皇帝亦为官学作《御制学校论》；雍正皇帝修正《圣谕广训》；乾隆皇帝的《训饬太学士子及司训等官》恭刊在南学的率性堂中。国子监彝伦堂内恭悬六位皇帝对国子监的六道敕谕。国子监学生毕业后可直接授官，也

① 《热河日记卷五 · 谒圣退述 · 学舍》，第 336 页。

可参加科举。朴趾源记述了朝鲜使臣于国子监和中国文臣一同听讲之事：

隆庆元年，驾幸国子监。朝鲜陪臣李荣贤等六员，各具本等衣冠，赴彝伦堂，立文臣班次之次。余从副使、书状庭行再拜。余曩谒热河太学，制视京学。今周瞻庙貌，想因明旧，而较之太和殿则虽似少巽，然制度之整齐则大同焉。①

朝鲜使团在清朝的朝贡体系中位置最高，身份最为尊重，因而也被恩赐与大清的文臣同列，在国家最高学术机构觐见帝王。处于封建王朝末期的清王朝，为挽救其逐渐衰亡的命运，不断加强思想文化专制。表现在官学教育上，他们更加重视对学生思想行为的约束和控制，而对办学的投入、教学的管理等却并不重视，尤其忽视对学生真才实学的培养，而导致了太学的日趋衰落。朴趾源实地考察后发现了这一问题。

虽然朝廷一直提升太学的地位，但太学中的实质教育行为在清代时期已经走向衰落：

宋庆历中，王拱辰判国子，言汉太学千八百间、生徒叁万人，唐六千二百间。当时学舍之广、生徒之盛，非后代可比。又按，皇明洪武四年，诏选州府县诸生秀俊者入国子监。当时干戈甫毕，流离未还，而犹得陈如奎等二千七百八十二人。二十六年，则已得监生悦慈等八千一百二十四人。而至永乐十九年，监生方瑛等多至九千八百八十四人，犹不满万。其视前代养士之盛，不啻巽下。②

国子监的教学规模和生员数目历代递减。虽然清朝“御宇既久，海内升平，文教烜赫。自谓夸迭汉唐”，但朴趾源所见的国子监学舍“十空八九”，录取名册的学生才四百余人，且大都

① 《热河日记卷五·谒圣退述·太学》，第335页。
② 《热河日记卷五·谒圣退述·学舍》，第336—337页。

是“满洲、蒙古”“无一汉人”[①]。朴趾源不禁困惑：

汉人虽仕宦至公卿，不得家城内，则首善之地，游学之士亦不敢居欤？抑亦中华之族耻与胡虏种落齿学而然欤？[②]

清代国子监学生最多时不超过四百人，远非明朝可比。国子监学生的来源名目繁多，光贡生就有六种，即岁贡、恩贡、拔贡、优贡、副贡、例贡；监生又有四种，即恩监、荫监、优监、例监。这些学生分散在全国各地，大多并不在监学习，只领膏火，等待授官，无心向学。尤其是生员可以纳资入监之门后，捐监之风泛滥。纳监的监生只需向户部交一笔钱，便可领取一张凭证，而后再向国子监交一笔钱，即可领到国子监的监生资格。这笔钱朝廷并未规定上缴，故而由国子监的官吏皂役摊分。到清末，全国每年甚至有几十万不经过入学、考试，只花钱购买资格的所谓士子。同时，少数在国子监就读的学生也只能接受稀松乏味的教育。学生在监以研读“四书”“五经”为主业，作八股文章，临摹端正严谨的楷体，因此其中所教育的人才少之又少，大都庸滥无为，被纳入京师“十可笑”之列，即“光禄寺茶汤，太医院药方，神乐观祈禳，武库司刀枪，营缮司作场，养济院衣粮，教坊司婆娘，都察院宪纲，国子监学堂，翰林院文章”[③]。以国子监为代表的清代官学表面上完备发达，实际上已经变成了以培养封建国家官吏为目的的治术教育。清代官学体制有名无实，空疏腐败，成了科举的附庸，最终随着封建王朝的逐渐衰亡走上了穷途末路。

饶有趣味的一点是，《太学》中写道：“太学堂有七，彝伦，所以会讲。率性、修道、诚心、正义、崇志、广业，则诸生肄业

① 《热河日记卷五·谒圣退述·学舍》，第336—337页。

② 同上。

③ 《热河日记卷四·口外异闻·十可笑》，第304页。

之所云。”[①] 这一段文字在中国明清典籍中也有极其相似的记载。《皇明太学志》中有：“凡堂有七，彝伦，所以会讲；率性、修道、诚心、正义、崇志、广业，则诸生肄业所也。”[②]《钦定日下旧闻考》有：“太学堂有七，彝伦，所以会讲。率性、修道、诚心、正义、崇志、广业，则诸生肄业所也。”[③] 这三段文字基本相同，朴趾源应该是自以上两部典籍中直接抄录。可以推断，朴趾源撰写《热河日记》并非完全为旅行期间的日记，其内容不乏回国后结合中朝典籍进行的考订补充。从这一角度看，将《热河日记》视为单纯的游记是过于片面的，其中所富含的丰厚的学术价值，值得深入探究。

三、《盎叶记》：北京寺院文化的多重内涵

明清两个朝代均有一段政治相对稳定和经济繁荣时期，随着社会日趋发展，宗教成为安抚百姓的强大精神慰藉，朝廷将发展宗教事业视为基本国策，宗教种类增加，尤其是佛教寺庙数目增加很快。同时，为了维护民族团结，对各种宗教均大力提倡，寺、院、观、宫、堂、庙等种类繁多，数量激增，形成寺庙发展的一个高潮。明代永乐年间所修《顺天府志》[④] 记载，有寺111、院54、阁2、宫50、观71、庵8、佛塔26，共计近300座，这些寺院宫观遍布城内及京郊各地。清初朱彝尊写道：“梵宫之盛倍于建章万户千门。成化中京城内外敕赐寺观已至六百36所，见周尚书洪谟奏疏中”[⑤]，皇帝“勅赐”修建数目已如此之众，

① 《热河日记卷五・谒圣退述・太学》，第336页。
② 《皇明太学志卷之一・典制上》。
③ 《钦定日下旧闻考》卷六十六。
④ 缪荃孙自《永乐大典》，四六五零卷，转抄之《顺天府志》。
⑤ 英廉等编：《日下旧闻考》卷六十。

加之其他，可见明代兴修寺庙的狂热程度。北京经明末战乱后，清代又开始重新大规模修复和新建寺庙，乾隆年间达到鼎盛时期，不仅北京城内基本恢复了明代的寺庙规模，还对西山景区也进行了大规模开发，不少寺庙纳入皇家园林中，与皇家园林融为一体。清代乾隆时期绘制的京城全图中，共标出内外城寺庙1207所，以供奉观音为主的寺庵共占108处，为众庙之首。①《盎叶记序》写道：

皇城外内闾阎廛铺之间，所有寺刹宫观，不特天子勅建，皆诸王驸马及满汉大臣所舍第宅。且富商大贾，必创一庙堂以资冥佑，与天子竞其奢丽，故天子不必更事土木，别置离宫，以奢天子之都也。②

除去天子勅造的寺刹宫观，王宫贵族和富商也竞相出资修建奢华的寺庙，形成了北京明清两代寺庙建筑经久不衰的高峰景象。北京寺庙的繁荣，与其多样化的功能和广泛的群众基础密切相关。北京寺庙园林除其主要的宗教功能之外，又往往兼具集市贸易功能、游娱功能等。

《盎叶记》记录了寺院以"庙会"为主要形式的集市贸易功能。为了维持寺院的生存，获得一定经济来源，不同的寺院根据其规模、位置采取了不同的形式。一些大型佛寺利用宽阔的庙院举办庙会，这些行为大多都不带有宗教色彩，而愈发显现出民俗性质的商业特征，反映出清代北京地区佛教发展的世俗化经济倾向。所谓"庙会"即因庙为市，缘起甚早。辽代北京地区开始出现庙会，明代已很兴盛，清代持续繁荣，到民国逐渐衰落。老北京的庙会主要有两种形式：一种是在祭日定期开放，以进香敬

---

① 张连城：《北京地区佛教寺院文化特征初探》，《北京联合大学学报》2001年第1期。

② 《热河日记卷五·盎叶记·序》，第341页。

神为主。信徒入庙进香，虽然也附带娱乐、商业活动，但基本上是附属行为；一种是以商业活动为主，在寺院中定期开市，交易百物，又称“庙市”，其主要活动内容是“市”，日期根据贸易需要而定，不与宗教节日挂钩。北京地区庙会的集散地，清代占主体地位的是佛教寺院。清代初年，朝廷考虑到八旗拱卫北京内城的需要，将庙市和灯市移至外城，庙市移至报国寺，灯市移至琉璃厂。雍正初年，内城隆福寺和护国寺开店设市，乾隆初开庙设市逐步增多。据民国初年统计数据，北京城内及郊区共有庙会三十六处，其中土地庙、隆福寺、白塔寺、护国寺、花市集、海王村公园、东岳庙合称“七大庙会”，但最为热闹的，是东城的隆福寺和西城的护国寺，有东庙和西庙之称，月开数市。朴趾源记录了隆福寺、报国寺庙市的繁华景象：

百货盈庭，珠玉珍宝之物，磊落宛转于履屐之间，令人足踏如也，心怵如也，而视瞿瞿也。阶墄玉栏所布挂，皆龙凤毡罽，而衣被墙壁者，尽是法书名画。往往施帷幕，撞金伐鼓者。逞戏售术者也。①

报国寺在宣武门外以北一里。月三五为市日，海内百货辏集，佛殿三寮厢周遭，而居僧鲜少，皆京外商旅无异闤闠，禅林中一大都会也。②

琳琅满目的商品令朴趾源眼花缭乱，云集京城的各地百货吸引着中外游人。市场中车水马龙，赴会者摩肩接踵，挥汗成雨，这样的景象在各大庙市中都很常见。比如“香火甚盛、车马骈阗”的太阳宫也是一派欣欣向荣的情景：“贩卖酒食花果，戏弄禽鸟，逞伎售术，辐辏杂沓”实为“寺观中一大都会”③。这些

① 《热河日记卷五·盎叶记·隆福寺》，第 346 页。
② 《热河日记卷五·盎叶记·报国寺》，第 342—343 页。
③ 《热河日记卷五·盎叶记·太阳宫》，第 345 页。

记载反映出清代北京佛教寺院文化中世俗经济意味的增强，庙市开始成为交易场所和集散地，体现出佛教发展的世俗化和寺院庙会的商业倾向。

《盎叶记》中也体现出寺院庙宇的游玩娱乐功能。明清五百年间，园林遍布京城内外，逐渐形成若干以寺院为中心的公共游览地，京城百姓或访胜寻幽，或踏春消夏，或赏秋踏雪，一年四季游人络绎不绝。除了上文一些名刹外，著称者还有西直门外的高梁桥及什刹海、后海一带。据《长安客话》称："高梁桥北精蓝棋置，每岁四月八日为俗佛会，幡幢饶吹，蔽空震野，百戏毕集。四方来观，肩摩毂击，浃旬乃已，盖若狂云。"[①] 朴趾源在北药王庙也见到游客之众：

> 北药王庙，殿宇位设一如南庙。而东临海子，沿堤万柳阴浓，湖滨游客常满。天启中魏忠贤所建云。[②]

北药王庙位于北京内城北城根，小石桥偏北。北京旧鼓楼大街北口西侧，娘娘庙、大觉寺和北药王庙三座庙宇自东向西并列，均坐北朝南。北药王庙建于明嘉靖二十五年，庙内有顺治年间大学士洪承畴的两块石碑，当时每逢农历初一、十五为开庙之日，虔诚士女多往参拜，摩肩接踵，异常繁盛，为城北名刹，旧鼓楼大街一度称为北药王街。朴趾源所见的北药王庙绿柳成荫，游人如织的热闹景象，体现出当时寺庙的游娱功能。

除此之外，还有一篇引人注目的《利玛窦冢》[③]，记述了利玛窦冢的位置、构造及利玛窦的简要经历。利玛窦（1552—1610）是意大利耶稣会传教士，明末"西书东译"主要参与者和代表学者。利玛窦万历十年（1582）来华，万历二十九年

---

① 蒋一葵：《长安客话卷三·郊埛杂记》，第45页。

② 《热河日记卷五·盎叶记·太阳宫》，第348页。

③ 《热河日记卷五·盎叶记·利玛窦冢》，第349页。

（1601）抵达北京，进呈自鸣钟、《万国方舆全图》等，积极与士大夫交往，颇受士大夫敬重。利玛窦除传播天主教教义外，还传播西方天文、数学、地理、物理等科学技术知识，其著述不仅对中西文化交流做出了重要贡献，而且对日本和朝鲜半岛上的国家认识西方文明也产生了重要而深远影响。朝鲜的天主教是由中国传入的，朝鲜的“燕行使臣”在出使中国时，与北京的西方传教士多有接触，并于乾隆四十九年（1784）自主引入了天主教。朴趾源曾与他的朋友和学生讨论过天主教的教理及西方先进的科技知识，朝鲜北学派也与天主教有较多渊源，故而朴趾源在《盎叶记》中有意安排《利玛窦冢》一篇，这与利玛窦在朝鲜思想及宗教领域的地位与影响不无相关。

汉文笔记著作很多，从魏晋到明清，历朝历代都有不少可取之作。但是，前人对此类书籍却不免鄙薄。不单读者多将笔记文视为茶余酒后解闷的“闲书”，而且作者也往往将笔记写作视为消闲，无关著述。纪昀就曾说：“景薄桑榆，精神日减，无复著书之志；惟时作杂记，聊以消闲。”① 实际上，笔记文的内容很丰富，保存了许多可贵的材料，大都具有文学价值和历史价值；而且由于记叙随意，毫无拘束，所以常常写得活泼生动，亦庄亦谐，颇饶趣味；著者的学问、见识，也常常从不经意处表现出来，其中内容大有可观之处。记载都市地理、景物、掌故、习俗的笔记，如宋代的《东京梦华录》《都城纪胜》等和明代刘侗的《帝京景物略》，均很著名，而数量不多，以清人在这方面的著述最为丰富。由于北京建都一千余年，历史悠久，所以只写北京一地的笔记，就多种多样，颇有可观。清初孙承泽的《天府广记》和《春明梦余录》两书，采辑甚博。前者是专门的地方志，

① 纪昀：《阅微草堂笔记卷十九·滦阳续录小序》（下册），天津古籍书店，1980 年。

后者介乎地方志、职官志和故事集之间，亦近于专著。《谒圣退述》《盎叶记》以北京城地理为考察对象，体现着朴趾源的学术探索。《热河日记》中的笔记文，绝少志怪和传奇，而多为杂录、琐闻、传记类的著作，内容广泛驳杂，举凡朝章典制、风俗民情、学术考证、笑话奇谈、逸事琐闻等内容无所不包，内容亦接近于专著。《热河日记》的笔记文堪称一座内容丰富、值得珍视的宝库，治史者可利用它增补辨证正史的阙失，治文者可从中考察这一时代的社会风气、文坛的源流嬗变，治专门史者可从中挖掘资料，文艺创作者可从中寻找素材。这些笔记类内容以耳闻目睹的现实性、内容的丰富性、形式的灵活性引人注目，具有较高的史料价值和文化价值，是值得令人重视的文化遗产。

第五章 《热河日记》的艺术特色

朴趾源的文章、李滉和李珥的道学及李舜臣的兵法，被称为李氏朝鲜三百年间的“三奇”。在今天的韩国，朴趾源的文章仍被认为可与中国的司马迁比肩，可与韩愈、苏东坡争名，其在朝鲜半岛的文学影响力之大，由此可见端倪。作为朴趾源文学殿堂的重要构成，《热河日记》以饱满的内容、深刻的见地、灵活的形式、细致的笔调彰显出夺目的艺术特色。

第一节 《热河日记》中的中国形象

《热河日记》被称为“实学全书”，是关于18世纪中国形象的百科全书式的著作，在朝鲜实学思想史、文学史上均具有重要地位。朴趾源在《热河日记》中具体而细致地描绘了中国形象。在这部著作中，中国作为形象学意义上的“异国”，形象尤为丰满。在朴趾源笔下，18世纪末期的清朝富足强大，大清帝国作为文明社会的典型，彰显着作者一定的理想化色彩：朴趾源借此来质疑当时李朝政府的统治，启发国人的心智，并为构建一种新的社会秩序提供了可供参考的诸多设想。朴趾源惊羡于中国制度先进、物产丰饶、城镇众多、交通通达、商业繁荣，而且他并不是简单地追寻这一文化事实，而是尽可能地发掘其中可利用的价值，取人之长以补己之短。《热河日记》通过游记的形式，描绘出一幅鲜活、生动的18世纪中国的全景，折射出朝鲜对于满族统治下的大清社会的集体想象。

一、从王侯贵族到一般文士的人物群像

一个国家的形象包含了诸如自然的、社会的、历史文化的、政治经济的各方面的因素，然而这一切都是以人为中心展开的。人的形象是国家形象的核心，而且这个核心形象最为鲜活、生动而真实。朴趾源在燕行途中所接触和交际的人，包括平民、商人、官员、士绅和文人等。至于乾隆皇帝、班禅、皇亲贵胄之类无法亲自交往的人物，朴趾源也通过观察或是他人的评论对其进行了塑造。清朝社会的各个阶层和人群，均可以透过《热河日记》进行剖析和把握。

在18世纪后叶，朝鲜燕行录题材中满族人的形象开始褪去"蛮夷"的底色而渐具阳刚之美的正面色彩。这一点集中体现在帝王的"去妖魔化"和满族人强壮、尚武，长于骑射等方面。乾隆皇帝是中国历史上在位时间最长的帝王，他统治时期达到清王朝的最高峰，被称为"康乾盛世"。他在位60年（1736—1796），禅位后又做了四年的太上皇，一共掌握清朝最高权力达64年。乾隆执政的时间与朝鲜朝英祖、正祖大约相同，在这一时期朝鲜燕行使臣所撰写的《燕行录》作品中，也有大量有关乾隆的描写文字，乾隆可谓朝鲜朝燕行使臣着意描述的清朝中国形象之一。《热河日记》对乾隆的容貌做了如下描述：

已而皇帝出自正门，而仍坐门中，砖上不设椅榻只设平床铺黄褥，左右侍卫皆衣黄，佩刀者不过三、四双，黄伞分立者只二双，肃然无哗。先令回子太子进前，未数语而退，次命使臣及三通事进前，皆进前长跪，长跪者，膝地也，非贴尻坐也。皇帝问国王平安，使臣谨对曰平安。皇帝又问有能满洲话者乎，上通事

尹甲宗以满话对曰略解，皇帝顾视左右而喜笑。皇帝方面白皙而微带黄气，须髯半白，若六十岁，蔼然有春风和气。①

另外，与朴趾源同行的副使郑元始在与正祖的对话中，也对乾隆的容貌做了描述：

上曰："皇帝出行时，威仪何如？"元始曰："仪节太简率，自皇帝至从者，各控一骑，初无骖御之仪，只卫仗数十，相对前行，从官百余人拥后。而御马数双，无牵分队而行。皇帝面方体胖，小须髯，色渥赭。所着衣章，初无贵贱之表矣。"②

关于乾隆的形象，清史专家戴逸提出："乾隆帝身材匀称，丰腴而略矮。身高约 1.6 公尺（据觐见他的英国使团人员说身高五英尺二英寸，约 1.6 公尺）。脸庞呈长方同字形，两腮稍削，皮肤白皙，微带红润，眼睛黑而明亮，炯炯有神，鼻稍下钩，体态文雅，外表平和。青年时代是一位英俊潇洒的翩翩佳公子；老年时代，则显示出尊严、和蔼和慈祥。"③ 由此不难看出，朝鲜朝使臣对乾隆的记载是比较客观、真实的。乾隆帝虽然年事已高，但大权在握，且思维敏捷，精力旺盛。值得注意的是，到了 16 世纪后半叶，朝鲜朝士大夫在描述满族统治者时，不再像描述顺治等人时那样使用"跋扈之气"等贬义语汇，更少见"奴酋""汗""胡皇"等语汇。可以说，在 18 世纪下半叶的朝鲜，朴趾源等燕行使者展现给我们的是一位"蔼然有春风和气"，勤恳敬业的帝王，其描述与乾隆的容貌与神情基本相符。

不仅帝王，清朝贵族子弟的形象在《热河日记》也多是正面的叙述。清军强大的战斗力正是满族先进文化要素的体现。朴趾源等朝鲜朝北学派人士是怀着"富国强兵""富国裕民"的目

① 《热河日记卷二·太学留馆录·十一日丁巳》，第 138 页。
② 吴晗：《朝鲜李朝实录中的中国史料》，第 4703 页，中华书局，1980 年。
③ 戴逸：《乾隆帝及其时代》，中国人民大学出版社，1992 年，第 4 页。

的而使行中国的，因而更对满族的“骑射”表现出极大的关注。“我们都知道，制作一个异国‘形象’时，作者并未复制现实。他筛选出一定数目的特点，这些作家认为适用于‘他’要进行的异国描述的成分。”[①] 而满族人的“骑射”就是大多数朝鲜燕行使臣所认为的适用于“他”要进行的关于满族人的描述内容：

十六日壬戌，晴。平明发行，到王家营中火。过黄铺岭，有少年贵人，年可二十余，帽戴红宝石，悬翠羽，骑骊马，翩翩而去。只一骑在前，而从者三十余骑，皆金鞍骏马，帽服鲜侈。或佩弓箭，或负鸟铳，或擎爇炉，驰骤如电而不除辟呵喝，但闻马蹄之声。询于从骑，曰皇帝亲侄号豫王者也。[②]

在此，朴趾源栩栩如生地刻画了一位华衣骑射的皇侄的英俊形象。豫王 20 余岁，衣饰华丽，身份高贵，但并非纨绔之子，能骑马“翩翩”，而且“只一骑在前”，“驰骤如电而不除辟呵喝，但闻马蹄之声”。豫王的骑术在这一队伍中显得非常突出，显示出清朝皇族子弟的骑射才能。在力图维持八旗满洲的“国语骑射”能力方面，乾隆帝较之康熙、雍正都有更大的建树。不论哪个国家，加紧骑射训练以致精善，对“富国强兵”都很重要。朴趾源对清朝皇室及其子弟的围猎讲武的行为比较赞许，同时也肯定了乾隆等清朝皇帝“国语骑射”政策。

朴趾源通过与中原士大夫的频繁交往与广泛深入的学术研讨，越发感到中华文化的精深以及清朝汉族士大夫的博学儒雅，他们“全史全经，随事辩证，百家九流，略涉原委，酬答如响……宽雅娴礼，休休有容，不施骄倨，虚怀接物而不失大国之

---

① 巴柔：《从文化形象到集体想象物》，参见孟华主编《比较文学形象学》，北京大学出版社，2001 年，第 138 页。

② 《热河日记卷三·还燕道中录·十六日壬戌》，第 150 页。

体”①。这些都给具有北学思想的朴趾源印下了深刻印象，对清代文人王民皞，他尤为激赏：

盖鹄汀敏于酬答，操纸辄下数千言，纵横宏肆，扬扢千古，经史子集随手拈来，佳句妙偈顺品辄成，皆有条贯，不乱脉络。或有指东击西，或有执坚谓白，以观吾俯仰，以导余使言。可谓宏博好辩之士，而白头穷边，将归草木，诚可悲也。②

朴趾源从王民皞等人身上看到了当时汉族文人的文化素质：功底深厚，敏于酬答，下笔千言，信手拈来，不乱脉络。因而，朴趾源高度称举人王民皞是“宏儒魁杰”，赞赏其贯通经史子集的博学。朴趾源所接触的清朝文人，在《倾盖录》中有系统记录。他详尽描述了所交游的清朝文人的形象：“博学多闻”“骨相精紧”的山东都司郝成；“姿貌雅洁，双眸炯然，不施叆叇能作细书画”的通奉大夫、大理寺庆尹嘉铨；“白皙，修眼浓眉，手如葱根”的蒙古美男子讲官敬旬弥；“博学能文，善谐笑，斥佛甚峻，持论颇正”的满洲人奇丰额；“面瘦黄骨立，学问渊博”的康熙的外孙破老回回图；“貌美而能解书、工画”的仆人王三宾等，这些中国文人仙风道骨、仪表堂堂，内外兼修，体现出当时士人高度的学术道德修养。③ 此外，朴趾源还见到当时礼部尚书曹秀先，“曹公容貌老，寝陋无威仪，为人恺悌乐易”，“既还燕，中原士大夫多誉曹公地山先生，文章学问当世冠首，以比欧阳永叔。”一位身份如此尊贵的清廷大员，却给予朴趾源这样一名朝鲜布衣礼遇：

曹秀先，江西新建人也，字地山，见任礼部尚书，年可六十余。昨日余随使臣，见曹朝房。次日余偶至一新创关侯庙。其东

① 《热河日记卷四 · 审势编》，第 217—218 页。

② 《热河日记卷四 · 鹄汀笔谈》，第 243 页。

③ 《热河日记卷三 · 倾盖录》，第 161—163 页。

庑有一学究，教授四五童子。余问曰："是中宽畅，来寓卿大夫几人?"学究曰："见有礼部曹大人在此。"余借其纸墨，书刺使通，学究即起忙去。余遥望学究出立阶上，手招余进。余进至阶下，曹公出户外相迎，身自扶余坐椅。余逡巡固让，曹公固请坐。余曰："公贵人，遐陬鄙人，不敢抗客主之礼。"曹曰："你以公事来耶?"余曰："否也，为观光上国来也。"曹曰："你官居几品?"余曰："秀才，从使者而来，自无职系。"曹忙扶余坐曰："既无职系，先生即吾之尊宾。敝自有待客之礼，先生不必固让。"①

在朴趾源笔下，中国知识分子学识渊博，才德兼备，且并未因民族的不同呈现出显著的差别。身为清朝礼部尚书，曹秀先的地位才学天下人皆知，而面对一个无官位品级，只来中国观光的朝鲜普通士人，他却尊称其为"尊宾""身自"请其安坐。这礼貌周全的举止体现出曹秀先泰而不骄、礼贤下士、虚怀若谷的品德，令今人也不得不叹服。领略过以曹秀先为代表的中国文人的风采后，无怪乎朴趾源感慨："不施骄倨，虚怀接物而不失大国之体。"②

二、从"繁华富丽"到"利用厚生"

朴趾源来到中国时，正值乾隆朝的鼎盛时期。此时的中国，处于封建社会发展的高峰期，内外稳定，经济繁荣，百姓生活富庶，学术文化发达。与此相应，这一时期朝鲜正祖和当时具有改革意识的士人所关心的已不再是清朝有无危亡之兆和如何"反

① 《热河日记卷三·倾盖录》，第164页。
② 《热河日记卷四·审势编》，第218页。

清复明”，而是转向关注清朝的经济文化建设成果。[1] 正祖四年（1780，清乾隆四十五年），正祖召见了刚从中国回还的副使郑元始，向他问询清朝的“城郭濠池之制”“市肆之制”“漕轮之制”“胡汉通婚”“帝王仪仗”等情况[2]，说明了正祖执政的着力点。正是由于正祖对清朝文物制度与先进技术的开放态度，朝鲜朝的北学思潮才会在18世纪后期蓬勃兴起。正祖问及郑元始的一系列清朝社会发展情况，《热河日记》中均有体现。

《热河日记》中记录了18世纪清朝繁荣的商业经济。乾隆朝后期正值中国商业最为发达的时期，朴趾源一踏入中国，在边境小城栅门就看到了繁华热闹的商业景象：

左右市廛，连亘辉耀，皆雕窗绮户，画栋朱栏，碧榜金扁，所居物皆内地奇货。边门僻奥之地，乃有精鉴雅识也。[3]

朴趾源感慨栅门“繁华富丽”，揣想即使北京城也不过如是，第一次踏入中国的朴趾源不由地为中国经济发展程度而震惊。抵达辽阳，他看到“繁华富丽十倍凤城”“车马轰殷，聚观者到处成群，人肩相磨”[4]。对于沿途所经过的规模较大的城市，朴趾源更是以极大的热情加以描写，如盛京的街市：

毂击肩磨，热闹如海。市廛夹道，彩阁雕窗，金扁碧榜，货宝财贿充栋其中，坐市者皆面皮白净、衣帽鲜丽。[5]

而山海关则比盛京更胜一筹：

闾舍市井，胜过盛京，车马最盛。士女尤为都冶，其繁华富丽，沿路莫比，盖此为天下雄关。[6]

---

① 《正祖实录》卷三，正祖元年二月二十四日（庚申）。
② 《正祖实录》卷十，四年十一月二十七日（辛丑）。
③ 《热河日记卷一·渡江录·二十八日乙亥》，第15页。
④ 《热河日记卷一·渡江录·初八日甲申》，第29页。
⑤ 《热河日记卷一·盛京杂识·秋七月初十日丙戌》，第29页。
⑥ 《热河日记卷二·驲汛随笔·山海关记》，第84页。

在通州潞河码头，漕运带动了当地商业的繁荣：

下船登岸，车马塞路不可行。既入东门，至西门五里之间，独轮车数万，填塞无回旋处。遂下马，入一铺中。其瑰丽繁富，已非盛京、山海关之比矣。艰穿条路，寸寸前进。市门之扁曰“万艘云集”，大街上建二檐高楼，题曰“声闻九天”。①

热河，作为清朝历代帝王的避暑胜地，同样市廛发达：

累日行山谷间，既入热河，宫阙壮丽，左右市廛连亘十里，塞北一大都会也。②

在北京城的集市，更是车水马龙、熙熙攘攘，各种商品琳琅满目：

有太阳宫，香火甚盛，车马骈阗。内外诸殿，左右廊无，男女祈祷者日千万计。阶墄之间。烛泪成峰。香烬如雪……贩卖酒食花果，戏弄禽鸟，逞伎售术，辐辏杂沓，寺观中一大都会也。③

海内百货辏集佛殿。叁寮厢周遭，而居僧鲜少，皆京外商旅无异闤闠，禅林中一大都会也……廛铺罗列，车马热闹，不独市日为然也。④

在这组材料中不难发现，朴趾源在不同地点的描写中都偏爱使用“繁华富丽”“瑰丽繁富”等词语，不吝笔墨地褒奖清朝商业经济的发展程度，可以说，“繁华富丽”是朴趾源对于中国商业经济的整体评价。朴趾源还关注了中国先进的加工业，对销售朝鲜毳帽的加工厂进行了记录：“我国所着毳帽，皆出此中。共有三铺，一铺为三五十间，铺中所造，工人不下百人。湾商已充

① 《热河日记卷二·关内程史·八月初一日丁未》，第105页。

② 《热河日记卷二·漠北行程录·初九日乙卯》，第125页。

③ 《热河日记卷四·盎叶记·太阳宫》，第344—345页。

④ 《热河日记卷四·盎叶记·报国寺》，第342—343页。

斥其中，为约帽，回还时输出也。……造铺者皆脱衣工作，手若风雨。我东银货半消此铺，则铺人各定主顾，湾商之来，必大治酒食以接云。”① 清朝的手工业工场已经像今天的工厂一样，雇佣着上百个工人进行生产和加工贸易，而且工场在规模、技术以及运营等方面都非常成熟，体现出清朝对外贸易的新发展。“这种大规模的雇工生产在当时无疑是一种新型的生产方式，它是当时的中国商人利用本地的资源优势和加工优势，通过雇工劳动，并与外商接洽贸易的生产、推销而赚利的新兴的生产经营方式。这种生产与经销一条龙的商贸活动、生产活动，无疑是当时中国从传统到现代的一种过渡形式的商贸活动。而铺主的这种生产管理方式，是在商业文化中值得人们称道的一种方式。”②

不仅商铺市廛发展繁荣，就算普通百姓家的庭院屋宇，也多整饬讲究。例如，六月二十八日乙亥，朴趾源在栅门康永太宅内见到：

永太所居，精洒华侈，种种位置，莫非初见，炕上铺陈，皆龙凤氍毹，椅榻所藉，皆以锦缎为褥。庭中设架，以细簟遮日，四垂相帘。前列石榴五六盆。就中白色石榴盛开。③

精致的家具，华丽的装饰，宜人的庭院，中国边境小城的居民生活如此富庶安康，不能不令第一次来到中国的朝鲜使者惊叹。不止一地如此，“羊豕弥山”的栅门，“村闾相望，桑麻菀然”的林家台、范家台等都一次次地冲击着朴趾源的认知。又如环境优美，安定富庶的辽东村闾：“路广数百步，沿路两傍皆种垂杨，闾阎栉比，处其对门。中间潦水不洩，往往自成大池。

① 《热河日记卷二·驲汛随笔·二十二戊戌》，第80—81页。

② 金柄珉：《〈热河日记〉与中国文化》，《朝鲜—韩国文学的近代转型与比较文学》，2007年12月，延边大学出版社，第99页。

③ 《热河日记卷一·渡江录·二十八日乙亥》，第14页。

家养鹅鸭，千百浮泳。两边村舍尽成临水楼台，红栏翠槛，映带左右，渺然有江湖之想。”① 朴趾源一路目睹了栅门到辽东，以及关内的中国百姓生活，总结道：

余入中国，沿道二千里之间。时方夏秋之交剧暑，常昼日四五下马，入人家休憩而去。丈二芭蕉、太湖石、荼蘼架子、斑竹栏干往往而有。护阶绿竹，满帘翠梧，到处多见。②

中国百姓安居乐业，物阜民熙的景象给北学思想家朴趾源以强烈的心理震撼，他所亲历的一切与朝鲜人所想象的“夷狄”统治下的国家完全不同。面对中国的强大繁荣与文明先进，朴趾源深刻反思朝鲜国内对待清朝的固有错误观念，肯定了满族人对中国的统治，并致力于寻找清朝经济繁荣的具体原因，发展出北学思想中“利用厚生”的意义内涵。

朴趾源作为朝鲜北学派在18世纪的代表人物，他借此次燕行，目睹了清朝的先进，萌生了一种超乎时代的进步意识，即“北学中国，利用厚生”。“朝鲜朝北学派人士参加燕行的目的，就在于寻找使朝鲜迅速摆脱经济、文化落后的局面进而实现‘富国裕民’的方法。具体而言，他们通过对中国的车、船、城、甓、瓦、宫室、窗户、阶砌、道路、桥梁、畜牧、牛、马、驴、鞍、槽、市井、商贾、银、钱、田、粪、桑、果等事物的详细考察与研究，找出了中国之长与朝鲜之短，进而主张取长补短，导入中国先进的科学技术，以改善劳动工具，改良操作方法，提高生产效益。”③ 朴趾源踏入中国之后，所关注的已不再是先王之道、婚丧仪礼等理学内容，而是中国的商业经济、车船交通、桥梁建筑等与百姓生活息息相关的利用厚生的实际内容：

---

① 《热河日记卷一·渡江录·初九日乙酉》，第30页。

② 《热河日记卷五·铜兰涉笔》，第351页。

③ 徐东日：《朝鲜使臣眼中的中国形象》，中华书局，2010年，第231页。

余下士也，曰壮观在瓦砾，曰壮观在粪壤。夫断瓦，天下之弃物也。然而民舍缭垣肩以上，更以断瓦，两两相配，为波涛之纹，四合而成连环之形，四背而成古鲁钱，嵌空玲珑，外内交映。不弃断瓦，而天下之文章斯在矣。民家门庭，贫不能铺砖，则聚诸色琉璃碎瓦及水边小砾之磨圆者，错成花树鸟兽之形，以御泥淖。不弃碎砾而天下之画图斯在矣。粪溷，至秽之物也，为其粪田也，则惜之如金。道无遗灰拾马矢者，奉畚而尾随，积庤方正，或八角或六楞，或为楼台之形，观乎粪壤，而天下之制度斯立矣。故曰：瓦砾、粪壤都是壮观，不必城池、宫室、楼台、市铺、寺观、牧畜、原野之旷漠、烟树之奇幻然后为壮观也。①

朴趾源提出，世上真正的壮观在于"粪壤"之类的务实之事。从相对狭小的朝鲜社会走出来后，一个广阔的天地呈现在他的眼前，在发现客观的对方的同时，他也发现了真正的自我。无论是华夏之邦还是蛮夷之国，只要存在先进因素，朝鲜就应当积极借鉴与吸收，以实现富国强兵和济世救民的目的，而学习的基点，应该是"耕蚕陶冶""通工惠商"：

故今之人诚欲攘夷也，莫如尽学中华之遗法，先变我俗之椎鲁，自耕蚕陶冶以至通工惠商，莫不学焉。人十己百，先利吾民，使吾民制梃而足以挞彼之坚甲利兵，然后谓中国无可观可也。②

勤恳和蔼的皇帝，文武双全的满洲贵族，礼贤下士的汉族高官，博学儒雅的文人墨客，繁华富丽的都市城邑，安居乐业的黎民苍生，朴趾源对清朝先进的文物制度及民族文化的全景式的记述，赋予中国这个"异国"以新的"形象"。"康乾盛世"的确发达繁荣，而《热河日记》的撰写目的，在于抨击朝鲜人故步

① 《热河日记卷卷二·驲汛随笔·秋七月十五日辛卯》，第61页。
② 同上。

自封的落后意识，因而朴趾源笔下的盛清社会，难免因为褒赞笔墨浓重而带有理想化的色彩。身为一个思想家和文学家，朴趾源拥有跨文化的宏阔视野，因此他对中国的历史文化和人物的理解自然就不同于中国本土的文人，他对中国形象的解构和重建，具有前人所没有的新视角、新内容。同时，朴趾源在《热河日记》中塑造出的中国形象不仅反映出他对中国的认识和了解，以及中国文化在18世纪朝鲜的传播，也在一定程度上折射出朴趾源以及北学派的欲望和需求。“他在《热河日记》中对中国形象的塑造很显然是一种正面的文化利用，他试图通过这种参照和比较，创造出一个政治稳定、经济繁荣、科技发达、秩序井然的理想化的中国形象，激发当时的朝鲜社会中被‘空谈性理’所笼罩和压抑的世俗欲望，表达了先进的北学派文人利用厚生、强国富民的向往。”[①] 通过研究《热河日记》所塑造的中国形象，有助于了解、把握朝鲜民族的性格特征、文化心理，更好地看待和处理中朝两国的文化交流、文化关系的历史和现状。

第二节　丰富而生动的艺术形象

《热河日记》虽为游记文学，但综观整部作品，其中写实、写景、抒情、议论成分兼而有之，塑造了很多成功的艺术形象。所谓艺术形象，是以虚幻而又逼真的人生画面和意象世界高度概括地表现深邃的人性心理，具有生动的艺术感染力的审美形式，它是假定性和逼真性的统一，具体性和概括性的统一，表现性与感染性的统一。艺术形象在文学作品中地位十分重要。就假定性逼真性的统一而言，假定性和逼真性都必须借助语言才能得以表

① 马靖妮：《〈热河日记〉中的中国形象研究》，中央民族大学，2007年。

现；形象只有具备逼真性，才能使读者相信作品内容的真实性，从而认同作品所表达的文学意蕴。就具体性和概括性的统一而言，形象的具体性和概括性也要通过语言才能得以表现，没有语言，就没有文学作品，艺术形象也就不存在。同时，形象的具体性是形象鲜明生动的前提和保证，而概括性则可以更好地传达作者的某种意图和评价，反映深层的文学意蕴。就表现性和感染性的统一而言，它同样离不开语言，没有语言就无从表现，更谈不上感染。而且，说到感染，更直接关系到形象背后的内容，即隐藏在形象背后的文学意蕴。因此，文学意蕴的表达离不开艺术形象这一“中介”性的层面，离不开形象层的概括能力、情感渲染、思想深度和美的熏陶。文学作品的语言主要是作家表达思想意念的工具，是艺术形象的载体，因此，文学语言在相当大的程度上服从于形象塑造的需要。形象制约着语言的运用。因此，就文学语言、文学形象、文学意蕴这三个层次而言，艺术形象无疑处于“中间地带”。从这个角度看，文学作品中的艺术形象可以说是艺术表现的中心，是文学的“核心层面”。基于朴趾源燕行之旅中所见所闻的一切而写就的《热河日记》，文本中也有著者大量的文学创作。“文艺里没有绝对的写实，写实只是与浪漫相对的名词。绝对的写实便是照相，照相不是艺术。”① 《热河日记》中的一系列文学人物很多都堪称优秀的艺术形象，其中主要有两种形态，即文学典型和文学意境。

一、文学典型

一般意义上的“典型”，主要是以代表性或典范性为内容。文学理论上所说的典型性，同日常生活中人们对“典型”的理

① 舒舍予：《文学概论讲义》，北京出版社，1984 年，第 51 页。

解既有联系，又有区别。文学理论所说的典型性当然包括了代表性、普遍性这方面的内容，但同时要求代表性、普遍性体现在鲜明生动的个别性之中。作家要想使笔下的形象够得上典型形象的水准，就必须努力使它达到个别性与概括性的统一、特殊性与普遍性的统一。一个文学形象如若不具备鲜明的特征，平庸苍白，就不能称为具有典型性。概言之，文学典型是指艺术形象以鲜明独特的个别性概括社会生活的某些本质方面。

（一）《热河日记》用多种手法塑造了行程中接触各个阶层的中国人

在甄选和刻画这些人物形象时，他综合运用各种手法，如动作描写、语言描写、外貌描写、心理描写、细节描写、正面描写、侧面描写等，塑造人物的主要性格特征。如在通远堡所见的满族少女形象：

帘中转出一个处女，年貌似是廿岁以上。处女髻发中分绾上，以此为辨，貌亦杰悍但肌肉白净。把铁旋子，倾绿色瓦盆，满勺了蜀黍饭盛得一碗，和链沥水，坐西壁下交椅以著吸饭。更拿数尺葱根，连叶蘸酱，一饭一佐。项附鸡子大瘦瘤，啖饭吃茶略无羞容。盖岁阅东人，寻常亲熟故也。[①]

塑造人物形象，往往离不开肖像描写。肖像包括人的容貌、服装、风度等。只有人物的外形富有特征，才能使人物的阶层、气质、职业、年龄、特性等表现得充分，使人物的性格更为鲜明。处女髻发中分绾上，以此作为与已婚妇女的区别。在容貌描写之外，朴趾源还对这位满族未婚女子的一系列动作进行描写。她“把”铁旋子，“倾”瓦盆，“满勺”蜀饭，“坐”西壁交椅“吸”饭，“拿”葱根“蘸”酱，这一连串的动作，活灵活现地

① 《热河日记卷一·渡江录·七月初一日丁丑》，第20—21页。

展现了满族少女旁若无人地家常吃饭时的场景。缘于她早已熟悉朝鲜使行团，面对朴趾源的观察，她旁若无人地啖饭吃茶，用葱蘸酱佐饭，展现出典型的满族饮食习惯。满族沿袭先人的习俗，在日常生活中，常用生鲜蔬菜蘸酱佐食。这段文字语言省净，人物形象跃然纸上。

又如《热河日记》中对乾隆皇帝的宠臣和珅的描写。乾隆对和珅的过度宠信，是乾隆后期弊政的最重要体现之一。和珅一生担任过六十多个重要官职，曾任首席大学士、领班军机大臣，兼管吏部、户部、刑部、理藩院、户部三库，还兼任翰林院掌院学士、《四库全书》总裁官、领侍卫内大臣、步军统领等要职，为乾隆宠信至极，官阶之高，管事之广，兼职之多，权势之大，清朝罕有。他还是皇上的亲家，其子丰绅殷德被指定为乾隆最宠爱的十公主的额驸。和珅得势后，竭力培植亲信，结党营私。朴趾源在《热河日记》中记录了他亲眼所见的和珅：

问之，晶顶者乃户部尚书和珅也，眉目明秀，俊峭经锐，而但少德器，年方三十一云。①

随后他又写道：

珅本起自銮仪司卫卒，性狡黠，善迎合，五六年间骤贵，统领九门提督，与兵部尚书福隆安常侍左右，贵振朝廷。发李侍尧、纳海明贿金、籍于敏中家，出阿桂视河，皆和坤有力焉，今岁春夏间事也，人皆侧目而视云。②

朴趾源采用了肖像描写、侧面描写等笔法，塑造了一个善于阿谀逢迎、助长奢侈腐败之风的弄权者形象。他及其他燕行者对和珅的评价，奠定了朝鲜后世的和珅形象。如回还书状官郑东观在“进闻见别单”中写道：“阁老和坤用事将近二十年，威福由

① 《热河日记卷二·太学留馆录·十二日戊午》，第140页。
② 同上。

己，贪黩日甚。内而公卿，外而藩阃，皆出其门。纳贿谄附者，多得清要；中立不倚者，如非抵罪，亦必潦倒。上自王公，下至舆台，莫不侧目唾骂。”① 朝鲜人恪守儒家礼仪的传统，加之偏居东隅的特殊环境，使得他们敢于对显赫一时的和珅发表真实的评论。

（二）《热河日记》刻画了典型环境中的典型人物性格

凡是杰出文学作品中的重要人物都具有鲜明的典型性，都能以鲜明、生动的个别性概括社会生活的某些本质方面。正如别林斯基所说：“在一位具有真正才能的人写来，每一个人物都是典型，每一个典型对于读者都是似曾相识的不相识者。”② “似曾相识的不相识者”这一生动比喻，已成为概括文学作品中典型人物审美特征的经典命题。对于读者来说，一方面典型人物是“熟悉的”，因为它概括了人性和人情的某些本质的、具有普遍意义的方面；另一方面典型人物又是陌生的，因为它是作家的一个理想、一种独创，具有与众不同的审美个性。如金圣叹评水浒人物所说的：“任凭提起一个，都似旧时熟识。”如朴趾源对其堂兄、使行团正使的朴明源的刻画：

晓大雨，晚晴。前溪大涨，不可渡，遂留行。正使命来源及周主簿前往视水，余亦随行。不数里，巨浸当前。不见涯涘。使善泅者入水测其浅深，不十步而肩已没矣。还报水势，正使愁闷，尽招译官及各房裨将，使各陈渡水之策。③

朝鲜使行团长途跋涉，沿路历尽各种艰险，而身担王命的正使面对大水的阻滞，最为苦闷。他既担心不能如期抵达北京耽误

---

① 《正祖实录》卷三十九，三月二十四（辛亥）。

② 《别林斯基选集》第一卷，上海译文出版社，1979 年，第 191 页。

③ 《热河日记卷一・渡江录・七月初二日戊寅》，第 21 页。

向皇帝祝寿，又忧虑大水渡河时贡品的安全，积极召集部署商量对策。七月二十二戊戌，朴趾源与正使轿中同济“河水大涨、不见涘岸”的石桥河，到达彼岸后，“见乘马浮河者皆仰天，面色青黄。书状裨将赵时学，堕水几死，惊极。湾商有溺其银駄者，临河呼母而哭云”①。已经侥幸脱险的人，站在岸边回望正在身处险境之人，心有余悸，更别是一番滋味。正使此处出使中国的时间恰好是农历的六月二十四日到八月二十日，适值酷暑，天气变化莫测，常遭疾风骤雨，所渡河流也经常暴涨，初二日是暴雨，七月二十二日又是如此。而正使朴明源针对使行团某些人员的胆怯畏惧心理，表现了一名朝鲜重臣的耿耿忠心：

正使日夜忧念，时余对炕而宿，每夜闻雨声，则辄明烛达晓。隔幔相语曰：“天下事有不可知，万一有如命使臣前赴热河，则日计不足矣，将奈何？设无热河之役，当趁万寿节入皇城。若又阻水於沈辽之间，是谚所谓‘晓夜行，不及门’。”既朝，百方设渡水之策，而众人交谏则辄曰：“吾为王事来，溺死职耳，亦复奈何！”自是莫敢有复言水盛不可渡者。②

大水阻隔了行程，正使万般忧虑，担心不能如期抵达热河，无法完成万寿节贺寿的使命，他夜不能寐，明烛达晓；面对使行团人员对渡河的顾虑，他斩钉截铁地发出“为王事来，溺死职耳”的豪言，展现出一名恪尽职守、竭诚尽节、殚诚毕虑的使臣本色。

此外，朴明源对清朝通奉大夫、大理寺卿尹嘉铨的态度也体现出其谨慎持重的为官风格。尹嘉铨与朴趾源在太学留馆中结交，二人交流广泛，恨相知晚。尹嘉铨意欲通过朴趾源拜见朴明源，于是产生了尴尬的一幕：“尹公忽有忙意起，抽红刺三片及

① 《热河日记卷二·驲汛随笔·二十二日戊戌》，第81页。

② 《热河日记卷二·漠北行程录·秋八月初五日辛亥》，第113页。

所制《九如颂》予余曰：‘替劳尊体转谒令兄大人。’他人皆起曰：‘尹大人方赴班也，改日再会。’尹公已帽服挂珠，随余而出，踵至正使炕前，此出门历路而余亦未识头绪。”① 朴趾源未料到尹嘉铨会跟随他而来，而正使舟车劳顿，才得休息，副使、书状官亦不是朴趾源一介布衣所可以通谒之人。朴趾源一时陷入了为难：

且我东大夫生贵甚矣，见大国人无满、汉一例以胡虏视之，骄倨自重，本自乡俗然也。当不察彼是何许胡人、何等官阶，而必无款接之理，虽相接，必以犬羊待之，亦必以我为不紧矣。尹公伫躅而庭立，事甚难处。余入告正使，正使曰："事不当独见，将若之何?"余甚闵久庭立老客，出而辞曰："大人昼夜原隰，不胜撼顿，有失恭接，改日谨当躬造候谢。"尹公即曰："是也。"一揖而出。察其色似怃然者，飘然乘轿而去。其轿装严辉煌，真贵者所乘也。从者十余人，皆袨服绣鞍，簇拥而去，香风馥郁。②

18世纪中叶以后，李朝士大夫极力排斥清朝政权的族性，自视甚高，蔑视满族人和在清廷仕宦的汉族官员，以“犬羊”对待一切清朝人士；尹嘉铨缘于和朴趾源的私交拜谒朴明源，身为正使，朴明源认为私自会晤清朝官员的行为着实不妥，不欲接见。朴趾源以正使舟车劳顿为由，未能使尹嘉铨遂愿。他观察到尹嘉铨表情“怃然”，继而描写其仪仗排场，字里行间隐含着对森严的“华夷”界限的不满。朴明源对待尹嘉铨的造访表现出讳树数马的谨慎。而初十日，使行团抵达热河礼部朝房，朴明源与礼部官员的酬答体现出儒雅得体的一面：

汉尚书曹秀先下椅迎之，执正使手，大致款曲之意，请大人

① 《热河日记卷二·太学留馆录·秋八月初九日乙卯》，第127页。

② 同上书，第127—128页。

坐着。使臣举手让曹先坐，曹公亦举手连请大人坐着，使臣力辞至四五次让其先坐，则曹亦牢让，正，副使不得已，上炕而坐。然后曹始乃踞椅，彼此略叙寒暄。我使衣冠譬彼帽服，可谓烨如仙人，而言语莫通，揖扬未闲，周旋之际龃龉木强，不比彼练熟殷勤。其所生涩，自然为简重之态。……通官又言满尚书德甫入来，使臣出户迎揖。德甫亦答揖，住蹰而立曰："行李无恙乎？昨日皇上异数知之乎？"使臣答曰："皇恩迥绝，极为荣感。"德甫笑语云云。[①]

"艺术并非某事某物的本象，是艺术家使某事某物再生再现；事物的再生再现是超乎本体的，是具体的创造。"[②] 只有这样，作家笔下的人物，才会更丰满、更真实、更鲜明。"文艺作品中反映出来的生活"，"可以而且应该比普通的实际生活更高，更强烈，更有集中性，更典型，更理想，因此就更带普遍性"[③]。正使面对使行团随行人员、意外造访的中国官员、和满汉两位礼部尚书时，其言语、举止和内心活动都不是一成不变的，朴趾源对其性格的塑造复杂而饱满。朴明源面对旅途艰难时的忠贞节义，在外交场合的谨言慎行和儒雅识礼，展现其为国尽忠、不辱使命的一面。而当从弟朴趾源需要用清心丸和鱼头扇换取悭吝满族老学究的书目时，他又表现出仁爱宽厚、慷慨大度的一面。[④] 作为一个学识渊博、地位高贵的两班贵族，朴明源的性格刻画展现出其内心世界的丰富，这种丰富既表现为多面性，又表现为变化性；作为一个文学典型，其性格展示了人物内心世界的多重性与变化性，显示出多种性格的完整统一。正使朴明源这一文学典

① 《热河日记卷二·太学留馆录·初十日丙辰》，第 129—130 页。
② 舒舍予：《文学概论讲义》，北京出版社，1984 年，第 57 页。
③ 《毛泽东选集》第 3 卷，人民出版社，1991 年，第 861 页。
④ 《热河日记卷一·渡江录·初三日己卯》，第 24 页。

型虽并非朴趾源在《热河日记》中有意的艺术创造，但这一鲜明独特形象也展现出18世纪李朝两班贵族的某些共性。

二、文学意境

所谓文学意境，是指以丰富的情思和深广的人生意味，诱发无穷回味的审美体验的艺术境界。它主要具有形神兼备、情理交融和虚实相生三个美学特征。意境的构成是审美主客体的契合统一。与文学典型不同的是，意境中主客体统一的载体不是性格，而是情境。情境是在作家审美情感的主导下，情理形神多层次交融的统一体。从审美心理效应上说，是能激发人们驰骋想象，超越具体的物象乃至意象、情境，飞升到奇幻美妙的艺术审美空间，体味领悟言外之意、弦外之音、味外之旨、韵外之致的艺术境界。“朴趾源在《热河日记》中，记载和描写了无数的山水自然景观，创造了朝鲜纪行文学之最。他写自然山水，不仅详细泼墨于那些有名的江河山峦，而且对那些名传不广的地方名胜，也往往兴致勃勃地挥笔写照。”① 《热河日记》中到处呈现这种文笔，留下诸多引人神往的精彩情境。构成意境的景物在不同题材、不同内容的表现性文学中呈现出非常复杂的状态。

（一）景、理、情交融是《热河日记》中纪行文的最突出特征

文学作品的意境常常是既包含自然景物的点染，又融汇生活场景或事件片段的描绘，以期景物更为丰富、深远，也更能给人以玩味的余地。如朴趾源《盛京杂识》中情理交融的描写：

回望辽阳城外，林树苍茫，万点晓鸦，飞散野中。一带朝

① 李岩等著：《朝鲜文学通史》，社会科学文献出版社，2010年，第1382—1383页。

烟，横抹天际，瑞旭初升，祥雾霏霭。四顾漭荡，无所罥碍。噫！此英雄百战之地也。所谓虎步龙骧，高下在心。然天下安危，常系辽野，辽野安则海内风尘不动，辽野一扰，则天下金鼓互鸣。何也？诚以平原旷野，一望千里，守之则难为力，弃之则胡掳长驱，曾无门庭之限。此所以为中国必争之地，而虽殚天下之力守之，然天下可安也。今其天下所以百年无事者，岂为德教政术远过前代哉？①

朴趾源一行晓发十里河，傍晚时分到达沈阳远郊，日行六十里。回望身后，举目无山，一马平川，只有苍茫的林树和万点晓鸦飞散在田野上空。这是辽东平原中名不见经传的一般平野，但是作者从中感觉到了安稳平和的气息，“瑞旭初升，祥雾霏霭”。在这平凡而安宁的田野中，朴趾源联想起此处不平凡的历史，以及这无名平野战略地位的重要性和曾经发生于此的战争风云。清朝入主中原后，天下百年安定，才有朴趾源眼前太平祥瑞的场景。他进而思考清朝统御四方之术，“沈阳乃其始兴之地，则东接宁古塔，北控热河，南抚朝鲜，西向而天下不敢动，所以壮其根本之术，非历代所比故也。入辽以来，桑麻翳菀，鸡狗相闻，百年无事，不得不为清室一攒眉矣”②。由辽阳城外的瑞蔼祥雾，思索了大清的统治之术，拓宽了景物的理性内涵。《热河日记》中的景物描写细腻逼真，形象传神，不仅刻画其“神态”，而且挖掘了对象的历史内涵和文化意蕴，展现其独特的审美价值。同时，朴趾源表达了对清朝的肯定，暗含其对朝鲜抵触清朝先进文明的批驳。平常的景物，深刻的思考及朴趾源对朝鲜现状及未来的忧虑，塑造了一个耐人寻味的意境。情景交融的事物形象并不是意境创设的目的，作者的目的在于借助这融合情感的物象系

① 《热河日记卷二·盛京杂识·秋七月初十日丙戌》，第 34 页。
② 同上。

列，构成物象与物象之间多重复合联系的一种意味深远的场景、氛围、情调、韵味，是物境与情境相互作用产生了新质的一种艺术空间。正如李岩教授指出，朴趾源“超越山水本身的审美视野推及理性感悟的精神和高超的写作本领，表现得异常突出”①。

（二）《热河日记》中的景物描写达到形神兼备、虚实相生的境界

以形写神，形神兼备是中华民族艺术审美的基本基调，也是散文这一艺术形式的永恒话题和基本追求。形，指客观事物可视之形态、形象、形状、形体；神，指事物之内涵，精神气质和气韵。意境是情与景的完美结合，主体情感的表达和客观景物的描绘要水乳交融地交织在一起。意境一方面表达了某种情感，另一方面这种情感又依赖于一定的画面，情感就蕴藏在画面中，画面正是因为表达了情感才成为特定的画面，甚至很难分清什么是情感，什么是画面。如使行团渡白河时对恶劣天气的描写：

方渡至中流，忽有一片乌云裹黑风，自西南飘转而来。飞沙扬尘，如烟如雾，顷刻昼晦，莫辨咫尺。既下船，仰视天色，黝碧绀黛而层云襞褶，亭毒硼怒，电萦其间，如滕金线为千朵万叶，霆车雷鼓旋辗郁叠，疑有墨龙跳出也。望密云城，才近数里，促鞭疾驰，望城而行。风雷益急，雨脚斜掷，猛如拳捣，势不能支。②

白河即今顺义北界潮白河的上游支流之一，是朝鲜使团自北京去往承德必经的一条河流。朴趾源在此渡河时，经历了一场疾风骤雨。乌云黑风、飞沙扬尘、风雨如晦，咫尺不辨。朴趾源使用比喻，用“如烟如雾”形容暴风雨初来时的昏天黑地，用

① 李岩等著：《朝鲜文学通史》，社会科学文献出版社，2010 年，第 1381 页。

② 《热河日记卷二 · 漠北行程录 · 初六日壬子》，第 118 页。

“黝碧”“绀黛”形容乌云闪电，用“霆车雷鼓”形容声音轰隆，用“猛如拳捣”形容雨势凶猛，这一连串视觉、听觉、触觉的描写，展现出风云如晦、大雨滂沱的场景。狼狈的朴趾源一行冲风冒雨，促鞭向密云城疾驰而去。暴风骤雨忽然而至，突如其来，其情景惊心动魄，读来真切畅快，令人震撼。《驲汛随笔》，记录的是从新广宁到山海关之间的纪游观感：

霞光淡荡，横抹野际，忽化作千万奇峰，扶舆磅礴，龙盘凤舞，延袤千里。余顾郑曰：“长白山皓然入望。”不惟郑君然之，诸君莫不叫绝。俄而云雾尽消，日高三竿，天无一点埃壒。忽见远村树木间，透光如积水空明，非烟非雾，不高不低，常护树根，洞澈如立水中，而其气渐广，横抹远际，似白似玄，如大玻璃镜，五色之外别有一种光气。设谕者每举江光湖色，而其空洞透映，不足以形似也。村舍车马皆倒影写照，太卜曰：“此蓟门烟树也。”①

如此美丽的晨曦天空景色，令使行团的成员陶醉。“蓟门烟树”是“燕京八景”之一。“燕京八景”之说，始见于金代章宗明昌年间翰林学士胡广等十三位大臣创作的《蓟门八景图诗》，大概是指古蓟州城门附近的树林，在今德胜门外土城。当年这里树木荫郁，花草茂盛，为古人郊游之胜地。不过，在新广宁看到的这种景象是不是可算作“蓟门烟树”？对此朴趾源疑惑不解，“蓟州距此尚有千里，则烟树之在此，何也？”同行的湾商林景赞解释说：“蓟门虽远，统称蓟门烟树。天气晴朗，无缕风点氛，则辽野千里常有此气。”听罢，朴趾源才恍然大悟，对眼前的景色了然折服，回味不断。他所描绘的这一奇景给人一种独特的审美感受，层层设喻的手法也使得本来奇幻、缥缈的自然景色更易想象和理解，把原本难以言传的观感写得具体而真实，足见

① 《热河日记卷二·驲汛随笔·十六日壬辰》，第69页。

其描摹功力。奇幻的美景，让人难以分辨是虚境还是实境。虚境指由实境来诱发和开拓的审美想象空间，虚境通过实境来实现，而实境要在虚境的统摄下来加工，虚实相生成为意境独特的结构方式。

文学意蕴的表达离不开艺术形象的塑造，离不开形象层的概括能力、情感渲染、思想深度和美的熏陶。《热河日记》为文崇尚质朴，不求清空；反对繁文缛节，追求诵脚明畅；讲究声韵充沛，风骨卓立，反对绮丽萎靡，无病呻吟；追求语言典雅秀丽，反对生涩隐晦；形象生动，文字简练，情景交融，虚实相间，达到了很高的艺术水准。

第三节　朴实而尖锐的议论艺术

郑盼龙先生指出，“以朴趾源为代表的实学派文学，在18—19世纪朝鲜现实主义文学发展上起了巨大的促进作用。他们首先以‘实事求是’的科学精神反对李朝封建王朝的所谓文体‘醇正’政策，同儒家士大夫文人的拟古主义和形式主义进行斗争。他们通过诗歌、散文、小说、政论、旅行记等多种体裁进行创作，反映了走向衰败的李朝社会的各种矛盾和危机，特别是揭露和批判了两班官僚统治的腐败和行将灭亡的状态，表露了他们进步的社会改革思想。”[①] 这已经成为实学派文学研究的不刊之论。《热河日记》作为实学派文学的代表作，在旅行内容的撰写之外，不乏精当深刻、切合实际的议论内容，这些议论朴实尖锐，成为朴趾源表达对朝鲜政治、社会进行批判的利器。精彩的

① 郑判龙：《朝鲜实学派文学和朴趾源的小说》，《延边大学学报》1978 年第 3 期。

论说成分拓展了《热河日记》的理论深度和现实意义，是《热河日记》成为一部朝鲜社会“改革文章”的关键。所谓议论，即说理、评断之意，是作者通过事实材料及逻辑推理来明辨是非、阐发道理、表达个人见解主张的一种文字表述。文学的基本特征是以语言为工具形象地反映现实生活，文学作品通过刻画鲜明的艺术形象和具体的生活图景来表达作者的思想感情。表达思想就得通过议论，这些议论是和人、事、景、情紧密地结合在一起的。《热河日记》中的议论成分主要有以下四类：因人而议、因事而议、因景物而议、因情而议。而首先引人注目的是《热河日记》的现实关注精神和通篇贯穿的精彩而深刻的政论。

一、烛察时弊、放言无忌的政论风格

“从燕岩的全部著作看，他的文学作品的特征之一是带有政论性质，而政论作品的特征之一是带有丰富的艺术形象性。”①所谓政论，是指针对当时政治问题发表的评论，涉及事物的性质、意义、影响、危害等。政论犹如古时之“策论”。策论是宋代以来历朝历代常用于科举考试的项目之一，以政策、时事为写作内容的议论文，与平常论说文写作要求基本一致，论点、论据与论证过程缺一不可。不同的是，策论文要求在针对某一具体问题立论后，其论证过程必须包含解决问题的具体办法措施。在现今，策论文写作是机关公文写作的重要课目，是机关为决策者提供决策依据的主要手段。

在朴趾源的学术体系中，学术的对象应是百姓生活的现实问题。利用厚生，富国强兵这一实学思想与他的爱国主义精神紧密联结在一起。朴趾源一生，不论是谈论政治还是钻研学问，其目

① 金河明：《燕岩朴趾源》，商务印书馆，1963 年，第 216 页。

的都是为了国家的繁荣富强和百姓的富裕安康。而以空理空谈为能事的两班闭目塞听，不采取任何措施关注民生，朝鲜生产水平落后，交通阻碍和商品流通停滞，加上贵族对百姓的盘剥，民不聊生。实学派思想家特别重视这些问题，朴趾源和洪大容、朴齐家等认为要拯救贫穷、落后的祖国，首先应该改革经济，以求民富国强，为达到这一目的，首先需要在实际生活中的各个方面向外国，主要是向清朝学习。因而，被称为“北学派”的他们为实现这些主张积极吸取传入中国的西欧自然科学和中国发达的农业、交通与贸易。《热河日记》作为朴趾源燕行之旅的考察记录，对中国先进发达的文物制度给予了高度关注，针对朝鲜国内的落后局面提出了改革措施。

朴趾源认为，中国的物产所以没有禁锢于一处，四方流通，促进贸易繁荣，是因为车制发达，广泛使用的缘故。入中国以来，“见沿道千里，日阅万车，而前车后车同循一迹”，而东国并非无车，但是“轮未正圆，轨不入辄，是犹无车”[①]。朴趾源进而批驳了某些士大夫所鼓吹的“我东岩邑，不可用车”的谬论，阐述了朝鲜国内不用车的弊端：

岭南之儿不识虾盐，关东之民沉楂代酱，西北之人不辨柹柑，沿海之地以鲢鳅粪田，而一或至京，一掬一文，又何其贵也！今夫六镇之麻布、关西之紬，两南之楮纸、海西之绵铁、内浦之鱼盐，俱民生日用而不可阙者也。青山报恩之间千树枣，黄州凤山之间千树梨，兴阳南海之间千树橘柚、林川韩山千畦苎枲、关东之千筒蜂蜜，为民生日用而莫不欲相资而相生也。然而此贱而彼贵，闻名而不见者，何也？职由无力而致之耳。方数千里之国，民萌产业若是其贫，一言而蔽之曰：车不行域中。请问其故，车奚不行？一言而蔽之曰：士大夫之过也。平生读书则曰

① 《热河日记卷二·驲汛随笔·车制》，第64页。

《周礼》圣人之作也，曰轮人、曰舆人、曰车人、曰輈人，然竟不讲造之之法如何，行之之术如何，是所谓徒读，何补于学哉？①

18 世纪的朝鲜，虽然货币经济已有较大发展，但是国内并未建立统一的市场。各种产品无法自由流通，只能供产地狭小范围内的消费。由于各地物产不能互相交流，商品价格随着地方不同差异很大。这种状态不论对农民生活还是国家繁荣发展都产生了阻碍。因此，朴趾源得出结论：商业和交通不发展，人民生活就无法提高。由于车制的落后，主张在国内广泛地使用车制，以便利交通，使四方物资流通，造福百姓。朴趾源阐述了使用车对于百姓生活的意义，驳斥了朝鲜山险不可用车的言论。进而，他详细记录了在中国所见的各种车，如载人用的太平车，载物用的大车，构造简单的独轮车，灌田用的龙尾车、龙骨车、恒升车、玉衡车和救火用的水铳车，以及战车之类如炮车、冲车、火车等的构造、使用及优缺点。这些各式各样的车都载于他在中国看到的泰西奇器图和康熙皇帝所制的《耕织图》上。他说“其文则天工开物农政全书，有心人可取而细考焉”，之所以关注了中国的车制，因为车制“利生民之日用，而有国之大器也”“吾东生民只贫瘁欲死，庶几有瘳耳”②。朴趾源把这些交通工具的构造记录下来之外，还详细地介绍了转磨、缫车的结构和用法，其目的在于拯救朝鲜处在水深火热的贫苦百姓，使其过上安居乐业的富裕生活。在进行了理论的阐释和措施的介绍后，他指出，学习“中国万事莫不简便，而无一冗费”③。

交通和货币是朴趾源一直关注的社会问题。正祖十六年

---

① 《热河日记卷二·驲汛随笔·车制》，第 65 页。

② 同上。

③ 《热河日记卷二·驲汛随笔·车制》，第 67 页。

(1792，乾隆五十七年）朴趾源在一封写给右相金履素的信中说道："顾今民忧国计，专在财赋。我国舟不通外国，车不行域中，财赋之生常有此数，不在官则在民矣。然而公私匮竭，上下俱困者何也？理财之术不得其道故也。夫币重则物轻，币轻则物重，物重则民国俱病，物轻则农贾共伤矣。"[①] 朴趾源对朝鲜的货币政策有着独到而深入的见解。肃宗四年（1678，康熙十七年），常平通宝流通以后，虽然货币对促进商品流通起了一定作用，但另一方面也加深了农民受剥削的程度。因此，当时的政治家和经世学者们，围绕"钱币"争论不已。有很多政府官僚和民间学者将货币只看作是旧有经济体制和道德秩序的破坏者，主张在朝鲜停止行钱，包括实学先驱李瀷也曾有过这样的主张。这种看法反映了破产的小生产者——农民的利益，具有只见树木不见森林的局限性。朴趾源对货币政策的看法与李瀷不同，他看到了货币流通的两面性。朴趾源首先认为货币是经济生活上必不可少的流通手段，但必须控制其发行以稳定物价。朴趾源认为货币贵，物价就低；货币过多，物价就高。如果物价高，将给人民和国家带来困难；如果物价过低，对农民和商人却又有害处。因此，"善为财者无他道焉，不过量泉币之轻重"，"物情之贵贱，壅者疏之，滥者闭之，使无偏重偏轻之势，而莫有甚贵甚贱之时矣"。[②] 由此可见，他对价值规律的作用有着正确的理解。他不但阐明所谓"货币之弊"的原因在于政府恣意地铸钱和放贷，主张统一全国货币和保证货币质量以稳定货币价值，而且呼吁断绝银钱流入中国的门户。

朴趾源在热河行宫望见一些宫殿所覆之瓦"铜铸金镀"，联想起自己在辽阳城中小憩时，集市中人纷纷向他购买黄金，"人

① 《贺金右相履素书》，《燕岩集》卷二，第28页。

② 同上。

皆晒之”。“及历沈阳、山海关、永平、通州，莫不问金。”朴趾源叙述了在朝鲜松都，每年七月至十月见，朝鲜金价骤涨，男女老友，争先恐后淘金之事。朝鲜国内所用之金并不多，而却如此之贵，他不禁陷入了思索：

余未渡江时，至博川郡下马，路旁纳凉柳树下。男负女载而行者，所在成群，皆携八九岁男女，如饥岁流离。怪而问之，则曰往赴成川金穴云。视其器械，一木瓢、一布袋、一小凿而已。凿，所以掘也；袋，所以盛也；瓢，所以淘也。竟日淘土一袋，则不劳而能食。小儿女尤善掘善淘，眼明尤善得。余问：“竟日所得金几何？”曰：“此系福禄。或一日得十余粒，无福则得三四粒。有福则片时为富者。”“粒形如何？”曰：“大约类稷壳，胜于农利。一人一日所得金虽微，犹不下六七分，则售钱二三两。非但农户太半离垅亩。四方无赖游手，自成村落，无虑十余万。米谷百物，凑集沽卖。酒食饼饴，弥满山谷”云。吾未知此金归于何地，其采弥多而其价弥贵，则今此屋瓦所涂，安知非东金耶？[1]

朝鲜境内出产的黄金，本国消耗不多，但是金价却奇高。“清初岁币，首蠲黄金，为非土产也，若有奸商冒法潜卖，或为大国朝廷所觉，则非特生事可虑，皇帝既以黄金涂屋，安知不设矿於我国乎？”朴趾源感慨，清朝所筑的黄金之屋，其中许多均来自朝鲜，言下之意是谴责李朝政府把贵金属随意输出国外的愚昧政策。在给金履素的书信中，他重申：“夫银乃财赋之上币，而天下之所共宝者也。乃者民俗狃于钱而不习于银，银遂归物而不入于币，非货于燕市则便同无用之物，年至历咨所带包银不下十万，通计十年则已为百万，兑拨装还只是毳帽，帽过三冬则弊弃耳。举千年不坏之物，易三冬弊弃之具，载采山有尽之货，轮

① 《热河日记卷二·太学留馆录·十一日丁巳》，第138页。

之一往不返之地，天下拙计，莫甚于此。”[①] 统治者不顾国家的长远利益，用本国的贵金属换取清朝的区区毳帽，只不过满足了出入中国的“象译辈”的眼前小利。毳帽为黎庶御冬之具，而犹不可“以银易之”，况为象译一时之小益，“驱八域土产之白金，凿尾闾于燕市而凑之哉？其利害得失，皎然易晓，不待智者而明也。”关于这一观点，朴趾源在《热河日记》中也有论述，在观察了一个中国毳帽生产工厂后，他指出：

我国所着毳帽皆出此中，共有三铺，一铺为三五十间，铺中所造工人不下百人，湾商已充斥其中，为约帽，回还时输去也。造帽之法甚易，有羊毛则吾可为之，而我东不畜羊，民生终岁不识肉味，一域男女不下数百万口，人着一帽然后为御冬之资。计冬至使行，黄历赉咨所带银货不下十万两，通计十年则为百万两。帽为一人三冬之资，春后弊落则弃之耳。以千年不坏之银，易叁冬弊弃之帽，以山有限之物，输一往不返之地，何其不思之甚也。[②]

将此段文字与给金履素的书信比较，会发现两段文字有着惊人的相似之处。《热河日记》中这段文字完成一定早于1792年，朴趾源的关于“清钱路”“闭银货入北之门”的思想也一定早于给金履素写信之时。因此可以判断，朴趾源的中国之行是其北学思想的一大跃进，并奠定了其后来社会改革思想的基调。在此处，他呼吁李朝对内进行货币改革，稳定货币价值；对外严禁贵金属流出。他还曾经建议政府减少往来清朝的礼节性出使。入燕使节团的人员也要大大减少，以便节省费用来稳定国家财政。当时，一个使节团的成员最多达到300名之众，往来一次需消耗大量国家钱财，增加了国家的财政负担。当时朝群一年数次派遣使

① 《贺金右相履素书》，《燕岩集》卷二，第29页。
② 《热河日记卷二·驲汛随笔·二十二戊戌》，第80—81页。

节到中国。政府还向使行团人员发放相当数量的物资作为旅费，这些使臣们还以“求请”的名义，公然向各道各邑要求补助财物。因此，使臣出使一次便会横征暴敛，而沿途百姓却深受其苦。朴趾源关于交通、货币等国计民生方面的建议是立足于现实的，是具有科学性和进步性的，他不懈思索和呼吁的各种措施缘于其强烈的爱国主义精神，不愧为18世纪朝鲜卓越的经世家和爱国学者。正是因为朴趾源的政论烛察时弊，痛下针砭，朴宗采才评价其为“切时之言，如汉之贾山，唐之陆贽，行文却甚雅洁”①。

朴趾源的主张与当时李朝统治者的利益是抵触的，但他傲骨铮铮，放言无惮。李朝统治者在建国初期，为了巩固自己的政治地位而接受明朝的援助，因而他们为了使这种政策合理化而利用了“春秋义理”的这一思想工具。在朴趾源活动的18世纪里，两班统治者为了杜绝从中国传入新的思想，便抬出了春秋义理中的所谓“大义名分”来。于是，当时的两班把满族统治的清朝视为夷狄，而把维护孔孟之道的朝鲜称为“小中华”，即中国文化的正统继承者。同时，扬言在薙发的夷狄之国没有任何值得学习借鉴的东西。事实是，清朝蓬勃兴起的考据学的实证精神和西洋的自然科学暴露了封建统治者愚民政策的真相，为此李朝采取锁国政策，除了类似入清的礼仪性的使节外，禁止一切人员私自与国外来往；而且除了理学书籍的输入外，限制一切经济文化交流。而统治者为了使这些非常措施合理化，便以“春秋义理”“尊华攘夷”的思想作为挡箭牌。“春秋义理”已经成为民族独立发展道路上的巨大障碍。先进的实学思想家正确地理解了统治者利用“大义名分”的政治目的和用心。因此，推翻这种落后思想也是先进思想家所面临的紧急任务之一。朴趾源和朴齐家是

① 《贺金右相履素书》，燕岩集卷二，第29页。

反对“春秋义理”的共鸣者和主倡者。通过罗约国假挞之口，他呼喊道：

岂特中华之有主而抑亦夷狄之无君乎？乾坤浩荡，非一人之独主；宇宙旷大，非一人之能专；天下乃天下人之天下，非一人之天下也。①

“春秋义理”百余年来就是李朝统治者的主要思想武器，谁若是稍有触犯，就难免担上了“斯文乱贼”的罪名。在这种情况之下，朴趾源的言论是非常大胆的。朴趾源在到达北京的当天日记中追溯了首都北京的沿革后，用下面的话结束了日记：

宫城十七里，其门有四。前殿曰太和，一人居焉。其姓曰爱新觉罗，其种曰女真满洲部，其位则天子也，其号则皇帝也，其职则代天莅物也，其自称曰朕，万国尊之日陛下，出言曰照，发号曰敕。其冠曰红帽，其服曰马蹄袖。其传世维四，其建元曰乾隆。记之者谁？朝鲜朴趾源也。②

如果从统治者的立场看，朴趾源的记载是冒犯皇权，僭越无礼的。如果说朝堂中所坐的是清朝爱新觉罗，那么我就是朝鲜人朴趾源。作为一名在儒学土壤中孕育的知识分子，朴趾源既坚守了传统意义上儒生修身齐家平天下的价值理念，同时又突破时代局限，对君主专制、身份等级制度都予以否定，他曾说：“故天子者，原士也。原世者，生人之本也。其爵则天子也，其身则士也，故爵有高下，身非变化也。”③ 在这样的论调里也体现了朴趾源的平等观念。他不乏更为激烈的言论：

若兴王者自知克审，而其得此大器（国家）也，天命之耶？抑且吾以力取之也？天既命此大器，而不容吾力焉，则亦将使吾

① 《热河日记卷四·口外异闻·罗约国书》，第296页。

② 《热河日记卷二·关内程史·八月初一日丁未》，第108页。

③ 《原士》，《燕岩集》卷十，第139页。

任天下之责耶？抑且以天下利吾身也？天既欲以吾身利天下，则其利天下之术，固亦将有其道矣。吾受天之命，拯救斯民于涂炭之中而已矣。故武王之伐纣也，非武王伐之也，以有道伐无道也，堂堂乎其有天下，而武王不与焉。①

在朴趾源看来，只有拯救涂炭之中的人民，才能使以暴力夺取王权的行为符合于道义。这里所谓的“天命”就意味着民心所向。明朝灭亡时，因为已经失去民心，“文谟武烈尚不能救末主之陵夷”，“假命愚民一脱其帽而抵之地，清皇帝已坐失其天下矣”②。只要百姓团结奋起，脱掉清朝皇帝强迫汉族所着的衣冠，那么清朝皇帝早就失去了江山。朴趾源对君权本质的揭露和批判，其深刻性与尖锐性与清初的黄宗羲和唐甄类似。在君民关系上，黄宗羲以民本思想为武器，猛烈地抨击封建君权，指出为“天下之大害者，君而已矣”。君主应当为“公”而不应为“私”，“古者以天下为主，君为客，凡君之所举世而经营者，为天下也；今也以君为主，天下为客，几天下之无地而得安宁者，为君也”③。唐甄对封建君权的批判则更为系统、深刻、激烈。他指出：“天子之尊，非天帝大神也，皆人也。”④ 这种论调无情地撕下了披在天子身上的神学外衣，从而把皇帝由“天帝大神”还原成“人”。

朴趾源的政论风格深受贾山、陆贽的影响。贾山为西汉颍川人，仅留《至言》一篇，借秦为喻言治乱之道。其后，汉文帝下铸钱令，贾山又上书谏阻。贾山为文言多激切，然终不获罚。陆贽是唐代政治家，文学家，苏州嘉兴（今属浙江）人，曾于

① 《热河日记卷五·谒圣退述·文丞相祠堂记》，第339页。
② 《热河日记卷二·关内程史·虎叱》，第101页。
③ 黄宗羲著，段志强译注：《明夷待访录》，中华书局，2011年，第8页。
④ 唐甄：《潜书·抑尊》，中华书局，1984年，第67页。

贞观八年出任宰相，有《陆宣公翰苑集》二十四卷行世。陆贽以政论闻名，所写诏书、奏议等，善于将诚挚的感情同精当的议论融合在一起，气势极盛，具有感人的力量。贾山、陆贽的文章都切合当世，情感充沛。尤其是陆贽的文章奏疏，朴趾源十分钟爱。“在衙朱墨有暇，常读朱书、陆奏”①，晚年卧病在床，气郁情滞，便让朴宗采为其诵读《资治通鉴》、“陆宣公奏章”，听之以解病痛，是可见朴趾源对陆贽文章之偏爱。他汲取了陆贽、韩愈、苏轼这一系列古文家的创作风格，写出了大批切合当世、放言无忌的政论文。朴趾源的政论文创作含有强烈感情因素，是其主体意识的觉醒，力图越出理学樊篱，追求个性解放的产物，带有鲜明的近代色彩。朴趾源是以文学形式来完成其议政斗争的任务，也并未忽略情感在其政论文中的地位。同时，朴趾源所处的那个时代，也使他不得不以非常强烈的情感去批判现实，号召改革，在那样一个千疮百孔，人们浑浑噩噩生活的时代，仅靠理智的论证，而不使用一些激烈的言论，是不能产生振聋发聩的效果的，不能使读者受到触电般的刺激而感奋起来。

着眼现实，披肝沥胆，放言无忌是《热河日记》中政论的突出风格。陆贽在《论裴延陵奸蠹书》“忧深故语烦，恳迫故词切”②。面对朝鲜落后的现实和两班的固执愚昧，朴趾源只有切情入理，条分缕析，反复申论才能表达自己的主张和警醒世人，加之他对民族和国家炽热深情，所以在政论笔锋常带感情，对读者别有一种强烈的感染力量。有时，他以直抒胸臆的方式议论，议论随感情的喷发而涌出；有时，他寓情感于形象的描述之中，使形象成为情理的发酵素；有时，为了使议论更形象感人，他非

① 朴宗采著，金润兆译：《过庭录》，太学社，1997 年，第 426 页。

② 陆贽：《论裴延陵奸蠹书》，转引自王素著：《陆贽评传》，南京大学出版社，2001 年，第 425 页。

常注意文字的锤炼，运用夸张、排比、反问等修辞方法。曲折往复，纤悉无遗，大义凛然，雄辩滔滔，是《热河日记》政论的现实主义基调；用词奇峭刚劲，语句警策犀利，语势咄咄逼人，是《热河日记》政论的语言特色。

之所以如此，是因为朴趾源意欲通过《热河日记》这部书，达到树立正义，移风易俗，匡救时弊、挽救人心、急公好义的社会改造目的，这也是其散文创作富有浓厚的政治与功利性色彩的原因。

二、广征博引、曲折尽情的议论风格

《文心雕龙·事类》云："事类者，盖文章之外，据事以类义，援古以证今者也。"① 这句话是指创作中征事引言，以证己说。所谓征事引言，指援引古今同类事例和经典言论作为论据，使文章充实生动，富有说服力和感染力。朴趾源饱读诗书，思辨精审，为文结构谨严，逐层剖析，周密详尽，以一往无前的勇猛气势贯穿全文，最终破题立论。朴宗采曾说："先君初年得力专在于《孟子》、'马史'，故气概之发于文章者，可知其根基之所在也。"② 试看八月初四日，朴趾源的日记全文：

晴，极热，无异三伏。驱车出正阳门，过琉璃厂。问厂几间矣。有对者曰："共有二十七万间。"盖自正阳横亘至宣武门有五巷，而皆琉璃厂，海内外货宝之所居积也。余登一楼，凭栏而叹曰："天下得一知己，足以不恨。"噫！人情常欲自视而不可得，则有时乎为大痴猖狂，乃以非我观我，而我遂与万物无异，其于游身，恢恢乎有余地矣。圣人用是道焉，遁世而无闷，独立

① （梁）刘勰著，王运熙注：《文心雕龙》，上海古籍出版社，2010 年，第 180 页。

② 李岩等著：《朝鲜文学通史》，社会科学文献出版社，2010 年，第 1259 页。

而不惧。孔子曰："人不知而不愠，不亦君子乎?"老聃亦云："知我者希。"我其贵矣，其不欲使人知我也如此，或变其衣服，或变其形貌，或变其名姓，此圣佛贤豪之所以大玩于世，而王天下无与易其乐也。当此之时，天下或有一人知我，则其迹败矣。然乃若其情，则未尝不待天下独有一人知之。故尧微服康衢，厥有击壤；释迦变相，厥有阿难；太伯文身，厥有仲雍；豫让漆身，厥有其友；三闾枯槁，厥有渔父；鸱夷五湖，厥有西子；张禄闲步旅邸，厥有须贾；子房从容圯上，厥有黄石。今吾独立于琉璃厂中，而其衣笠天下之所不识也；其须眉天下之所初睹也；潘南之朴，天下之所未闻也。吾于是为圣、为佛、为贤豪，其狂如箕子、接舆，而将谁与论其至乐乎?或问："孔子过宋，所著何冠?"余大笑曰："井廪床琴，瞻前忽后；鱼服豹蔚，孰参其故?故曰：'子在，回安敢死?'论天下知己者，唯颜子已矣。"①

朴趾源来到繁华的北京琉璃厂，凭栏远眺，胸中感慨万千，不禁慨叹："天下得一知己，足以不恨。"这也是本文的基调所在。开篇欲扬先抑，指出圣人以"非我观我"，便可遁世逍遥，不惧孤独。洒脱的圣人、佛陀、贤达、豪杰变更服饰形貌，隐居江湖，自由自在，似乎并不求任何人了解自己。接下来，朴趾源笔锋一转，而细究其真心，"未尝不待天下独有一人知之"，进而列举了尧、释迦牟尼、吴太伯、豫让、屈原、范蠡、范睢、张良的典故，意在说明人于落魄困境之中，才更需要志同道合的朋友，强调知己的可贵。朴趾源来到异国，独立于琉璃厂，天下无一人认识他的衣冠、须眉、名姓，其遗世独立，好比箕子与接舆，而"将谁与论其至乐?"此时，时空的孤独感与沧桑感油然而生。本文结尾引用"孔子过宋"的典故，朴趾源以"井廪床琴""鱼服豹蔚"，形容圣贤的泥蟠不滓，即使困在井廪、身着

① 《热河日记卷二·关内程史·初四日庚戌》，第111—112页。

粗服，也依旧可以保持高风峻节，而真正的朋友，如颜回对孔子的追随，生死不离，烈火辨日。朴趾源五十岁以后才出仕，之前一直以布衣的身份著书立说，广交朋友，为朝鲜的富强和未来不懈探索。在他的前半生中，经历两班的排挤和打压，避难燕岩峡，他渴望有真正了解自己抱负的贤能之士，帮助自己实现富国强兵的梦想。异国登楼，家国万里，年华远逝，深感岁月蹭蹬的朴趾源难免产生身世蹉跎之感。

关于文章的内容、形式及体制，朴趾源曾用兵法作喻："善为文者，其知兵乎？字譬则地，意譬则将也。题目者，敌国也。掌故者，战场墟垒也。束字为句，围句成章，犹队伍行阵也。韵以声之，词以耀之，犹金鼓旌旗也。照应者，烽埈也。譬喻者，游骑也。抑扬反复者，鏖战厮杀也。破题而结束者，先登而擒敌也。贵含蓄者，不禽二毛也。有余音者，振旅而凯旋也。"[①] 文章写作如同行军布阵，立意为"将"，统率全篇之掌故、字句、声韵、辞藻及其他修辞方法，最终"破题"。虽为日记，但论题显豁，章举目张。八月初四的日记行文推心置腹，论述"知己"的重要与难得，其中也暗含着朴趾源身不遇时、渴望理解的感慨。日记篇幅不长，有事、有情、有理，叙述、议论、抒情结合，征事引言，恰到好处，文章一波三折，紧针密线，层层推进，运用事实说明道理，事到理明，滴水不漏，堪称《热河日记》中精彩议论的一个典型。概言之，《热河日记》中充满了大量论辩技巧很高的议论内容，或沉稳镇定而绵里藏针；或嬉笑怒骂，寓讽于谑；或斩钉截铁，一任激情的奔腾流淌，使文章气势凌厉，表现了理论的雄辩力和威慑力。《热河日记》中议论的敢喜敢怒，敢歌敢骂，一任感情之宣泄，充满了独具个性的文章风貌。

---

① 《骚坛赤帜引》，《燕岩集》卷二，第25页。

第四节 辛辣而深刻的讽刺艺术

朴趾源是18世纪朝鲜最杰出的实学派思想家，又是朝鲜李朝卓越的现实主义作家。他敢爱敢恨，敢歌敢骂、在与封建卫道士的斗争中，既以凌厉的语言气势取胜，又以嬉笑怒骂，辛辣讽刺见长。《热河日记》中两篇小说——《虎叱》《许生传》蕴含着丰富的现实批判和讽刺精神，辛辣而深刻的讽刺也成为《热河日记》的突出成就。作为戏剧美的支流，《热河日记》中的讽刺遵循了真实的规律。对此，鲁迅先生的论述丰富而深刻。鲁迅把讽刺看成是喜剧美的一个支流。因为讽刺美的本质，也是通过对丑的否定来达到对美的肯定。艺术家由于对美的事物充满炽烈的爱和真挚的憧憬，便更难容忍丑的事物对人世的污染。他们对丑的事物加以讽刺批判，这种讽刺好比利刃，撕下包裹在无价值事物身上的虚假的外在形式，最后戳穿这种事物丑的实在性。人们在现实生活中看到丑的事物产生恶感，但在艺术环境中看到丑的被揭露、被嘲笑、被讽刺，却能在这种讽刺的欣赏中产生快感、美感，所以讽刺美在本质上乃是喜剧美。“燕岩是一个能在短小的形式中装进去丰富内容的短篇小说的写作能手”。[①] 他的汉文短篇小说里，对18世纪朝鲜封建王朝的腐朽衰败进行了无情的鞭挞与讽刺。鲁迅先生评价《儒林外史》的“机锋所向，尤在士林”[②]，而朴趾源小说之机锋，可谓“尤在两班”。

---

① 金河明：《燕岩朴趾源》，商务印书馆，1963年，第171页。

② 鲁迅：《中国小说史略》，齐鲁书社，1997年，第175页。

一、对两班的揭露和批判

朴趾源的早期作品，如《广文传》《马驵传》和《秽德先生传》等小说，均在着力暴露和批判两班富豪的所谓道德的本质是依靠阿谀奉承、相互倾轧和欺诈以谋取名利、权势。他认为两班是不劳而获的寄生虫，并通过小说《闵翁传》的主人公闵翁的口，把这些寄生虫比作蝗虫。尤其在小说《两班传》中作者以买卖两班权力名号的喜剧故事为题材，塑造了虚伪懦弱、苟延残喘的没落两班贵族的形象，深刻地揭露了两班社会虚伪的礼教和掠夺的本性。小说描写了一个寄生的两班，他因贫困无法度日，向人借了粮食千石，因为债务无法偿还，只好出卖两班的头衔。一个富人感到“两班虽贫，常尊荣；我虽富，常卑贱。不敢骑马，见两班则跼蹜屏营，匍匐拜庭，曳鼻膝行”①，打算买下两班这一头衔。郡守知道了这件事，提议立下证卷。“维厥两班，名谓多端”，并历数两班的各种荒谬可笑的行为和清规戒律：“绝弃鄙事，希古尚志。五更常起，点硫燃脂，目视鼻端，会踵支尻，东莱博议，诵如水瓢，忍饥耐寒，口不说贫，长声唤脾，缓步曳履……手毋执钱，不问米价”② 等。富人一听，“怅然久之”，开始犹豫是否要做这一虚伪造作的两班。于是郡守又列举了做两班的诸多。如：“维天生民，其民维四。四民之中，最贵者士，称以两班，利莫大矣。不耕不商，粗涉文史，大决文科，小成进士。文科红牌，不过二尺，百物备具，维钱之汇。……穷士居乡，犹能武断。”③ 富人一听，吓了一跳，撕了

---

① 《放璚阁外传·两班传》，《燕岩集》卷八，第119页。

② 同上。

③ 《放璚阁外传·两班传》，《燕岩集》卷八，第119页。

证卷，说“已之已之，盂浪哉！将使我为盗耶?”于是掉头而去，“终身不复言两班之事”①。对于两班士大夫的无用，伪善和造作，以及他们对权贵的阿谀奉承的主题在小说《虎叱》里得到进一步的发展。

《虎叱》是脍炙人口的讽刺小说。关于《虎叱》的创作，据朴趾源自己称，是抄录自中国玉田某一店铺墙上的一篇文章：

壁上悬一篇奇文，鹭纸细书为格子，涂之横竟一壁，笔又精工，就壁一读，可谓绝世奇文。余因还座，问：“壁上所揭谁人所作?”主人曰：“不知谁人所作也。”……余曰：“然则何从得此?”沈曰：“曩于蓟州市日收买。”余曰：“可许誊写去否?”沈首肯曰：“不妨。”余嘱郑君，自中间起笔，余从头写下。沈问：“先生誊此，何为?”余曰：“归令国人一读，当捧腹轩渠，榅噼绝倒，喷饭如飞蜂，绝缨如拉朽。”乃还寓点灯阅视，郑之所誊无数误书，漏落字句，全不成文理。故略以己意点缀为篇焉。②

朴趾源趾源在玉田县逗留时，在苏州人沈有朋的店铺中发现了这些“绝世奇文”，并通过他的“己意点缀”，最终成了《虎叱》。作者有意添加以上的“插曲”，其实只不过是一种伪装。这个情节的安排，只不过是作者为了躲避当时朝廷严酷的文字控制所使用的手段而已。

作者通过“天子嘉其义，诸俊慕其名”的两班北郭先生和“天子嘉其节，诸侯慕其贤”的寡妇东里子的幽会，讽刺了自命清高的两班表面清廉，而背后腐化堕落的真实面目。北郭先生被东里子五个不同姓的儿子赶出门，掉入粪坑中，好不容易从粪坑里爬出来，却被一只老虎挡住了去路，受到老虎严厉的斥责。《虎叱》深刻地揭露了士大夫内心的虚弱和阿谀奉承的丑态。

① 《放璚阁外传·两班传》，《燕岩集》卷八，第119页。

② 《热河日记卷二·关内程史·二十八日甲辰》，第97页。

“北郭先生，顿首匍匐而前，三拜以跪，仰首而言曰：‘虎之德，其至矣乎！大人效其变，帝王学其步，人子法其孝，将帅取其威，名并神龙，一风一云，下出贱臣，敢在下风。’虎叱曰：‘毋近前，囊也吾闻之，儒者谀也。’果然！汝平居，集天下之恶名，妄加诸我。今也急而面谀之，将谁信之耶？”[①] 通过老虎的叱责，朴趾源揭露了两班士大夫的虚伪，并将其定性为“天下之巨盗，仁义之大贼。”老虎还指出，儒者用手中的笔作为刀剑的残酷性，“此兵一动，百鬼夜哭，其相食之甚，孰甚于汝乎？”对老虎的指责，北郭先生奴颜媚骨，直到老虎离去还“离席俯伏，遗巡再拜，顿首顿首”。正当他诚惶诚恐，稽首跪拜之时，天已大亮，老虎已经远去。更令人可笑的是，一位清晨下地劳作的农民看到他的狼狈之态，问道：“先生何早敬于野？”北郭先生居然不顾浑身恶臭又摆出那副“硕德之儒”的姿态，装模作样地作答道：“吾闻之谓天盖高，不敢不局；谓地盖厚，不敢不蹐。”小说通过北郭先生的形象塑造，对儒者的“空理空谈”“盗”“谀”“恶”“贼”的真面目进行了猛烈的抨击和无情的嘲讽。至此，作者撕破了两班士大夫一贯标榜的高贵、贤德、仁义的假面具，将其肮脏、龌龊、虚伪、腐朽的本质暴露无遗。

《许生传》里的许生妻恚且骂曰：“昼夜读书，只学奈何，不工不商，何不盗贼？”[②] 两班妻和许生妻都是小说中的次要人物，所着笔墨不多，但是这两个人物的语言已经显示了两班的身份地位已经发生分化和动摇，岌岌可危。此时的两班在一部分人的心中已经沦为盗贼一般，甚至不如盗贼。大将李浣是一个虚张声势，软弱无能的两班统治阶层的典型。李浣当时是御营大将，他自认为是一国的信臣，曾经力挺“北征”，实际上他空谈爱

---

① 《热河日记卷二·关内程史·虎叱》，第99页。
② 《热河日记卷四·玉匣夜话》，第309页。

国，脱离实际，庸碌无为。在他雄心勃勃地打算在“委巷背简”中寻找“有奇才与共大事者”的时候，汉阳富翁卞氏谈到了许生。他对许生很感兴趣，便亲自拜访。许生向李提出了具有实际意义的“时事三难”，都被李浣委婉拒绝了。愤怒的许生大叱曰：“吾始三言，汝无一可得而能者，自谓信臣，信臣固如是乎？是可斩也！”左右顾，索剑欲刺之。李浣大惊失色，跳窗狼狈逃走。作品中许生始终以镇定而轻蔑的态度对待来访的李烷大将，而李浣站在许生面前总是战战兢兢，活脱脱地表现了两班统治阶级的腐朽与无能。

二、灵活多变的讽刺手法

朴趾源小说中运用的讽刺技巧多种多样，有语言动作描写、反语、对比、譬喻等。作者对各种讽刺方法驾轻就熟，运用自如，达到了揭露与鞭挞的讽刺目的，收到绝妙的讽刺效果。

《虎叱》中惟妙惟肖地刻画了所讽人物的丑态：

东里子请于北郭先生曰：“久慕先生之德，今夜愿闻先生读书之声。”北郭先生正襟危坐而为诗曰：“鸳鸯在屏，耿耿流萤。维篙维绮，云谁之型，兴也。”①

整篇小说描写北郭先生与东里子私通的场面仅此几句，文字平实，毫无雕饰痕迹却辛辣地讽刺了这个所谓的“道德君子”和“贞女节妇”表里不一的虚伪面目。国王口中嘉奖的“硕德之儒”，实质只是一个好色、造作的伪君子。再如北郭先生仓促逃窜的丑态：

以股加颈，鬼舞鬼笑，出门而跑，乃陷野窖，秽满其中，攀

① 《热河日记卷二·关内程史·虎叱》，第99页。

援出首而望，有虎当径。①

北郭先生本身就不能称之为堂堂正正之人，他不过是一个浑身污秽内心丑陋的伪君子而已。作品没有直接写北郭的肮脏之态，而是通过刻画虎的表情与语言来表现：

虎嚬蹙呕哇，掩鼻左首而喟曰：“儒，臭矣！”……虎叱曰：“毋近前！曩也吾闻之，儒者谀也，果然！”②

通过刻画虎的表情与语言，使读者不禁想象其形象的不堪入目，其臭味不堪入鼻，其谄媚之语的令人作呕，表现了北郭先生从外形到内心的肮脏不堪。北郭先生对老虎极尽阿谀奉承，尽显奴颜婢膝之态：

虎之德其至矣乎！大人效其变，帝王学其步，人子法其孝，将帅取其威。名并神龙，一风一云，下士贱臣，敢在下风！③

顿首司匍而前，三拜以跪……离席俯伏，逡巡再拜，顿首顿首……诚惶诚恐，拜手稽首……④

而对农民，北郭先生却装腔作势：

吾闻之，谓天盖高，不敢不局；谓地盖厚，不敢不蹐。⑤

寥寥数语，北郭之丑态跃然纸上。可谓“无一贬词，而情伪毕露，诚微词之选妙，亦狙击之辣手矣”⑥。此处鲜明的对比，刻画出同一人物前后言行的矛盾，把讽刺对象虚伪的外表和丑恶的内心暴露无遗。

朴趾源善于运用反语对描写对象进行刻画。反语指一种幽默或冷嘲热讽的语气，表达与表面意思相反的说话方式。文学创作

① 《热河日记卷二·关内程史·虎叱》，第100页。
② 同上书，第99页。
③ 同上。
④ 同上书，第100页。
⑤ 同上。
⑥ 鲁迅：《中国小说史略》，齐鲁书社，1997年，第178页。

上的反语又称为反法、反讽，为说话或写作时带有讽刺意味的语气或写作技巧，单纯从字面上无法了解其真正要表达的事物，而事实上其本来意义正好是字面上所能理解的意涵的对立面，通常需要从上下文及语境来了解其用意。反语是由事实与表象的差异性中产生讽刺的效果。如《虎叱》中，北郭先生是以“天子嘉其义，诸侯慕其名”的德高望重的道德君子的姿态出现的。紧接着便写他与年轻美丽的寡妇东里子夜间幽会，做出了与自己的地位名誉极不相称的卑鄙勾当，暴露了他道貌岸然的嘴脸。而那个“天子嘉其节，诸侯慕其贤”的“节义”寡妇东里子也极具讽刺意味。东里子因“善寡”而“环其邑数十里而封之，曰东里寡妇之闾”，可她却有五个不同姓氏的儿子，是多么荒唐可笑。这本是在传统道德中的大逆不道之事，却被作者写得如此轻松自然，之后又让这位“硕德之儒”在东里子五个“各有其姓”的儿子的追杀中狼狈逃窜，并掉进粪坑。这个富有深意的情节既撕下了遮在北郭先生和东里子身上所谓的“义”与“名”的假面具，又使文本充满喜剧色彩。

又如《许生传》中的李浣。表面上看御营大将李浣是一位“欲雪南汉之耻”的爱国两班士大夫，是一个“扼腕奋智”的有志之士。为寻找能与他“共大事”的“奇才”，他把目光投向“委巷闾阎”。当富翁卞氏说到许生时，他把许生看作“异人”并和卞氏两人徒步夜访，不顾夜深露重，长久站在门外耐心等候许生的接见。许生故意怠慢，召他进屋之后，竟然“安坐不起”，李浣竟然不愠不怒，“乃叙述国家所以求贤之意”，颇有求贤若渴，礼贤下士之风范。可是当许生提出三个具有实际意义的建议时，他却一条也做不到：

许生曰：“然则汝乃国之信臣。我当荐卧龙先生，汝能请于朝，三顾草庐乎?”公低头良久曰：“难矣，愿得其次。”许生曰：“我未学第二义。”固问之，许生曰：“明将士以朝鲜有旧恩，其子孙多脱身东来，流离惸鳏。汝能请于朝，出宗室女遍嫁之，夺勋戚权贵家以处之乎？”公低头良久曰：“难矣。”许生曰：“此亦难，彼亦难，何事可能？有最易者，汝能之乎？”李公曰：“愿闻之。”许生曰：“夫欲声大义于天下，而不先交结天下之豪杰者，未之有也。欲伐人之国，而不先用谍，未有能成者也。今满洲遽而主天下，自以不亲于中国。而朝鲜率先他国而服，彼所信也。诚能请遣子弟入学游宦，如唐元故事。商贾出入不禁，彼必喜其见亲而许之。妙选国中之子弟，薙发胡服，其君子往赴宾举，其小人远商江南，觇其虚实，结其豪杰。天下可图而国耻可雪。”……李公怃然曰：士大夫皆谨守礼法谁肯薙发胡服乎？①

许生提出要向朝廷推荐贤能之士，李浣“低头良久”，回答说“难矣”，这说明他的礼贤下士、求贤若渴只是空话，李朝朝廷根本不重视人才。许生又提出，既然明朝对朝鲜有恩，请李浣请于朝廷，出宗室女而遍嫁之，李浣仍然“低头良久”，再次回答说“难矣”。这是对当时两班正统派所谓的“华夷观”的辛辣嘲讽。他们所标榜的朝鲜为华夏正统，口口声声尊华攘夷、反清复明，根本没有任何实际行动。当许生提出潜入清朝，真正开始谋划推翻清朝时，虚伪孱弱的李浣为了掩饰自己的胆怯，又一次拿出“士大夫谨守礼法”的托词来搪塞。许生叱责了李浣的虚伪，愤恨之下“左右顾索剑欲刺之，公大惊而起，跃出后牖，疾走归。明日复往，已空室而去矣”②。他平时“欲雪南汉之耻”、寻求共谋大事之人等言论都是装腔作势，心口不一的。“时事三难”之下，李浣的窘迫，面对许生的落荒而逃，彻底揭穿了李浣的虚伪面目。

① 《热河日记卷四·玉匣夜话》，第312页。

② 《热河日记卷四·玉匣夜话》，第313页。

朴趾源善于运用讽喻的手法。讽喻作为一种修辞手法，指带有讥讽风格的比喻，可以有多种讽喻的方式，如“直喻”“隐喻”“类喻”等；其次讽喻可以作为一种语言方式，即用比喻进行讽刺。讽刺可以有多种目的，如谴责、启示、明理等。它也是把另一层含义隐藏在某种故事之中的文学技巧。神话和寓言全都是讽喻性的。因而，讽喻也可以理解为扩大的隐喻，或是连续的形象化比喻。《虎叱》中有一个精妙的比喻：

则乃吮柔毫，合胶为锋，体如枣心，长不盈寸，淬以乌贼之沫，纵横击刺，曲者如矛，铦者如刀，锐者如剑，歧者如戟，直者如矢，散者如弓。此兵一动，百鬼夜哭。①

与其说这是一组譬喻，不如说这是一个谜语。本体始终不曾出现，只出现多个喻体。尽管作者最终也没有说出谜底，但是读者都会知道谜底是“笔”。此处假托老虎不识人类的书写工具，对“笔”做了全方位的细致介绍。“笔”的材质本是细软的“柔毫”，但是与胶相合之后，就变得锋利了。尽管它如枣核一般大小，长度不满一寸，但是在墨汁中淬炼之后便有了“纵横击刺”的力量，就像矛、刀、剑、戟等兵器一样。笔像兵器，是总体之比，因本体笔没有出现，因此是借喻。“笔”这一比喻中又包含多个比喻，以“乌贼之沫”比喻墨汁，本体喻体的相似点是颜色之黑，本体墨汁没有明说，因此还是一个借喻。“曲者如矛，钻者如刀，锐者如剑，歧者如戟，直者如矢，毅者如弓”这六个比喻本身是明喻，其中矛、刀、剑、戟、矢、弓六个喻体从不同角度反复设喻，说明本体“笔”像锐利的兵器一样极具杀伤力，这里又是博喻。因这个博喻运用精当，使人们对作为兵器的“笔”印象非常深刻。这一比喻揭露了朝鲜朝多年以来的笔祸之残酷，嘲讽了满口仁义道德的儒者们不断制造笔祸，互相攻击，

① 《热河日记卷二·关内程史·虎叱》，第100页。

自相残杀的伪善与残酷。

朴趾源小说中的巧妙讽喻不仅限于此，还有着更深层的用法，即隐喻。《虎叱》在学界被公认为是一篇寓意深刻的寓言式讽刺作品。关于其中“老虎”的认识，学界可谓见仁见智：有人认为是“农夫的形象”；有人则视之为“在宗教层次上具有救济者性质的人物”；有人认为那是“形象化了的胡王”；有人则说：“虎即隐喻胡。”金柄珉教授则认为：“它作为18世纪的觉醒之士所创造的原型意象，乃是人的自然性的象征性形象。”① 通过儒教文化代表人物北郭先生与远近闻名的节妇东里子通奸，对儒家伦理道德的虚伪和荒唐进行了尖锐的讽刺和抨击。朴趾源借助老虎的形象对儒家文化进行了深刻的反省，将数千年来儒家文化统治的封建社会彻底否定。他使用的讽喻恰当精妙，通俗新颖，贴切传神，形象生动。

鲁迅给讽刺艺术下了这样一个定义：“一个作者，用了精炼的，或者简直有些夸张的笔墨——但自然也必须是艺术的——写出或一群人的或一面的真实来，这被写的一群人，就称这作品为‘讽刺’。‘讽刺’的生命是真实，不必是曾有的实事，但必须是会有的实情。”② 讽刺艺术常常借用夸张的方法，但是，夸张的基础是社会生活的客观实在性即真实性。离开这一基础，便没有真正的讽刺艺术。所以鲁迅把“真实”看成是讽刺艺术的生命。鲁迅还说：“所谓讽刺作品，大抵倒是写实。非写实决不能成为所谓‘讽刺’，非写实的讽刺，即使能有这样的东西，也不过是造谣和污蔑而已。”③ 朴趾源的小说充分显示了他作为讽刺作家

---

① 金柄珉：《论朴趾源小说〈虎叱〉的原型意蕴——以老虎形象为中心》，东疆学刊，2002年第1期。

② 《且介亭杂文二集·什么是“讽刺”》，人民文学出版社，1973年，第89页。

③ 《且介亭杂文二集·论讽刺》，人民文学出版社，1973年，第50页。

的才能。他以短小的篇幅，通过艺术概括反映出丰富的社会生活，以戏剧性的表现深刻地揭示了社会深层次的矛盾冲突。他以喜剧性的题材和有意识的夸张、讽刺的手法塑造各种反面人物的典型形象，无情地暴露和嘲笑了两班的无能虚伪。同时，在作品中大量使用民间俚语、谚语等，使作品带有浓厚的民族色彩。

恩格斯曾说："单是一些厉害的字眼不一定使语言具有足够的力量，运用讽刺、讥笑、挖苦，这要比最粗暴的愤怒语言更能刺痛敌人。"① 莫里哀也说："一本正经的教训，即使最尖锐，往往不及讽刺有力量。规劝大多数人，没有比描画他们的过失更见效的了。恶习变成人人的笑柄，对恶习就是重大的致命的打击。"② 因此，讽刺是任何杂文家进行社会批评时都不可或缺的一种方法。朴趾源高超的讽刺艺术，"着重于揭露、批判两班统治阶级的暴虐、残忍，和野蛮，以及他们的走狗——两班儒士（知识阶层）的虚弱、无能、阿谀和卑鄙……燕岩的许多作品，都是通过敌对阶级的矛盾斗争，真实地反映了陷于绝望状态中的十八世纪的朝鲜朝封建社会，确立了朝鲜讽刺文学的新传统。的确，在反对腐败、垂死的旧势力的斗争中，燕岩是一个运用讽刺武器的杰出能手。他继承了前人的讽刺文学传统并集其大成。在写实的力量和生活的真实性方面，在思想的志向性和艺术上的技巧方面，他是在朝鲜讽刺文学的发展过程中开辟了新纪元的功勋者"③。朴趾源对讽刺手法的成功运用，使朝鲜短篇小说的形式和技巧发展到了新的阶段，开辟了讽刺文学的新高度，对朝鲜中古现实主义文学的发展做出了重要贡献，这是《热河日记》艺术成就的又一夺目之处。

---

① 《马克思恩格斯全集》卷三十五，人民出版社，1971 年，第 336 页。

② 缪朗山：《西方文艺理论史纲》，中国人民大学出版社，1985 年，第 384 页。

③ 金河明：《燕岩朴趾源》，商务印书馆，1963 年，第 217 页。

第五节 追朴求真的语言艺术

姚鼐指出："文章之精妙不出字句声色之间，舍此便无可窥寻矣。"[①] 文学语言是经过加工、规范的书面语，其基本特征有二：一为意象性，即文学语言克服了一般语言的抽象性；二为超越性，即文学语言具有隐喻性，能够表达审美意义。语言是文学作品风格的外在标志，思想内容和表达方式的独特性必须通过与之相适应的独特语言才能表现出来，从而构成作品和谐统一的整体风貌。《热河日记》的语言具有追朴求真的艺术趣味，这与朴趾源的文学观念有密切关系。朝鲜李朝的前期、中期一直奉行性理学的文学观，提倡所谓的"古文文体"，标榜先秦两汉的经典史书和唐宋古文，文风沉重迂腐。正祖统治时期，两班文人愈发执着于朱子学"道文一致"的文学观，强调六经古文为"淳正文风"，反对稗官小品的创作，称其为"邪学"，对于从事非经学创作的文人予以严厉打击，严重束缚了文学的健康发展。正祖时期文禁甚严，严厉打压违背文体政策的文人，如李钰坚持稗官小说体的写作，并运用在科举考试中，引起正祖震怒而不予录取，多次充军流放，隐居终老。正祖意在借李钰警示当时儒生。实学派文人反对忽视文学规律的文体政策，主张文学创作的"自然""真情"，积极反对形式主义、模拟主义的文风。作为一名实学思想家，朴趾源的文学观始终扎根现实生活，凸显出巨大的叛逆性。他认为，文学创作来自于对自然和社会的观察，表达的是人本心的真性情。文学的本质是反映自然万物、社会生活和精神领域的"真"："虫须花蕊，石绿羽翠，其文心不变；鼎足

① 姚鼐：《与姚石甫书》。

壶腰，日环月弦，字体犹全。其风云雷电，雨雪霜露，与夫飞潜走跃，笑啼鸣啸，而声色情境，至今自在。故不读易则不知画，不知画则不知文矣。”① 现实世界是人感觉的源泉，客观生活是人认识的基础。文学源自于自然界的山形水状，月缺日圆，外界环境及其变化，创作者的心灵冲动和灵感由此产生。依照社会生活的本来存在，观察揣摩，“曲情尽形”，“声色”俱佳的文学于是产生。《热河日记》在语言特色上显示出“雅洁”“踈鬯”的特征，修辞手法多样，运用灵活，“亦典亦则，既宽既严”。

一、雅洁流畅的语言风格

《热和日记》的行文显示出雅洁、流畅的语风。作为汉文创作大师，朴趾源用词准确、词汇丰富。词汇是构成句子和篇章的最小语义单位，准确、丰富的词汇是语言生动形象、灵活多变的基础。

首先，《热河日记》注重词语的选择和运用，精心选择、仔细锤炼，使其能最准确、最精当地表情达意。试举两例：

行视诸露屯处，译官或三人一幕，或五人同帐，译卒及刷马驱人伍伍什什，靠溪构木，炊烟相连，人喧马嘶，俨成村闾。湾商一队自为一屯，临溪洗数十鸡，张网猎鱼，烹羹煮蔬，饭颗明润，最为丰腴。②

这是一段由远及近的描写。刚入栅门的朴趾源观察了使行团的停驻休憩之地，驿官或随从入帐休息，而官职更低的随行，三五成群，休整烧炊。“靠”“构”“喧”“嘶”“洗”“张”“猎”“烹”“煮”九个动词连用，准确地描摹出一幅热闹忙碌，却井

① 《钟北小选自序》，《燕岩集》卷七，第103页。

② 《热河日记卷一·渡江录·六月二十四辛未》，第6页。

然有序的场面。视线从远到近，视域由宽广到细部，从三五成群的偌大村落着眼，最终定格于富裕湾商所食米粒的质地上，湾商生优裕的生活条件，暗示其已在对华贸易中获得巨大利益。又如：

午后出门，闲行散闷。蜀黍田中急响了一声鸟铳，主人忙出门看，那田中跳出一个汉子，一手把铳，一手曳猪后脚，猛视店主，怒道："何故放这牲口入田中？"店主面带惶愧，逊谢不已。其人血淋淋拖猪而去，店主伫立怅然，再三惋叹。①

七月初二戊寅日使行团被困在通远堡时，朴趾源偶遇这一场景。清朝自康熙始，十分重视农耕稼穑之事，严禁牛马牲畜踩踏庄稼，否则加倍赔偿且杖责放牧者。田主将闯入蜀黍田中的猪擒杀，却面无愧色，"把"铳"曳"猪，气势夺人。他的"猛视""怒道"表现出理直气壮，而猪的主人——店主却"惶愧""逊谢"，眼看他人将自家的猪拖走，只能怅然，懊悔，却不能有丝毫抗议。两相对比之下，显示出在清朝优待农业的政策下民众的特殊心理。

其次，《热河日记》句式灵活多变，朴趾源善于通过灵活多变的句型，将叙事、议论、抒情、写景融为一体，使文章摇曳多姿、文采飞扬；整散相间的句式结构也使其散文既有整齐和谐之美，又不乏错落参差之美：

朝起开窗，积雨快霁，光风时转，日色清明，可占午炎；榴花满地，销作红泥，绣毬浥露，玉簪抽雪。门前有箫笳铙钲之声，急出观之，乃迎亲礼也。彩画纱灯六对，青盖一对，红盖一对，箫一双，笳一双，觱篥一双，叠钲一双。中央四人，肩担一座青屋轿，四面傅玻瓈为窗，四角辫彩丝流苏。轿正腰为杠，以青丝大绳横绞杠之，前后再以短杠当中贯绞，两头肩荷，四人八

① 《热河日记卷一・渡江录・初二日戊寅》，第 21 页。

蹄，一行接武，不动不摇，悬空而行。[①]

这段句型多样的文字显示出朴趾源散文灵活的语言特色。朴趾源反对呆板僵化的骈体文，主张“模写真境”的散体文，他一生也都在致力于散体文创作。这一段关于迎亲队伍的描写，既有整齐的排比来罗列仪仗，又用长散句来刻画轿子的构造。起首的四言句式，整饬典雅，结构紧凑，调节了散句相对松弛、韵律不足的局限。再举一例：

弟子初来开卷，便讲理气；先生整襟陛座，辄道性命。今之学者，学贯天人而不能治一郡，理察鸢鱼而莫能办一事。此个学问，谓之理学先生乡塾之间，禀质固滞，动止迂怪。略习经传，粗通训诂，未尝不专席开讲，味陈腐为菽粟，稳补缀为裘褐。子莫执中，反为守经；胡广处世，自谓中庸。此个学问，谓之道学君子。[②]

这段文字批判了当时理学的死板僵化，脱离实际。腐儒埋头经书却不能解决任何现实问题。散句结构灵巧、活泼自然，整句音节匀称，和谐齐整，节奏感强。整散结合，整饬美和错落美有机结合起来，使这段描写的内容、形式都呈现出强烈的动感，增加了行文的张力。散句舒展随意，灵活多变，可以使叙事完整、细致；而整句穿插在散句之中，使行文骈散结合，增强了形式美及音韵美，如：

故当法婴儿声无假做，登毗卢绝顶，望见东海，可作一场；行长渊金沙，可作一场。今临辽野，自此至山海关一千二百里，四面都无一点山，乾端坤倪，如黏胶线缝，古雨今云，只是苍苍，可作一场。[③]

---

① 《热河日记卷一·渡江录·初三日己卯》，第 23 页。

② 《热河日记卷三·黄教问答》，第 168 页。

③ 《热河日记卷一·渡江录·初八日甲申》，第 29 页。

此处的整句抑扬顿挫，音节谐美，气势旺盛，把思想感情表达得激烈澎湃。散句柔韧有弹性，整句气势强劲有力。在一篇文章中，朴趾源将散句与整句相间，二者互相取长补短，更好地表情达意。

《热河日记》行文，灵活运用判断句、疑问句、感叹句、倒装句、省略句、被动句等各种句型，这些不同的句型或叙述事实，或表达观点，或抒发感情，语气各异，感情不同。如对疑问句的使用：朴趾源的很多文章有一种论辩争执的意味，这个特征尤其表现在问句的运用中。在《鹄汀笔谈》中他向王民皞发问："自汉元寿至明万历一千五百余年，所谓耶稣二字，不见于中国之书，岂耶苏出于绝洋之外，中国之士未之或闻耶？虽久已闻之，以其异端而史不之书耶？大秦国一曰拂菻，所谓欧罗巴，乃西洋总名耶？洪武四年，捏古伦自大秦国入中国，谒见高皇帝而不言耶苏之教，何耶？大秦国未始有所谓耶苏之教，而利玛窦始托天神，以惑中国耶？笃信轮回，为天堂地狱之说。而诋排佛氏攻击如仇雠，何耶？"① 排比发问，表达了朴趾源对天主教的质疑及其广泛传播的困惑。

各种句式的灵活运用、遣词造句的准确传神，使《热河日记》的叙述更加简洁流畅，观点更加鲜明有力，抒情更加丰富强烈，描写更加简洁传神。朴趾源是李朝最优秀的汉文大师，他根据描写对象的不同选择不同语体、风格的语言进行创作，使《热河日记》的语言或斩截无遗，力强气盛，或嬉笑怒骂，辛辣尖锐，通俗活泼。

---

① 《热河日记卷四·鹄汀笔谈》，第225页。

二、异彩纷呈的修辞技巧

《热河日记》灵活运用了各种修辞技巧，包括比喻、排比、用典等。比喻是最常用的修辞方式，以人们熟悉的事物来比喻陌生的事物，以具体的形象来比喻抽象的内容。使难以言状的事物具体化，使深奥的道理浅显化，使描述的事物和表达的道理更易被理解接受。《热河日记》中最常见的修辞手法就是比喻。不论是叙事还是摹景，比喻都为文章增色不少。如七月二十六日对野鸡坨暴雨的描写：

手背忽落一钟冷水，心骨俱凄，四顾无泼水者。又有拳大水块，下打昌大帽檐，其声宕，又堕卢笠，皆抬头视天。日旁有片云小如棋子，殷殷作碾磨声。俄顷，四面野际各起小云如乌头，其色甚毒，日傍黑云已掩半轮。一条白光闪过柳树，少焉，日隐云中。云中迭响如推棋局、如裂帛，万柳沉沉，叶叶萦电。一齐促鞭而行，背后万车争驱，山狂野颠，树怒木酗。①

夏日气候变化无常，这场暴雨来得毫无征兆，急速而猛烈。日边一片小如“棋子”的乌云为始作俑者，雷声轰轰如“碾磨”，继而云层走低，颜色渐深如“乌头”，形象地描绘了暴雨来袭前的云层变化。电闪雷鸣的声响被比喻成“推棋局”“如裂帛”，用现实生活中人们熟悉的实有事物来比喻无形无相的声音，朴趾源的匠心可见。此外，《热河日记》中往往多种修辞手法交织使用，“山狂野颠，树怒木酗”，将狂风骤雨中的高山、田野、树木拟人化，拟人与比喻融合使用，一个雨横风狂、山河飘摇的世界被栩栩如生地刻画出来。

运用铺叙排比句式，如天风海雨呼啸而来，势不可当，是

① 《热河日记卷二·关内程史·二十六日壬寅》，第90页。

《热河日记》语言章法一个突出的特点。《热河日记》中经常有三个或多个结构相似、字数相当、意义相关、一致的词组或句子并排连用的现象，即排比手法。朴趾源在描写、叙事、说理中运用排比，都取得了很好的表达效果。如八月初一日丁未，朴趾源在大王庙对中国文明制度承继性的议论：

噫！古史称书契以前年代、国都不可考，然自有书契以来二十一代、三千余年，治天下将以何术也？岂非所谓唯精唯一之心法乎？故治天下者吾知其有尧舜氏，治水吾知其有夏禹氏，井田吾知其有周公氏，学问吾知其有孔子氏，财赋吾知其有管仲氏，吾未知复有几圣人竭其心思焉、几圣人竭其目力焉、几圣人竭其耳力焉，几圣人草创之、几圣人润色之，几圣人修饰之于二十一代、三千余年书契未造之前耶？群圣人之所以竭其心思、耳目，草创、润色、修饰者，将以自利乎，抑欲与万世共享其福耶？①

本段文字列举说明古来圣贤治理天下之“唯精唯一”的道理。“唯精唯一”一词出自《尚书·大禹谟》：“人心唯危，道心惟微，唯精唯一，允执厥中。”② 不论尧舜夏禹抑或周公孔子，在历史上均留下了宝贵遗产，无数圣贤竭心尽力的发明开拓，都是为了后代万世分享。朴趾源罗列了治天下、治水、井田、学问、财赋这些民生内容的开创者，接着又连用六句“几圣人”来强调开创者的艰辛，史书中记载及更多无名先辈前仆后继的努力成果，是为了让后人承继共享。一连串的发问和排比，气势浩荡，赋予文章一种不可遏止的气势。随后，朴趾源造句又用“岂特”连缀，再次强调了先人的文明成果往往寄寓深远：

① 《热河日记卷二·关内程史·八月初一日丁未》，第106页。

② 孔安国传，孔颖达正义：《尚书正义》卷四，第132页。

圣人尝治怀山襄陵之水矣，其畚锸之多、斧凿之利、工倕之巧、役夫之众，岂特堑山填谷、筑城万里而止哉？圣人尝画天下之田而至匀百亩之制矣，其沟浍畎隧之间，所谓行车几乘则其矩方绳正，岂特除道千里之直哉？圣人尝答门人以为邦之道矣，是特设于其辞而未能躬行之，然后世继天立极之君，未必其学问胜于圣人，而一朝能举而行之，亦奚特中华之族如此哉？夷狄之主函夏者，未尝不袭其道而有之矣。衣食足而知礼节，则后世之欲富其国而强其兵者，宁冒刻薄小恩之名，岂适私利于其身哉？①

四次发问，内容曲折详尽，论证先人的遗产都可为后人承继，华夏大地的文明亦可使夷狄江山稳固，清朝的建设成果也可促进朝鲜国富民强，“所谓才智力量震天动地者，所以成中国之大，而二十一代、三千余年之间的成法遗制可得以考”②。面对论题，朴趾源往往务尽其意，常常辩而又辩，驳而又驳，层层剥皮，穷追不舍，直到敌论体无完肤、骨骼委地方休。排比所形成的气势源于朴趾源饱学的修养和大无畏的个人气质。大量精彩的排比运用，使《热河日记》的论辩锋颖锐利，用笔深刻廉悍，无坚不摧，使辩难者无置喙余地。朴趾源的自我精神在排比复说中表现得淋漓尽致，他急于唤醒李朝鄙固，革除弊政，敢喜敢恨，敢歌敢骂，一任感情的奔腾宣泄，形成了独具个性特征的文章风貌。

朴趾源熟谙中国典籍，他信手拈来的史实或典籍引文在《热河日记》触目可见，即用典。用典亦称用事，凡行文中引用历史上有关的人、地、事、物的史实或语言文字，以为比喻，验证作者观点，以增加词句的含蓄典雅，这种用法即称“用典”。

① 《热河日记卷二·关内程史·八月初一日丁未》，第107—108页。

② 同上。

如《幻戏记》篇尾所发之议论：

太伯之文身采药，幻以孝者也；豫让之漆身吞炭，幻以义者也；纪信之黄屋左纛，幻以忠者也。沛公其幻也帜，张良其幻也石，田单以牛，初平以羊，赵高以鹿，黄霸以雀，孟尝君以鸡，蚩尤之幻铜头铁额，诸葛之幻木牛流马。王莽之金滕请命，幻之未成也；曹操之铜雀分香，幻之破绽也；禄山之赤心，卢杞之蓝面，皆幻之拙者也。①

朴趾源在热河欣赏幻戏之后，深为幻戏的出神入化折服。他由此奇幻的技艺表演联想到“世间梦幻”，延伸出对人事真伪变幻的议论。太伯、豫让、纪信、刘邦、张良等一系列人物改变自身妆容，或以身易人，或者巧妙运用动物、器皿以达到某种目的，均是幻术的某种形式。这段文字接连用典 16 个，一方面减少了语词之繁累而充实内容、美化词句；另一方面使文辞妍丽，声调和谐，对仗工整，结构谨严，而增加外形之美。

朴趾源在评价文学创作时，曾谈道：“博采百氏，自成一家，匠心独诣，不失陈腐，奇峭而不离于真切，朴实而不堕于庸凡，使千百载下，一读而宛然如目击也。”② 又说：“为文章，必求古人旨趣，不为蹈袭虚伪之辞，一字一句，皆切近情理，摸写真境。每篇可读，曲尽其妙。”③ 文学是客观世界的真实反映，博采百家之长而不必蹈袭前人，切情近理，即是自成一家的妙文。贵古贱今，信伪迷真是李朝中后期文坛的一大弊端，朴趾源这段话肯定李德懋的作品学习的是古人的精神旨趣，而非古人的体例辞藻。朴趾源并未拘泥于某一种修辞手法，《热河日记》语

① 《热河日记卷四·山庄杂录·幻戏记》，第 259 页。

② 《炯菴行状》，《燕岩集》卷三，第 67 页。

③ 同上书，第 66 页。

言朴实，深于取象，将多变的句式、生动的比喻、连环错综的排比和灵活精当的典故巧妙结合，形成了雅洁晓畅、追朴求真的语言艺术。

第六章　《热河日记》的地位和影响

《热河日记》是朝鲜最伟大的“燕行录”作品，这部著作在李朝及后世所产生的影响远远超过了其他燕行录体裁，代表了李朝北学派的最高文学成就。凭借《热河日记》，朴趾源确立了北学派一代宗师的地位。

第一节　朝鲜游记文学的里程碑

一、“燕行录”文学的集大成之作

相比其他燕行录体裁，《热河日记》绝非单纯的见闻录或纪行文，它不仅如实地描写了中国的旅行见闻，而且对这些见闻的说明、评价以及思考有着更为重要的意义。在朴趾源之前，朝鲜已经出现了不少燕行录体裁的作品，如肃宗三十八年（1712，康熙五十一年）老稼斋金昌业从中国回国，写了《老稼斋燕行录》；英祖四十九年（1773，乾隆三十八年）严祷编了《燕行录》；肃宗四十四年（1718，康熙五十七年）申维翰作为日本通信使随员，从日本回国写了《海游录》等，这些都是具有代表性的作品。在交通不够方便的当时，出使中国或日本的朝鲜使节团，往返于相隔遥远的水陆之间。旅途的艰辛并未抑止他们想把与朝鲜不同的山水风景、文物制度、世态风俗等介绍给本国同胞的热情。因此，燕行录在朴趾源以前便已经在朝鲜普遍流行。燕行录体裁随着实学运动的进一步发展，放眼域外，变革图强的观念深入人心，旅行记的创作意义因此也愈发重大。几乎所有使节团从中国回国后，都写了燕行录或燕记类的旅行记。比如先于朴趾源到过中国的、他的前辈和密友洪大容用汉文写了一部《燕记》，同时用朝文也写了同样一部作品。这一时期朝鲜不仅有数量可观的散文体的游记，而且开始出现了韵文体的游记。英祖时代金仁谦的《日东壮游歌》，正祖时代李邦翼的《漂海歌》等就是其中的代表作。因此，朴趾源创作《热河日记》并非偶然。游记是一种适合迅速介绍外国文物制度的体裁。他有意识地详细记录了清朝文物制度，目的在于使清朝能很快地了解、接受；同时，针对朝鲜本国落后的生产和生活情况，唤起国民的觉醒，有助于揭露朝鲜两班的腐败无能，并告诉人们，当前国家和社会的最严重的症结在何处。在《热河日记》的序言中，朴趾源指出：

涉辽野，入渝关，徜徉乎金台之墟；由密云，出古北口，纵观乎滦水之阳、白檀之北，则真有其人矣。四夷殊形诡服、吞刀吞火、黄禅短人，虽若可怪而未必魍魉、河伯也；珍禽奇兽、佳花异树亦无不曲写情态，而何尝言其背千里；其寿八千岁耶？始知庄生之为外传有真有假，燕岩氏之外传有真而无假，其所以兼乎寓言而归乎谈理则同。比之霸者，晋谲而齐正也。又其所谓谈理者，岂空谈恍惚而已耶？风谣习尚，有关治忽。城郭宫室、耕牧陶冶，一切利用厚生之道皆在其中，始不悖于立言设教之旨矣。①

① 《热河日记·序》，第1—2页。

朴趾源创作《热河日记》的目的是“利用厚生”“立言设教”，而其所关注的内容为“城郭宫室”“耕牧陶冶”。实学思想家以前的游记，大部分是歌咏异国的山川景物，叙述风俗民情，描写都市百态，评论人事物情。这样的游记虽不能说没有价值，但一般来说，其作者往往未能深刻观察他国的世态风俗，辨别好坏，而且也未能认识到朝鲜真正需要向异国借鉴学习之处，视野相对局限，认识相对浅显。《热河日记》较先前的燕行录著作大有进步，全书贯穿对比意识，通过对清朝社会各个方面的实际记录，详细具体地介绍给朝鲜各种更加科学合理的文物制度。《热河日记》在热烈的爱国主义情怀、观察的精确和深刻性、艺术描写的高超性上都远超前代作品。朴趾源不局限于所亲历的山岭江河、街道村庄，凡是中国的一切事物，他都在思索：究竟什么是新的，什么是进步的，朝鲜究竟要向清朝学习什么？因此，从渡过鸭绿江、踏上广阔的辽东开始，他满怀对祖国富强繁荣和人民幸福的强烈愿望，考察并记录了清朝一切文明先进的可借鉴之处。

朴趾源的儿子朴宗采在《过庭录》中曾详细阐释了《热河日记》文本构成：

《热河日记》凡二十五编，其中如《审势编》《鹄汀笔谈》《忘羊录》诸编，所以审天下之大事於俗尚风谣之间，而与彼中人士彼此谈讨，既存形迹之嫌，且有忌讳之端，则借古证今，而时代尊尚可验。听言查意，而其人心之曲如见。故其与王民皞、尹嘉铨、郝成、奇丰额等人邂逅于太学留馆之中，先论历代兴废，既然问乐律得失，宛转逶迤间开发绪论以见其真情至意之所在。而于宋之南渡，明之末叶，未尝不三致意焉。如《黄教问答》《班禅始末》等编所以觇时尚之缪失，亦以验群情之依违，而窃寓辟邪教扶正学之义也。如《山庄杂记》《幻戏》《避暑》等一下诸编则宫室之巨丽也，市肆之之殷富也，诗文之闻睹也，事迹之传说也，游戏浮夸技艺也，举笔而悉书之，以见中国之大，无所不有也。至如纪行，自《渡江》至《还燕录》诸编，皆记道路之所经，阅山川城郭舟车市肆闾阎农田陶窑言语服饰，不择猥琐，必欲尽录无遗。盖风谣既殊，见闻随生，曲写情态，杂以谐笑，有不得不然，记徐家观玩卖，老汉欺霜书扁，丧家鼓吹等类是也。然其制度法律之可观而可取者，间多有之《行在杂录》一编，所以记使盖之往来，象译之传介要领，往往认之以传奇谐笑之作，虽自以为爱好善读者亦未必深究其大致。①

《热河日记》是一部完整的作品，同时每章又都是具有独立意义的艺术作品。整部作品可以叫游记或纪行散文，但其中每一章都是随着不同的描写对象而采用了不同的文学体裁和艺术手法：《渡江录》是日记体，《车制》是纯粹的政论，《许生传》《虎叱》是小说。贯穿《热河日记》的本质思想和朴趾源的主导愿望，即正确地观察和具体地传达朝鲜国富民强和利用厚生所需的一切信息，如《粟斋笔谈》《商楼笔谈》《车制》《市肆》《店舍》等着眼于介绍中国水陆交通四通八达、各种商品堆积如山、畅销无阻的情况。《热河日记》不仅反映了18世纪中国的政治经济全貌，同时也折射出朝鲜的社会现实和人民的思想志向。《热河日记》的内容，涵盖了哲学、政治、经济、制度、文化、风俗、天文、地理、历史等各个领域，并明确地反映出朴趾源的世界观、社会政治见解和美学见解等，彰显出他胸怀苍生，不懈探索的爱国精神。因此，《热河日记》堪称朴趾源的实学全书。

《热河日记》与朴趾源早期的作品相比较，可以看出朴趾源的思想性和艺术技巧更加成熟，他的实学思想在这一阶段也有进

① 朴宗采著，金润兆译：《过庭录》，太学社，1997年，第380—381页。

一步的发展。通过燕行之旅和回国后的深入研究分析，他更密切地接近农民生活，思考朝鲜两班的故步自封、贪婪愚昧，并对许多崭新的科学技术亲自实践，这对他的世界观和其后期作品的新发展起了决定性作用。朴趾源并不局限于认识现实世秩序的矛盾，而是敢于批判理学的封闭落后，大胆挑战两班统治者的权威，正确地判断了历史的进程和人民大众的创造力，提出了解决矛盾和建设新社会的具体措施，并将其反映在自己的作品里。不论在视野的广阔性、艺术描写的高超性，还是在思想的深刻性、影响的深远性上，《热河日记》都堪称整个朝鲜文学史上最优秀的代表作品。

二、对李氏王朝统治阶层的震撼

《热河日记》成书后，以多彩的表达方法和独特的文体而被广为传阅，朴趾源的文体也被称为“燕岩体”，且饱受争议。“燕岩体”采用了小说文体及谐谑的表达方法，大胆引入了不受正统古文体制约而被称为“稗官小品体”的小说形式，生动地描写了当时的社会现实；杜绝“诗语”及超逸的词汇，受到从士人到普通百姓的广泛欢迎。不仅如此，街市流行的稗史也引起了两班官人的兴趣，文士们开始用小品体写文章，“稗史小品体”业已为知识阶层所喜爱，甚至从士大夫到妇女都很喜欢诵读稗史小品，大有因“稗史小品体”而致纯正文学大厦将倾之虞。朴趾源的文学思想中最重要的是摒弃模仿，追求“真”，这是体现真实朝鲜国风的朴趾源文学论的核心。朴趾源批判模仿中国拟古文学和没有国籍的朝鲜文坛，主张朝鲜人应该写朝鲜的诗，朝鲜的“国风”文学应真实地反映朝鲜的风土和历史、现实和人情，也即具有民族意识的自主文学论。朴趾源小说的场景以朝鲜为土，使用很多谚语，是摆脱模仿汉唐文学而具“朝鲜之风”的文学。朴趾源“朝鲜之风”的诗论阐明朝鲜的“风”与《诗经》的“国风”一样，是以现实社会生活为基础的。正祖十六年（1792，乾隆五十七年），正祖读了朴趾源的《热河日记》，认为其谐谑与文体甚为不妥，恰巧此时，李东稷非常嫉妒深受正祖宠爱的李家焕，上疏正祖，诘责李家焕。① 正祖看完奏折后，认为文风颓败的责任不在李家焕，根本原因在于朴趾源，并对负责奎章阁的南公辙说，如果朴趾源能用纯正的文体再写一遍《热河日记》以赎罪，那么将委任他以荫官的文任一职。南公辙以书信的形式转述正祖的这番话：

昨日筵中下教于贱臣曰：近日文风之如此，原其本则莫非朴某之罪也。《热河日记》予既熟览焉，敢欺隐此，是漏网之大者。《热河日记》行于后世，文体如此，自当使结者解之。仍命贱臣以此意作书，执事斯速著一部纯正之文，即即上送，以赎《热河日记》之罪。②

朴趾源看到南公辙的信后为自己辩解，承认运用了不该用的文体，并发誓倾尽全力于文体纯正运动，再不写“杂笔”。实学是以儒教圣典为基础主张进行的社会改革，它并未脱离正祖所施展的政治理念，但“稗史小品体”从士大丈夫所接受的正统教养这方面来说却是不可接受的。正祖认为，假如放任该文体，不但文风，甚至国民的心性都会被污染。他指出这种文体是史官以外的人们杜撰出来的历史记录，是从小品体派生出来的极不纯净的杂文体：

近来士趋渐下，文风日卑。虽以功令文字观之，稗官小品之体。人皆仿用经传，菽粟之味，便归弁髦。浮浅奇刻，全无古人

① 《正祖实录》卷三十六，十六年十一月六日（辛丑）。
② 《燕岩集卷二·答南直辄书》，景仁文化社，2002 年，第 33 页。

之体，噍杀轻薄，不似治世之声，有关世道，实非细忧。①

鉴于此，正祖十六年（1794，乾隆五十九年）李朝下令消除这种杂文体，改革当时流行的“燕岩体”一类的汉文文体，倡导正统纯正的古文体。这就所谓的“文体反正”运动。

三、《热河日记》与“文体反正”运动

时代因素是《热河日记》命运的主要促因。朴趾源生活在文风转换的李朝中后期，李朝前半期一直奉行理学的文学观，提倡“古文的文体”，即标榜先秦两汉的经典史书和唐宋古文的二元化。李朝建立时，为平抑权力斗争而作为治国理念引进的性理学，在李朝后期被实学及西学冲击而逐渐失去了神圣色彩，多种文体文风竞相出现。官僚文人依旧禁锢于经学篇章和唐宋古文，科举考试及公文、外交文书中坚持使用四六骈体文，在日常生活中模仿《四书》进行拟古文写作。比如宣祖时期的崔岦（1539—1612），推崇中国明朝的以“前后七子”为代表的拟古派，模仿秦汉古文，为文力求简洁古劲，却陷入险僻怪奇的误区。进而，这种拟古倾向由尹根寿（1537—1616）、申钦（1566—1628）、申维汉（1618—1752）等人继承，一直持续到19世纪末。以丁若镛为首的经世致用派文人与两班文人不同，他们反对骈体文和拟古文，将六经和《论语》《孟子》等古文作为文章的本源。以朴趾源为代表的利用厚生派虽然也力推古文而反对理学之文，但是他们并非借鉴古文的文体，而是为了克服拟古文、骈体文的弊端，学习六经古文及唐宋古文的创新精神，也即所谓的“法古创新”，真实表达创作主体的想法，创造出具有

① 《正祖实录》卷三十六，十六年十月十九日（甲申）。

时代特色的新文学。[1] 同时，利用厚生派还主张通过传统与变革的调和，写出切合时宜的文章。中国明嘉靖年间以后传奇小说流行，《古今说海》《烟霞小说》《历代小史》《稗史汇编》《纹房小说》等丛书在朝鲜均已出现。张潮编著的《虞初新志》传入朝鲜颇具反响。金炉（1766—1822）与金祖淳（1765—1832）读了《虞初新志》后仿做了《虞初续志》，足见当时文人对稗史小品体的认可与喜爱。李钰、金炉使用稗史小品体专注于创作活动，正祖称之为“小品体”。而“小品体”表现出的旺盛活力，引起了李朝两班阶层的恐慌和抵制。

李朝历来将“右文”作为基本政策。正祖有志于继承李朝开国以来历代传承的遗志——尊崇儒学及儒学者。在执政初期曾召见黄景元、李微之、洪国容等重臣，说道：“予惟继志述事，人君之盛节，崇儒重道，有国之急务。”[2] 正祖在位期间编纂了多部理学书籍，有《朱子选约》三卷、《资治通鉴纲目讲义》十卷、《朱书百选》六卷、《雅诵》八卷、《朱子书节约》二十卷、《朱子会选》四十八卷、《圣学缉约》六卷等。他曾说若不孜孜以求学问则心不安。他认为作为读书的方法之一，体验最为重要，读书的态度应是“精察明辨，体贴心身”[3]。不仅如此，他还将文体视为治国的基本政策，认为文体是政治状况的反映，随士气而变化，因士气是国家的元气，若不对文体进行“反正”，则不能扶正日益坍塌的名分和体制。正祖文体政策的本质依然是道学的基本立场，即应该写作根本于学问之上的文章。性理学者所主张的“文以载道”，认为文学处于学问的从属地位，学问和

---

① 任晓利，梁利：《略论朝鲜李朝正祖的“文体反正”》，《解放军外国语学院学报》2009 年第 2 期。

② 金英珠：《李钰文学作家意识的变化及意义》，韩国诚信女子大学研究生院博士论文，1995 年。

③ 郑玉子：《朝鲜后期文化运动史》，首尔一潮阁，1988 年，第 64 页。

文学的界限是模糊的、不可分辨的。从即位之初，正祖就对文风及文体发表过自己的看法，认为明清文集的稗官杂记玷污民心，败坏世风。正祖还认为不仅朝鲜的立国规模秉承了宋代，文体也应以宋代为范本，欧阳修、苏轼的文章恰恰验证了宋代治国的情景，值得时人仿效。而唐宋八大家的文章在正祖时代同样颇有影响。这些文学范本在正祖当政期间一直在大力弘扬。

正祖为了推行“文体反正”政策，除把传统的古文家黄景源（1709—1787）和李福源（1719—1792）的文体树为文臣们效仿的文章典范外，还采取多种措施贯彻其方针，尤其是在科举考试中对使用稗官小品文者进行强力打击：

设升试，而晓谕诸生，文体之轻妍浮巧者，笔法之尖斜欹飘者，一切严禁。文体则固难猝地丕变，而至于笔法，则一见可知其典重欹轻，不率教者，直置之落科。如是而又复如前不悛者，不可以士子待之。①

在正祖的“文体反正”政策中，不可避免地使喜好小品体的文人受到迫害，李钰、南公辙、李相璜、金祖淳等人均受到牵连，其中受害最深的是李钰。因为坚持在科举考试中使用稗官小说体，他多次被发配至边关，一生大部分时间是在边防度过的。同时，正祖还召集奎章阁中的著名学者，讨论经史，出版书籍，以摘选朱子语类的《朱子选统》为首，刊行唐宋八大家著名的古文集《八子百选》等。此外，禁止输入清朝的非理学书籍也是文体反正运动的一个主要表现。正祖十年时，行大司宪金履素奏称：“近来燕购册子，皆非吾儒文字，率多不经书籍。左道之炽盛、邪说之流行，职由于此。观于昨年，已现露者，亦可知也。请另饬湾府书册之不当购而购来者，照察严禁。”② 正祖对

① 《正祖实录》卷四十七，二十一年十一月二十日（乙酉）。

② 《正祖实录》卷二十一，十年一月二十二日（乙卯）。

这条奏章的批示为“所奏甚好，依为之”。他在位期间曾多次下令禁止输入这些会败坏朝鲜文体的清朝稗宫小说和杂书：

前此使行，固已屡饬，而今行则益加严饬，稗官小记姑无论，虽经书、史记，凡系唐板者，切勿持来。还渡江时，一一搜验，虽军官译员辈，如有带来者，使即属公于校馆，俾无广布之弊。经史则异于杂书，如是严禁，虽似过矣，而我国所存，咸备无阙，诵此读此，何事不稽，何文不为？况我国书册，纸韧而可以久阅，字大而便于常目，何必远求薄小纤细之唐板乎？[①]

“唐板”指的是中国版本。当时输入书籍的任务主要由担任燕行使臣的译官来担当，这些译官得到了中国朝廷的认可，他们通过贸易积累了财富。明清书籍的大量涌入是18世纪中后期小品文盛行的原因。中国书籍里传播的崭新气息给封闭的李朝带来的冲击，使朝廷不得不对其给以苛刻的态度。“切勿持来”“一一搜验”，显示了正祖对中国书籍的强烈抵制。

由于正祖对文体的介入，导致18世纪轰轰烈烈开展的文体运动萎缩了，并阻碍了刚刚破土萌芽的稗史小品体文学的发展，使李朝后期的文风处于低迷状态。最终结局是，反时代的古文文风盛极一时。同时，正祖的“文体反正”政策扼制了当时文人们的思想和创作活动，是具有保守性和逆转时代潮流的文化政策。所谓“文体”问题，并非单纯的文艺现象，是时代思潮变迁、政治集团角力的“风向标”。正祖为了维护传统的价值观和封建统治秩序而实施的“文体反正”属于文化运动的范畴，而朴趾源的《热河日记》可谓运动中的一个最引人注目的箭靶。《热河日记》的流行标志着“燕岩体”确立，也代表了是朝鲜游记文学的新高度。《热河日记》的流传和查禁对朝鲜文坛产生了强有力的冲击和影响，反映出18世纪后期李朝文学在社会变革

① 《正祖实录》卷三十六，十六年十月十九日（甲申）。

思潮与政治动荡中的新变与转型，折射出正祖时期的文艺政策及文坛革新倾向和李朝文风士气的转变。

朴趾源造福社会的热情最终未能改变18世纪的朝鲜王朝，他的追求反而被定位成反理学的异类思想，最终埋没于“文体反正”运动中。纯祖五年（1805，嘉庆十年），朴趾源逝世。随着时间的流逝，他作为时代的先驱者和启蒙者，反而受到越来越高的评价。《热河日记》中，无处不展现着朴趾源摆脱时代束缚并用新眼光去看待事物的进步学者的面貌。因而直到今天，他的作品依然能够吸引那些追求进步的读者。

第二节 后人对朴趾源著作的结集、出版和纪念活动

一、朴趾源作品的广阔研究空间

（一）思想价值

与诗歌相比，散文的历史总是更为直接地反映学术或学术思想。李朝后半期实学派倡导推动的实学思潮，旗帜鲜明地反对程朱理学，是朝鲜“近代黎明前”这一特定历史阶段出现的思想文化形态，而文学观念是其重要组成部分。这一时期朝鲜的统治集团社会出现了新的重大变化，集权政治开始滑坡，资本主义萌芽逐渐发生并迅速发展。社会经济和思想意识领域内出现了具有重要意义的新因素，表现出鲜明的特点。实学派的文学观念正是反映了这一剧变的时代潮流和崭新的社会审美要求，影响和推动着整个李朝后期文学的发展。

从17世纪初的实学先驱李睟光算起，经过一个半世纪理论探索和创作实践，在英正年间实学派的文学观念日臻成熟。这个成熟期的代表人物就是朴趾源。朴趾源处于时代矛盾的漩涡和前人艺术成果的肥沃土壤之中，关于现实问题的思索培养了他的变革意识，前人的经验为他的艺术发展奠定了基础。他执着地追求文艺改革，改造现实，救世济民。在创作上，他高举文体革新的大旗，致力于统治阶级视为“异端邪说”的稗官体散文和小说创作，表现出了敢于与传统思想对抗的叛逆精神。他的小说以极其锐利的笔触深刻揭示了根底开始动摇的末世“征候”和礼教的罪恶，反映了商品货币经济的日益发展，资本主义生产关系萌芽形成发展时期的时代变化。在文学观念上，他创造性地批判总结前人丰富的文学成果，将多种文艺思想融会贯通，建立了自己崭新的美学体系。无论在创作实践上还是在文学观念上，他在当时都是领袖文坛的一代宗师。

朴趾源的文学思想，是朝鲜古代文学和近代文学之间的一座桥梁。围绕他进行实学文学创作的李德懋、柳得恭、朴齐家、李书九，被称为朝鲜英、正王朝时期的“汉学四家”。启蒙时期很多思想家和文学家，都对朴趾源的著作进行过研究，高度评价其实学精神和社会改革思想，并继承了他的进步思想。例如，朴趾源之孙朴珪寿的弟子金玉均是在朝鲜最初试图进行资本主义改革的爱国主义政治活动家和思想家。朴趾源的《限民名田议》《拟请疏通疏》等实学著作，大大促进了其开化思想的形成。朝鲜近代杰出的思想家、文学家申采浩“继承许筠、朴趾源把文学从道学的束缚中解放出来的精神，建设了新文学”。启蒙期的思想家、文学家金泽荣是朴趾源思想和文学的崇拜者。他在《燕岩集跋》中说：“先生之文……于高丽以来一千年诸古文家中别开门户，卓立雄视。”研究探索朴趾源这样一个杰出的实学思想家的文学成就及其在实学派文学发展进程中的作用，对于研究朝鲜实学思想史，把握朝鲜文学的的发展演变，探析李朝实学派文学创作思潮都具有不可忽视的意义，具有重要的理论价值。

（二）文章学价值

中国古代散文是一个包罗很广的范畴，其分类和名目繁多，并不专指某种文体。对散文定义的模糊遮蔽了东方文学固有的丰富的散文理论，故而有必要对散文的概念源起及其内涵做一梳理。“散文”一词最早见于宋人罗大经的《鹤林玉露》：“山谷诗骚妙天下，其立意措词贵深融有味，与散文同”，但这里“散文”系指黄庭坚诗赋中的散文化倾向，而非指一种明确的文体，从梁代萧统所编的《文选》到明代吴讷所著的《文章辨体》，再到清人姚鼐的《古文辞类纂》等，文章有五花八门数十种分类，但却没有“散文”这一类。散文这一概念来自西方：西方把文体分为诗歌、散文、戏曲、小说四大类，我们今天的“散文”，大抵属于此范畴。散文的定义又有广义和狭义之分。广义的散文，即指诗歌、戏曲、小说之外的一切散体文字；狭义的，则主要指抒情写景的散体文字，即通常所说的文艺性散文。就中国古代散文创作的实际来看，“散文”应该包括古文、骈文和辞赋。骈文和辞赋基本上属于韵文范畴，但其在行文体制上，更接近散文，而不近于诗歌。故历代选家进行诗歌选取的，绝不选骈文和辞赋；而进行散文选取时，则多选骈文和辞赋。朴趾源的《燕岩集》除去卷四《映带亭杂咏》的32首诗歌及卷八《放璚阁外传》中的九篇小说，其余都是散文创作，因而朴趾源散文的文章学价值还有广大的研究空间。

朝鲜使用汉字进行散文写作的历史悠久。三国时期，朝鲜文学逐渐摆脱萌芽状态，开始初步发展。这一时期的朝鲜还没有自己的文字，一般的书写均借用汉字，但它毕竟不是本民族文字，再加上汉字艰涩难学，掌握和使用汉字的人群仅局限于少数上层人士。即使如此，汉字的使用还是给朝鲜的书面文学发展提供了有利的契机和条件。三国时期记录王朝兴衰的史书和碑志、铭文等都是用汉字写成，并得以流传的。在朝鲜三国中，高句丽最早编纂史书。据《三国史记》记载，高句丽在其建国初始，就已经编写了《留记》一百卷。这说明公元一世纪时朝鲜就有内容庞大的“记事”式史书问世，可见高句丽的汉文水准和文化发展程度。那些记录历代王朝兴衰的史书和碑志、铭文等也都是用汉字写成，可见当时汉文水准和文化发展程度。375 年，百济的博士高兴奉命修撰了《书记》，这是百济修史的开端。新罗的史书编纂稍晚于高句丽和百济，于 545 年才广集文士，始修撰《国史》。此外，三国政治生活中出现的书翰，也是当时散文写作的一个重要方面。尽管三国时期只是借用了汉字进行史书及政治文书等的写作，但它依旧标志着朝鲜古代文明进入了一个新阶段。

统一新罗时期，朝鲜散文继续发展，出现了金大问、强首、崔致远等一批散文作家。这一时期出现了很多公文类应用文，其中也包括部分散文创作。值得注意的是，在统一新罗的前期已经出现了赋和骈文创作。这一时期史传文学非常发达，其中既包括比较平实的人物传记，也包括虚构成分很多的传奇故事，在此基础上朝鲜传奇文学诞生。

高丽时期，随着科举制度的发达和汉文化的普及，写作散文辞赋成为上层人士的基本技能。尤其是科举考试要考赋、策论和经义文，对古文和骈体文的写作要求都很高，加上国家政治、法律、外交乃至日常事务等方面都要用到汉文，由此高丽的散文和诗歌空前发达。高丽文人的个人文集中大都涵盖了各类文章，既有公文、生活用文等应用文，还有大量具有文学性的文章，如游记、日记、论说文等。在应用文方面，高丽留下了大量的表状、书信、论说、碑铭等文章，这些文章文字流畅，结构严整，章法成熟。凡是中国当时出现的应用文门类，在高丽应用文中都能见到。高丽文人之间书信往来频繁，数量颇丰，文学价值不容小觑。史书、传记类作品也十分发达，《三国史记》《三国遗事》是其中的杰出代表。政论文、小品文也有一定的数量，如李奎报《屈原不宜死论》《狂辩》，李齐贤《田制》《范增论》都属此类。高丽时期留下的写景、记事、状物的散文也不少，大多篇幅短小而内蕴丰厚，在语言和艺术上都达到纯熟的境界。这一时期出现两类特殊的文体：拟传体和稗说体。拟传体又被称为假传体，是汉文散文中的一种独特的艺术形式：它以物为主人公，将其拟人化，仿照汉文正史列传的写法，为其立传，以表达作者的思想感情。高丽后期，集中出现了一批笔记类著作：这些著作围绕着朝鲜汉诗历史上的诗人、诗句，记载相关的逸闻趣事，故事传说，间杂有作者的评论。这类笔记著作涉及历史、文化、政治、地理等多方面内容，所以它们不像中国传统诗话那样属于纯粹的文学批评著作，而更类似于笔记、野史、稗说，所以称之为“稗说体”。现传高丽稗说体散文共有四部，即李仁老的《破闲集》、李奎报的《白云小说》、崔滋的《补闲集》、李齐贤的《栎翁稗说》。

朝鲜朝前期，稗说体散文在题材和内容方面更丰富。高丽时期的稗说体作品，偏重于诗话，而朝鲜前期的稗说体散文，虽也包含诗话，但更多具有“杂记”的性质：它所涉及的内容，大多与诗无关，如名人逸事、野史、随笔、志怪、传说、寓言、笑话、典故，乃至天文地理、风俗民情等，可谓包罗万象。由于它保留了一些专集所缺或不能保留的资料，对研究朝鲜封建时代的历史、地理、文化、典籍等，具有很高的参考价值。

高丽末期的李齐贤把朝鲜古文创作提高到一个新高度。金泽荣云：“吾邦之文，三国、高丽专学六朝文，长于骈俪。而高丽中世，金文烈公（金富轼）特为杰出，其所撰《三国史记》丰厚朴古，绰有西汉之风。其末世李益斋（李齐贤）始唱韩、欧古文，尤长于记事，再修国史。韩朝所作《高丽史》实皆益斋之笔也。”（《杂言》）进入朝鲜朝中期，文坛上又出现了“四大家”文人，即月沙李廷龟，象村申钦，溪谷张维，泽堂李植。

朝鲜朝中后期，朝鲜兴起实学学风，进步人士十分关注中国的发展。其中中国的文学理论和创作为朝鲜文人所崇拜。很多文士积极接受前后七子的“文必秦汉，诗必盛唐”的文学观以及唐宋八大家的古文论。朴趾源的“燕岩体”一枝独秀，震惊朝野。他的散文创作涉及序、记、引、论、状、传、疏、跋等多种类型，他的汉文写作活动贯穿了他的一生，留下《燕岩集》17卷，约40万字，其中还包括朝鲜游记文学的压卷之作《热河日记》。朴趾源的散文写作视野广阔、内蕴深刻、感情真挚、语言犀利，不论是写景状物，还是议论抒情，都展示出作者独特的笔力与风神。洪瀚周在《智水拈笔》中云：“燕岩亦自有古文词之不失八家范围者，如《热河日记》等书，皆游戏玩弄之笔，真从心所欲之高才也。”金泽荣说：“其文欲为先秦，则斯为先秦，欲为迁则斯为迁，欲为愈与轼，则斯为愈与轼。壮雄闳钜，优游闲暇，杰然睥睨于千载之上，而为东邦诸家之所唯有也。”又云：“燕岩之文，如天马行空，不施羁约。而自然中节，此可谓文中之龙，后生不可学得者也。”①“朴燕岩文置之昌黎集中，往往几不可辨。然而所作绝少何也。昌黎之文，将学其奇崛则常患乎力疲，将学其平易则又患乎辞俚，此其所以不能多作也。”②这些都是对朴趾源散文创作的中肯评价。

---

① 金泽荣：《重编燕岩集序》。

② 《韶濩堂文集定本卷八》，杂言三，南通翰墨林印书局，1911年，第312页。

朴趾源提出“法古而知变，创新而能典”① 的观点，影响了很多实学派文人。对朴趾源的散文创作进行研究，是探索朝鲜实学派文学的重要切入点。朴趾源散文中蕴含的北学思想及具体措施，是研究18世纪李朝文学构成时不可或缺的内容。通过全面、系统、深刻地研究朴趾源的文学思想及艺术，可以探析朝鲜文学路线的转型，同时，比较视域下的朴趾源文学研究也是域外汉文学研究不可缺失的重要内容。

（三）文化学价值

朴趾源是朝鲜18世纪最引人注目的实学思想家和文学巨匠。他充满忧患意识，一生都在关注朝鲜的社会弊端和人民苦难，并为之积极思考，不懈探索，提出了大量具有启蒙意识的改革措施。国富民强的理想伴随了朴趾源整个人生，他为之奔走呼吁，不惜多次以身涉险。朴趾源身上强烈地体现着东方社会知识分子的精神品质：深沉的忧患意识、厚生爱民、坚持真理、不畏权贵、百折不挠。他是朝鲜民族的思想脊梁，是18世纪朝鲜北学派的理论中坚，是朝鲜社会的改革先驱。

朴趾源的汉文创作，是其个体思想和创造性在朝鲜文学的厚土中孕育出的巨大成果。不论在数量上，还是在创作水准上，朴趾源都堪称朝鲜汉文创作的里程碑。在朴趾源的文学世界里，我们可以看到他对中国典籍的熟稔，对中国古代散文精神的领悟和文学创作技法的精通。朴趾源作品的字里行间渗透着中国古代文学的因子，但通读下来，又处处闪烁着朝鲜文学精神的熠熠光辉。同时，朴趾源“利用厚生”的哲学观决定了他的实学创作系统，他的创作与中国清初实学思想家黄宗羲、顾炎武、王夫之等人的创作相映生辉。他的散文在艺术上又可与明清之际的中国

① 《楚亭集序》，《燕岩集》卷一，第12页。

散文大家归有光、侯方域、魏禧、汪琬等进行比较，他的小说可与吴敬梓等现实主义小说家相媲美。朴趾源的文学创作是汉文学域外传播的典型，从《燕岩集》中可以佐证朝鲜汉文创作接受中国影响的角度和维度。总之，朴趾源作品深刻的思想性和高超的艺术性为后人留下了广阔的研究空间。

二、后人的结集、出版和纪念活动

朴趾源50岁出仕，曾任地方官，遭保守派迫害，晚年退隐。朴趾源的一生是在关心国事、历尽坎坷，提倡“利用厚生”学说中度过的。韩国李佑成教授提出：“先生的一生，为促使十八世纪末落后的祖国文明化，而献出了毕生之精力。尤其是在‘利用厚生’学说研究和新文化运动方面更专心致力。”[①] 由于朴趾源作品强烈的现实针对性和批判精神，因而在封建的李朝社会长期得不到认可，只能以抄本形式在民间流传。1900年，出现过一部两卷本的朴趾源作品选集；1916年，朝鲜诗人金泽荣在上海将朴趾源部分著作编为三卷本的《燕岩集》出版，这是朴趾源的作品第一次现身中国；1931年朝鲜大东印刷所编纂了当时所能见到的朴趾源全部作品，合编为六卷本《燕岩集》；1946年，李允宰翻译的《渡江录》由大成出版社出版；1948年，金圣七翻译的《热河日记》由正音社出版；尹在瑛翻译的《热河日记》由博英社于1982—1984年间出版；1956年，李民树翻译、通文馆出版了《燕岩选集》；1978年，日本东京平凡社出版了《热河日记》的日文译本，并加有注释、标点和朴趾源中国之行的行程图。1956年，台湾国立编译馆出版了两卷本的《热河日记》，1982年再版；1981—1983年，李离和编纂了《热河

① 李佑成：《燕岩朴趾源事迹碑》，见《热河日记》第389页。

日记》，由民族文化促进会出版；1977 年韩国景仁文化社出版了一卷本的《燕岩集》，并于 2002 年再版。《燕岩集》共十六卷，其中第十二至第十六卷为《热河日记》。直到 1996 年，北京图书出版社出版了《热河日记》，这是《热河日记》单行本在大陆地区首次发行。1997 年上海书店出版社出版了朱瑞平的《热河日记》点校本。2010 年，第一部英文版《热河日记》由英国环球东方出版社（Global Oriental）出版。可见，关于朴趾源著作的整理、编纂和出版始于其身后一百年，出版活动越来越多，其影响范围也在日渐扩大，时间证明了伟大作品的艺术魅力。今人所见的《燕岩集》一般有 17 卷，其中卷四《映带亭杂咏》为诗歌，共 32 首；卷八《放璚阁外传》为小说，共 6 篇；第十二卷至十四卷为《热河日记》；第十六、第十七卷为《课农小抄》。依照《燕岩集》本来体例，其他散文创作分类及数量为：书 67 篇、记 34 篇、序 24 篇、赠序 9 篇、墓碣铭 9 篇、状 6 篇、祭文 6 篇、墓志铭 5 篇、题跋 4 篇、论 3 篇、跋 3 篇、哀辞 3 篇、进香文 2 篇、引 1 篇、塔铭 1 篇、传 1 篇、疏 1 篇、策 1 篇、对策 1 篇、书事 1 篇、神道碑 1 篇、碑 1 篇、状启 1 篇、杂著 1 篇。朴趾源的论说文、序跋文、书牍文、记体文及其他应用散文等共同构建了朴趾源的文学大厦。朴趾源的散文是域外汉文学创作的典型个例，既是对中国古代散文的全面学习吸收，同时也是朝鲜民族文学个性的彰显。朴趾源的民族意识和时代意识贯穿其书信、传志、公牍、论说、杂记等各类散文之中，是其文学的灵魂。朴趾源文学的思想性、艺术性，及其在比较视野下的独创性和民族性，奠定其在朝鲜及东亚汉文创作史上的地位。伴随着朴趾源著作的出版和刊行，他的成就逐渐为世人可知，关于朴趾源的研究和纪念活动越来越多，其研究成为学术界的最大重点和热点之一。

朴趾源生活在暗流涌动、波谲云诡的 18 世纪李朝社会，随着社会经济的发展，商品货币关系出现，资本主义生产关系开始萌芽，贵族官吏日益腐败，身份制度受到冲击并瓦解。实学思想进入兴盛期，“北学派”产生。北学派的进步学者对现实社会的观察眼界更为广泛，对专制制度的批判更为尖锐，对社会发展的洞察力更为敏锐，主张学习中国以及通过中国传入的西方文化。朴趾源的哲学观具有朴素的唯物辩证性质，他提出“天地虽久，不断生生；日月虽久，光辉日新；载籍虽博，旨意各殊”，他认为世界是变化的，对古人典籍的解读也应随时代变迁而力求新变。朴趾源出身两班贵族，虽仕途不曾显贵，但对社稷苍生的责任感却从未减少，他说“仁人之心，未尝一日而忘天下；仁人之心，未尝一日而忘后世”。作为一名在儒学土壤中孕育的知识分子，朴趾源既坚守了传统意义上儒生修身齐家平天下的理念，同时又突破时代局限，对君主专制、身份等级制度都予以否定：“士非穷儒之别号，自天子达于庶人皆士也。”朴趾源有明确的实学思想：“利用然后可以厚生，厚生然后正其德矣”，“利用”“厚生”“正德”是其实学精神的核心。北学思想是实学观念在朴趾源时代的新高度：“为天下者，苟利于民而厚于国，虽其法之或出于夷狄，固将取而则之。”朴趾源关注社会，为文以敦教化，时时显示着他对朝鲜社会的伦理关注：“敦风俗，裨世教，重在孝友敦睦”。朴趾源出身世家，学识渊博，登山临水，赏景怡情，自有一番独特意趣：“登临之乐，息虑忘情。”他曾写过这样一段话：

若其该洽今古，辨析名物，虽谓之旷前绝后可也。自在韦布，亦尝拳拳于生民之困悴。才俊之沉默，慨然有志于经济。其议论记述，尤致意于典章制度，以救民济物为要。然则其忧国忧民之意，未尝须臾忘也。固宜举而试之，将无所不可，而唯其厌流俗之滔滔，乐本地之恢恢，守志信命，淡然无欲，蓬荜萧条，贫贱是甘。足不到口口，名不闻贵要，不知而有不愠之实，独立而又无惧之想。几乎坎坷终老，湮灭不称。

这是朴趾源描述李德懋的一段文字，而用来形容朴趾源本身却十分恰当："救民济物""忧国忧民""蓬荜萧条""贫贱是甘""不知不愠""坎坷终老"。作为朝鲜18世纪最引人注目的实学思想家和文学巨匠。他充满忧患意识，一生都在关注朝鲜的社会弊端和人民苦难，并为之积极思考，不懈探索，提出了大量具有启蒙意识的改革措施。国富民强的理想伴随了朴趾源整个人生，他为之奔走呼吁，不惜多次以身涉险。

朴趾源是朝鲜北学派"利用厚生"思想的集大成者，他的实学思想直接为其学生朴齐家所继承并发扬。朴趾源的实学思想对朝鲜19世纪后半叶的开化运动、启蒙运动产生了深远影响，他的思想通过其孙朴圭寿直接影响了朝鲜开化派的代表人物朴永孝、金玉均等人，对其思想的发现和研究发端最早，20世纪初便首先在韩国学术界引起了重视。从近代开始，关于朴趾源研究的学术论文、纪念活动就从未中断过。1907年《大韩自强会月报》发表《虎叱》一文，开启了对朴趾源小说的研究。在此后的六十年间，关于朴趾源小说的现实批判性和讽刺性研究一直占据了学术界主流，如张庚鹤《从〈虎叱〉看近代的起点》（《思想界》，1955年1月），金一根《燕岩小说的性格和近代新文学系谱》（庆北大学硕士学位论文，1956），白南洙《燕岩小说的实学思想》（国语国文学研究第一号，1958年9月），尹柄鲁《〈许生传〉的讽刺精神》（《文学春秋》，1964年3月）等。20世纪70年代以后，关于朴趾源小说的研究继续深入的同时，对朴趾源文学成就的整体研究也逐渐形成。如李家源《燕岩朴趾源论》（探求堂，1969年），李东欢《向中世的权威挑战——燕岩文学思想的基调》（文学思想社，1973年），金泳镐《燕岩的内面肖像——燕岩传记〈过庭录〉解题》（文学思想社，1974年），李东欢《朴趾源的文学思想》（《震檀学报44》，1978年）

等。1980年以后，对朴趾源思想与文学艺术的研究更加繁荣，研究方法更加多样化，研究内容更趋细化，可以说进入了全面、细致的崭新阶段，论文、论著、研究报告层出不穷。回顾韩国学术界对朴趾源研究，不得不注目于以李家源、姜东烨为代表的一批优秀学者。李家源从20世纪50年代开始就关注朴趾源的小说，发表了如《燕岩文学和文体波动》（《人文科学10》，延世大，1963年）、《两班传研究》（《大东文化研究1》，1963年8月）、《燕岩的实学思想》（《陶南赵润济博士回甲纪念论文集》，新雅集，1964年5月）等大量论文及著作，《燕岩小说研究》（乙酉文化社，1965年）为其集大成之作。李家源堪称韩国朴趾源研究的早期代表人物，为今人的进一步研究奠定了基础。日本、台湾的朴趾源研究也起步于20世纪五六十年代，台湾朴趾源研究侧重于《热河日记》研究和比较文学的内容，如徐义永《朴趾源文学与中国之关系研究》（中国文化学院硕士学位论文，1973年），李龙范《朴趾源的热河旅行和西藏佛教》（《中韩关系史国际研讨会论文集（690—1949），"中华民国"韩国研究学会，1983年）等；日本的朴趾源研究更侧重其思想价值，如渡部学《燕岩朴趾源的教育观》（《朝鲜学报36》，日本天理大朝鲜学会，1965年10月），今村与志雄《文明开化与朴趾源的诞生，历史与文学的真相》（劲草书局，1976年）等。因为朴趾源的卓著地位和伟大成就，后人不断进行各种纪念活动、学术活动，同时也是高校学习的内容，如韦旭升所著《朝鲜文学史》中为朴趾源列一单章"实学派文学家朴趾源及其小说"，李岩所著《朝鲜文学通史》中将《热河日记》单独列章"纪行文学的杰作——《热河日记》"。朴趾源好比蕴含丰富的宝藏，实学文学家的成就及魅力随着历史的前进不断展现在世人面前，学界对朴趾源的探索持续增温，愈演愈烈，便是其丰厚价值的最好证明。

中朝两国世代的友好交流为我们留下了丰厚的“燕行录”文学，《热河日记》可谓其中的压卷之作。它是朴趾源本着“北学中国”“利用厚生”的政治思想而创作的，是以历史的眼光和批判的意识对现实做出的深入思考，是以此为中心向哲学、政治、宗教、科学、文化民俗等全方位的拓展，其价值和意义是多层面的。《热河日记》以其独特的艺术形式展现实学思想家的个人思想和主张，他考察清朝的深层用意，在于对朝鲜社会与政治现实进行批判和警醒。朴趾源对中国先进生产技术和工具的关注贯穿了其燕行之旅的始终，他对清代中国的科学发展尤其是技术的先进给予了热情赞扬和充分认可。同时基于自己对历史、地理、天文历法等自然学科知识以及工农业生产技术的认识，朴趾源在《热河日记》中对大到历史古迹、史实、天文历法、医学知识，小到窑制、车制、缀丝等方面都进行了记录和评价。《热河日记》承载着朴趾源对18世纪后期中、朝两国的冷静审视，以灵活多样的艺术手段描绘了那个历史时期的社会状况。他在记录和赞扬中国先进文化的同时，也对李朝的固步自封、愚昧落后进行了剖析和批判，提出了切合实际的改革措施。朴趾源以自觉的文化意识融入了《热河日记》的创作之中，并在其中开展文化思辨以及文化批判。他对中华文明的这种全面、立体、完整的多维度观照是为本民族的发展提供尽可能真实具体的参照，具有明确的现实政治目的。

在今天的承德避暑山庄，矗立着一座纪念朴趾源的基石，基石上用中、韩两国文字镌刻着这样一段话：“朴趾源（一七三七到一八零五），韩国李朝著名学者、诗人、文学家，一七八零年来中国游历了北京和承德等地，写下了著名的《热河日记》，为增进两国人民的交流与友谊做出了贡献。”中国和朝鲜半岛山水相连，友谊不断，燕岩虽逝，著作不朽。借着朴趾源的燕行之旅，今人可以探究18世纪的盛清社会，并以之为鉴反思中华民族的历史进程。细读《热河日记》，可见域外汉文创作的璀璨成就和对“燕行录”体裁的承继与创新，其深刻的思想性和高超的艺术性值得学界给予更多的关注和不懈的探索。

参考文献

一、基础文献

[1] 域外诗话珍本丛书．蔡镇楚编，北京：北京图书馆出版社，2006.

[2] [韩] 林基中．燕行录全集（第一册）．首尔：东国大学校出版部，2001.

[3] [韩] 朴趾源．热河日记．朱瑞平点校，上海：上海书店出版社，1997.

[4] [韩] 朴趾源．燕岩集．韩国：景仁文化社，1977.

[5] 吴晗辑．朝鲜李朝实录中的中国史料，北京：中华书局，1980.

[6] 李朝实录．日本：学习院东洋文化文化研究所刊，1956—1966.

[7] [朝鲜] 金河明．燕岩朴趾源．陈文琴译，李启烈校，北京：商务印书馆，1963.

二、研究专著

[8] [韩] 林亨泽等．燕岩朴趾源研究．人之纹出版社，2012.

[9] 杨雨蕾．燕行与中朝文化关系．上海：上海辞书出版

社，2011.

[10] 黄宗羲著，段志强译注．明夷待访录．北京：中华书局，2011.

[11] 李岩．朝鲜文学通史．北京：社会科学文献出版社，2010.

[12] 夫马进、伍跃译．朝鲜燕行使与朝鲜通信史，上海：上海古籍出版社，2010.

[13] 徐东日．朝鲜使臣眼中的中国形象，北京：中华书局，2010.

[14] 李甦平．韩国儒学史．北京：人民出版社，2009.

[15] 金柄珉．朝鲜实学派与中国之关联研究．延吉：延边大学出版社，2007.

[16] 严绍璗、陈思和主编．跨文化研究：什么是比较文学．北京：北京大学出版社，2007.

[17] 孙卫国．大明旗号与小中华意识——朝鲜王朝尊周思明问题研究（1637—1800），北京：商务印书馆，2007.

[18] 谭家健．中国古代散文史稿．重庆：重庆出版社，2006.

[19] [韩] 权锡焕、[中] 陈蒲清．韩国古典文学精华．长沙：岳麓书社，2006.

[20] [韩] 金芝容．燕岩朴趾源的理想及其文学．明文堂，2005.

[21] [韩] 朴秀祢．朴趾源的美意识与文艺理论．太学社，2005.

[22] 郭英德．中国古代文体学论稿．北京：北京大学出版社，2005.

[23] 傅璇琮、蒋寅总主编．中国古代文学通论．辽宁：辽宁人民出版社，2005.

［24］菁华等．明实录朝鲜资料辑录．成都：巴蜀书社，2005.

［25］张哲俊．东亚比较文学导论．北京：北京大学出版社，2004.

［26］刘介民．中国比较诗学．广州：广东高等教育出版社，2004.

［27］李岩．中韩文学关系史论．北京：社会科学文献出版社，2003.

［28］乐黛云．比较文学简明教程．北京：北京大学出版社，2003.

［29］［韩］李玄植．朴趾源散文的伦理与美学．이회文学社，2002.

［30］［韩］金血祚．朴趾源的散文文学．成均馆大学出版部，2002.

［31］葛荣晋．韩国实学思想史．北京首都师范大学出版社，2002.

［32］松浦章．明清时代中国与朝鲜的交流：朝鲜使节与飘着船，台北：乐学书局，2002.

［33］［韩］金明浩．朴趾源文学研究．成均馆大学东亚学术院，2001.

［34］朱义禄．黄宗羲与中国文化．贵阳：贵州人民出版社，2001.

［35］姜日天、彭永捷、韩相美著．君子国智慧——韩国哲学与21世纪．上海：华东师范大学出版社，2001.

［36］王晓平．亚洲汉文学．天津：天津人民出版社，2001.

［37］张立文主编．东亚文化研究．北京：东方出版社，2001.

［38］王素．陆贽评传．南京：南京大学出版社，2001.

［39］［韩］金芝容．朴趾源文学与思想——朝鲜朝近代化之旗手．汉阳大学出版部，2000.

［40］张存武、叶泉宏编，清入关前与朝鲜往来国书汇编，1619—1643. 台北：三民书局，2000.

［41］富丽. 康乾時期北京人的社会生活，北京：北京出版社，2000.

［42］陈尚胜. 朝鲜王朝（1392—1910）对华观的演变——《朝天录》和《燕行录》初探. 济南：山东大学出版社，1999.

［43］［韩］崔根德. 韩国儒学思想研究. 北京：学苑出版社，1998.

［44］葛兆光. 中国思想史. 上海：复旦大学出版社，1998.

［45］朴真奭. 朝鲜简史. 延吉：延边大学出版社，1998.

［46］［韩］崔根德. 韩国儒学思想研究. 北京：学苑出版社，1998.

［47］李山竹. 古代朝鲜文献解读，北京：北京大学出版社，1997.

［48］陈尚胜. 中韩关系史论，济南：齐鲁书社，1997.

［49］朴宗采，金润兆译. 过庭录. 太学社，1997.

［50］章培恒、骆玉明. 中国文学史. 上海：复旦大学出版社，1996.

［51］［韩］赵锺业. 修订增补韩国诗话丛编. 汉城：太学社，1996.

［52］［韩］金台俊著，张琏瑰译. 朝鲜汉文学史. 北京：社会科学文献出版社，1996.

［53］李岩. 朝鲜李朝实学派文学观念研究. 北京：北京大学出版社，1994.

［54］葛荣晋. 中国实学思想史. 首都师范大学出版社，1994.

［55］童庆炳. 文体与文体的创造. 昆明：云南人民出版社，1994.

[56] 张啸虎．中国政论文学史稿．武汉：武汉出版社，1992.

[57] [韩] 金相洪、梁光锡、申用浩编．韩国文学思想史．汉城：启明文化社，1991.

[58] [韩] 金明浩．热河日记研究．创作与批评社，1990.

[59] 褚斌杰．中国古代文体概论．北京：北京大学出版社，1990.

[60] [韩] 柳承国著，傅济功译．韩国儒学史．台北：商务印书馆，1989.

[61] [韩] 金永东．朴趾源小说研究．太学社，1988.

[62] 陈鼓应、辛冠洁、葛荣晋．明清实学思潮史(上卷)．济南：齐鲁书社，1988.

[63] 杨昭全．中韩关系论文集，北京：世界知识出版社，1988.

[64] 韦旭升. 朝鲜文学史，北京：北京大学出版社，1986.

[65] 张存武．清代中韩关系论文集，台北：台湾商务印书馆，1987.

[66] 唐甄．潜书．北京：中华书局，1984.

[67] 万机要览．民族文化图书出版社，1983.

[68] 朱云影．中国文化对日韩越的影响，台北：黎明文化事业公司，1981.

[69] 蒋一葵．长安客话卷三・郊垌杂记．北京：北京古籍出版社，1980.

[70] 吴晗．朝鲜李朝实录中的中国史料．北京：中华书局，1979.

[71] 复旦大学，上海师范大学编．常用文体写作知识．上海：上海人民出版社，1976.

[72] 鲁迅．且介亭杂文二集・论讽刺．北京：人民文学出版社，1973.

[73] [韩] 李家源．燕岩小说研究．乙酉文化社，1965.

[74] [法] 丹纳著，傅雷译．艺术哲学．北京：人民文学出版社，1963.

[75] 侯外庐、赵纪彬、杜国庠：中国思想通史．北京：人民出版社，1957.

[76] 陈柱．中国散文史．上海：商务印书馆，1937.

三、参考论文

1. 期刊论文（以刊发时间为序）

[77] 陈冰冰、郝君峰．朴趾源美学思想中的生态意识．山西师大学报（社会科学版）研究生论文专刊第 38 卷 . 2011 年 9 月 .

[78] 陈冰冰．吴敬梓与朴趾源的讽刺作品比较．山西师大学报（社会科学版）研究生论文专刊第 38 卷 . 2011 年 5 月 .

[79] 徐东日．朝鲜燕行使臣眼中的中国士人形象．河南师范大学学报，2010 年第 4 期 .

[80] 李丽．朴趾源《热河日记》初探．广东社会科学，2008 年第 5 期 .

[81] 葛兆光．揽镜自鉴——关于朝鲜、日本文献中的近世中国史料及其他．复旦学报，2008 年第 2 期 .

[82] 陈冰冰．朝鲜文学家朴趾源《虎叱》创作研究．临沂师范学院学报，2008 年 2 月 .

[83] 李岩．朴趾源《热河日记》的北学意识和实业方案．东疆学刊，2007 年 1 月第 1 期 .

[84] 李岩．朴趾源《热河日记》的实学精神和文艺观探析 . 延边大学学报，2007 年 2 月第 1 期 .

[85] 李岩．朴趾源《热河日记》的北学意识和实业方略 .

东疆学刊，2007 年第 1 期.

[86] 王松涛. 朝鲜学者朴趾源观承游记谈. 社会科学院论坛，2007 年 7（下）.

[87] 张双志. 18 世纪朝鲜学者对清代西藏的观察. 中国藏学，2007 年第 3 期.

[88] 赵兴元. 18 世纪朝鲜学者朴趾源的人与自然观. 古代文明，2007 年 7 月.

[89] 廉松心.《热河日记》与清代民族政策研究. 北华大学学报，2007 年第 2 期.

[90] 葛兆光. 从"朝天"到"燕行"——看 17 世纪中叶后东亚文化共同体的解体.《中华文史论丛》2006 年第 1 期.

[91] 葛兆光. 邻居家里的陌生人——清中叶朝鲜使者眼中北京的西洋传教士. 中国文化研究，2006 年第 2 期.

[92] 全红. 朝鲜文学家朴趾源的北学派实学思想矛盾探析. 延边教育学院学报，2006 年第 6 期.

[93] 刘静. 从《燕行录》看十八世纪中国北方市集——兼论中朝文化交流与文化差异，北京社会科学，2006 年第 3 期.

[94] 刘广铭.《老稼斋燕行日记》中的康熙形象——兼与同时期欧洲语境中的康熙形象比较，《解放军外国语学院学报》，2006 年第 3 期.

[95] 廉松心. 十八世纪中韩文人学士之间的友好交流. 北华大学学报，2006 年第 2 期.

[96] 葛兆光. 大明衣冠今何在. 史学月刊，2005 年第 10 期.

[97] 全红. 朝鲜实学派文学家朴趾源理想国思想矛盾探析. 东疆学刊，2005 年 10 月.

[98]［韩］许庚寅. 朴趾源的中国情结. 书城，2005 年 6 月.

[99] 王振忠．朝鲜燕行使者所见十八世纪之盛清社会——以李德懋的《入燕记》为例，收入尹忠男编，哈佛燕京韩国馆资料研究，首尔：景仁文化社，2004 年．

[100] 祁庆富、金成南．清代北京的朝鲜使馆，清史研究，2004 年第 3 期．

[101] [韩] 朴现圭．朝鲜使臣与北京琉璃厂．文献，2003 年第 1 期．

[102] 苗威．华夷观的嬗变对朝鲜王朝吸收中国文化的影响，东疆学刊，2002 第 3 期金柄珉．论朴趾源小说《虎叱》的原型意蕴——以老虎的形象分析为中心．东疆学刊，2002 年第 1 期．

[103] 孙卫国．《朝天录》与《燕行录》——朝鲜使臣的中国使行记录．中国典籍与文化，2002 年第 1 期．

[104] 金柄珉．论朴趾源小说《虎叱》的原型意蕴．东疆学刊，2002 年 3 月第 1 期．

[105] 姜日天．燕岩朴趾源“即事趣真”的文学思想及其历史哲学内涵．当代韩国，2001 年夏季号．

[106] 刘为．鲜赴清朝使团的文化交流活动．中国边疆史地研究，2001 年 9 月第 10 卷第 3 期．

[107] 杨雨蕾．韩国《热河日记》研究综述．《韩国研究》第五辑，黄时鉴主编，学苑出版社，2001.

[108] 刘为．朝鲜赴清朝使团的文化交流活动．中国边疆史地研究，2001 年第 3 期．

[109] 吴士英．论清代中朝文化交流的特点，山东大学学报，2000 年第 6 期．

[110] [韩] 赵东一著，徐东日译．安腾昌益与朴趾源比较研究序论（2）．延边大学学报，2000 年 2 月第 1 期．

[111]（韩）赵东一著，徐东日译．安腾昌益与朴趾源比较

研究序论（1）．延边大学学报，1999 年 11 月第 4 期．

［112］王政尧．18 世纪朝鲜“利用厚生”学说与清代中国——《热河日记》研究之一．清史研究，1999 年第 3 期．

［113］陈大康．漆瑗《热河日记》与中国明清小说戏曲．明清小说研究，1999 年第 2 期．

［114］何振华．杰出的思想家、小说家和诗人朴趾源．韩国研究论丛（第 6 辑），1999 年．

［115］李英顺．朝鲜北学派实学思想与诸实学流派的关系．东疆学刊，1999 年第 2 期．

［116］王政尧、赫晓林．简论《燕行录》与清代中朝文化交流．韩国学论文集第 7 期，1998 年．

［117］李敦球．论十八世纪后期朝鲜进步文人的中国外交使行，世界历史，1998 年第 3 期．

［118］梁泰镇．《朝鲜王朝实录》所见明清时代图书传入论考．当代韩国，1998 年第 1 期．

［119］郑成宏．倡导经世致用，崇尚自然之情．当代韩国，1997 年第 1 期．

［120］任桂淳．试论十八世纪清文化对朝鲜的影响——以李朝出使清朝的使节问题为中心，清史研究，1995 年第 4 期．

［121］［韩］申相星．韩国 18 世纪后期燕岩小说再探讨．解放军外国语学院学报，1995 年第 3 期．

［122］刘霈林．试论朝鲜李氏王朝后期的实学思想．解放军外国语学院学报，1993 年第 4 期．

［123］［韩］李佑成．朝鲜李朝后期实学的实质——立足于当时国家实际的现实性思考．孔子研究，1991 年第 1 期．

［124］许辉勋．论朴趾源的启蒙意识与文学主体性．延边大学学报，1989 年 Z1 期．

［125］吴绍釚．《热河日记》与满族民俗．延边大学学报，

1984 年第 2 期 .

[126] 黄辉、金云喆 . 十八世纪朝鲜杰出的思想家和作家朴趾源 . 解放军外国语学院学报，1982 年第 2 期 .

[127] 朱七星 . 论朴趾源的哲学思想 . 哲学研究，1981 年第 7 期 .

[128] 郑判龙 . 朝鲜实学派文学和朴趾源的小说 . 延边大学学报，1978 年第 3 期 .

2. 学位论文

[129] 于洁：朴趾源小说讽刺艺术研究——兼与《儒林外史》比较 . [硕士学位论文]，延边大学，2011.

[130] 许明哲 . 朴趾源《热河日记》的文化阐释 . [博士学位论文] . 延吉：延边大学，2009.

[131] 马靖妮 . 《热河日记》中的中国形象研究 . [博士学位论文]，北京：中央民族大学，2007.

[132] 韩卫星 . 洪大容文学研究——兼与中国文化之关联 . [博士学位论文] . 延吉：延边大学，2006.

[133] 杨雨蕾 . 十六至十九世纪初中韩文化交流研究——以朝鲜赴京使臣为中心 . [博士学位论文] . 上海：复旦大学，2005.

[134] 黄小燕 . 18 世纪末一位朝鲜学者的中国观察——朴趾源《热河日记》初探 . [硕士学位论文] . 武汉：湖北大学，2006.

[135] 杨雨蕾 . 十六至十九世纪初中韩文化交流研究——以朝鲜赴京使臣为中心 . [博士学位论文] . 上海：复旦大学，2005.

[136] 倪文波 . 崔致远文学创作研究 . [博士学位论文] . 北京：中央民族大学，2006.

[137] 刘彦明 . 李奎报散文研究 . [博士学位论文] . 北

京：中央民族大学，2005.

［138］廉松心．十八世纪中朝文化交流研究．［博士学位论文］．北京：中央民族大学，2004.

［139］徐东日．李德懋文学研究．［博士学位论文］．延吉：延边大学，2002.

［140］朱金兰．燕岩朴趾源小说的美学特征研究．［硕士学位论文］．延吉：延边大学，2007.